国家双高"铁道机车专业群"系列　活页工作手册式立体化
——铁道车辆技术专业

铁道车辆运用与管理

活页式

主　编 ◎　余建勇　　陈明高

副主编 ◎　班希翼　　陈希成　　牛晨旭

主　审 ◎　王宜伟

校企合作　　　　资源库　　　　活页式

课件　　　　题库

西南交通大学出版社

·成　都·

图书在版编目（ＣＩＰ）数据

铁道车辆运用与管理 / 余建勇，陈明高主编. —成
都：西南交通大学出版社，2022.4（2024.8 重印）
ISBN 978-7-5643-8531-6

Ⅰ. ①铁… Ⅱ. ①余… ②陈… Ⅲ. ①铁路车辆 – 高
等职业教育 – 教材 Ⅳ. ①U27

中国版本图书馆 CIP 数据核字（2021）第 278733 号

Tiedao Cheliang Yunyong yu Guanli
铁道车辆运用与管理

主　编 / 余建勇　陈明高

责任编辑 / 李　伟
封面设计 / 何东琳设计工作室

西南交通大学出版社出版发行

（四川省成都市金牛区二环路北一段 111 号西南交通大学创新大厦 21 楼　610031）
发行部电话：028-87600564　028-87600533
网址：http://www.xnjdcbs.com
印刷：四川玖艺呈现印刷有限公司

成品尺寸　185 mm×260 mm
印张　17.25　字数　450 千
版次　2022 年 4 月第 1 版
印次　2024 年 8 月第 2 次

书号　ISBN 978-7-5643-8531-6
定价　58.00 元

课件咨询电话：028-81435775
图书如有印装质量问题　本社负责退换

前言
PREFACE

随着我国铁路运输事业的高速发展，铁道车辆技术装备现代化水平快速提高，铁路车辆技术不断更新，为满足铁道车辆技术专业职业教育教学需求和企业职工培训需求，本书编写组花费两年时间深入铁路车辆站段一线工作岗位进行调研，与行业、企业专家探讨各岗位的技能需求和能力要求，反复凝练岗位典型工作任务，并对其工作内容进行整合，构建出了系统的学习内容。

在本书编写过程中，编写组为各项目设置了项目导读、学习目标、教学建议、教学资源、学习内容、知识拓展、能力自评等环节，有机地将大国工匠等课程思政元素、网络学习资源与教学内容进行了融合，并引入了大量现场设备设施和职工工作照片，建设了一本图文并茂的立体化教材，非常利于教学或自学。

本书依据最新版《铁路技术管理规程》《铁路货车运用维修规程》《铁路客车运用维修规程》《铁路交通事故调查处理规则》等相关规章规程，结合铁路车辆运用部门现行管理结构及其生产实际情况，按照全国铁道职业教育教学指导委员会颁发的《铁道车辆专业建设指导标准》，遵循铁道车辆技术专业职业教育和铁路职工培训的特点，对车辆运用过程中的主要工作进行了详细介绍，主要包含车辆运用管理工作、货车运用维修、客车运用维修、铁路生产安全等内容。本书注重岗位能力培养，吸纳了车辆运用维修过程中所使用的新技术、新工艺、新规范等，并为重要知识点配套视频学习资料，内容立体交互，可启发学习者自主学习，适合铁道类职业院校铁道车辆技术专业使用，也可供现场工作人员学习参考。

　　本书由郑州铁路职业技术学院余建勇、班希翼、牛晨旭，中国铁路郑州局集团有限公司职教处张远，郑州北车辆段陈明高、刘港，郑州车辆段张翀、张亦扬，成都工业职业技术学院陈希成编写。王宜伟担任主审。其中，项目一由张远编写，项目二、项目四中实操一和实操二、项目五由班希翼编写，项目三中任务一至任务五由余建勇编写，项目三中任务六由陈明高、刘港编写，项目三中任务七、实操一和实操二由陈希成编写，项目四中任务一至任务三由牛晨旭编写，项目四中任务四由张翀、张亦扬编写。本书在编写过程中还得到了中国国家铁路集团有限公司机辆部和中国铁路郑州局、成都局集团有限公司等相关部门的支持和帮助，在此表示衷心感谢。

　　由于编者水平有限，不妥之处在所难免，希望使用本书的各位读者予以批评指正。

编　者

2021 年 11 月

数字资源列表

序号	项 目	任 务	资源名称	资源类型	页码
23			机车摘解	实操视频	065
24		任务二 货物列车技术检查作业	无调中转作业	文本	068
25			有调中转作业	文本	068
26			始发列车作业	文本	069
27		任务三 货物列车制动机试验	货物列车制动机试验	微课	070
28		任务四 检修车扣修与回送	检修车扣修与回送	微课	078
29			铁路货车故障处理	微课	088
30			更换折角塞门、制动软管、远心集尘器、钩舌	实操视频	090
31			接续管更换	实操视频	090
32		任务五 铁路货车故障处理	圆销、螺栓及开口销安装	实操视频	090
33			闸瓦更换	实操视频	092
34	项目三 货车运用维修		更换球芯折角塞门	文本	096
35			更换120型控制阀主阀、紧急阀	文本	096
36		任务六 站修作业场	站修作业场	微课	097
37			HMIS数据录入	文本	110
38			车辆轴温智能探测系统	微课	114
39		任务七 铁路货车运行安全监控系统	货车故障轨边图像检测系统	微课	114
40			THDS报警处理办法	实操视频	116
41			HMIS运用子系统	文本	128
42			货车单车技术检查作业	实操视频	129
43			测量轮缘厚度、踏面擦伤深度、轮辋厚度	实操视频	131
44		实操一 货车单车技术检查作业	测量制动缸活塞行程	实操视频	132
45			测量车钩闭锁位	实操视频	132
46			始发、到达列车人工检查一辆作业	文本	148
47		实操二 始发货物列车制动机试验	始发货物列车制动机试验	实操视频	149

序号	项 目	任 务	资源名称	资源类型	页码
48		任务一 客车车辆管理	客车车辆管理	微课	165
49			铁路客车	三维动画	168
50			运用客车出库质量标准	微课	168
51			客整所车下技术检查作业	微课	168
52			客整所库电作业	微课	168
53		任务二 客车技术整备所	客车辅（A1）修质量标准及作业	微课	168
54			制动软管更换	实操视频	201
55			制动缸检修	实操视频	204
56			闸调器检修	实操视频	205
57			手制动机检修	实操视频	205
58	项目四 客车运用维修		轴箱检修	实操视频	206
59			客列检通过车作业	微课	210
60		任务三 旅客列车检修所	客列检始发作业	微课	210
61			客列检站折作业	微课	210
62			客列检站终到车作业	微课	210
63			客车车辆乘务	微课	223
64		任务四 车辆乘务	客车始发乘务作业	微课	223
65			客车到达乘务作业	微课	223
66		实操一 客车单车下部技术检查作业	客车单车技术检查作业	实操视频	231
67		实操二 客车单车试验	客车单车试验	微课	241
68		实操三 客列检机车连挂作业	客列检机车连挂作业	文本	251
69		任务一 铁路车辆部门生产安全要求	铁路车辆部门生产作业安全	微课	253
70	项目五 铁路生产安全与交通事故调查处理		敬畏生命	微课	253
71			铁路生产事故案例分析	微课	259
72		任务二 铁路交通事故处理	拒绝塑料薄膜，守护铁路安全	二维动画	262
73			高铁安全出行要注意些什么？	二维动画	262
74			铁路交通事故案例	文本	264

目 录
CONTENT

项目一　绪　论

项目导读

工业革命以来，铁路就对人类社会发展和文明进步产生了极其深刻的影响。应该说，铁路的数量和质量，既是影响一个国家经济发展的重要因素，又是其发展水平的一个典型缩影。正如孙中山先生所说，"国家之贫富，可以铁道之多少定之"。

中国铁路建设始于清朝末年，但真正得到快速发展壮大，是中华人民共和国成立以后的事。

1949 年以来，在中国共产党的领导下，中国铁路建设面貌焕然一新，从恢复旧有线路到重建发展、从自力更生到奋发图强、从紧紧跟随到齐头并进、从创新发展再到领跑世界，几代铁路人历经七十余年的不懈奋斗，推动了中国铁路实现了历史性跨越，取得了举世瞩目的伟大成就，为助力中国经济腾飞、保障国家安全、增进人民福祉，实现中华民族从站起来到富起来、再到强起来发挥了至关重要的作用。

落后就要挨打，国强才能民安，这是近代侵略史以来中国所得到的最大的启示。党的十八大以来，我国以高速铁路、西部铁路建设为重点，陆续建成投产了兰新、格敦等一大批新建铁路项目，"八纵八横"高铁网即将建成。复兴号智能动车组、C80 高速重载铁路货车等一批具有自主知识产权的铁路车辆装备奔驰在祖国大地。

铁路是国家的重要基础设施之一，是国民经济的大动脉，是交通运输体系的骨干，具有高度集中、各个工作环节紧密联系和协同动作的特点。铁路运输系统由运输、机务、车辆、工务、电务等业务部门组成，为确保铁路安全正点、方便快捷、高速高效，铁路运输系统必须严格遵守运输纪律，服从运输指挥，在中国国家铁路集团有限公司（以下简称国铁集团）的统一指挥下联合行动，准确、及时、安全地把旅客、货物运输到目的地。铁路职工必须严格遵守劳动纪律和作业纪律，严格执行各项规章制度，在自己的职务范围内，以对国家和人民极端负责的态度，保证安全生产。

任务一　车辆运用管理组织

学习目标

1. 知识目标

（1）了解铁路车辆运用工作内容。

（2）熟知铁路车辆系统组织架构。

（3）掌握铁路车辆段工作职责。

2. 能力目标

（1）培养自主学习的习惯和能力。

（2）培养动手能力、空间理解能力、沟通能力和团队协作能力。

（3）培养逻辑思维和处理信息的能力。

3. 素质目标

（1）培养学生良好的科学文化和专业业务素质。

（2）树立学生良好的职业道德和劳动安全思维。

（3）根植维护铁路运行安全红线意识，培养服务大众出行的责任感和大国工匠精神。

教学建议

（1）建议在实训室和多媒体教室实施理实一体化教学。

（2）建议教学时长 2 学时。

教学资源

车辆运用管理工作

学习内容

　　铁路车辆作为铁路运输的主要设备,是铁路完成运输任务的物质基础。截至 2020 年年底,全国铁路营业里程 14.63 万千米,其中高速铁路营业里程达到 3.8 万千米。全国铁路机车拥有量为 2.1 万台,国家铁路客车拥有量 7.65 万辆,其中动车组 30 620 辆,铁路货车拥有量 85.7 万辆。车辆部门须及时提供足够数量的技术状态良好的车辆并加强车辆运用管理工作,这对完成铁路运输任务具有重要意义。

一、车辆部门的组织机构

　　为适应市场经济的发展,全国铁路运输的组织机构在不断改革和完善中。2013 年,原中国国家铁路集团有限公司开始改制,于 2018 年年底正式挂牌"中国国家铁路集团有限公司",下设 18 个铁路局集团公司（设置运输站段 845 个）,3 个专业运输公司等多家企业。各铁路局负责组织与领导各业务段和车站的运输生产工作,保证行车安全。车站和业务段是铁路运输企业的基层生产单位,每个单位既可独立工作,又互相关联、互相制约。

　　中国国家铁路集团有限公司（以下简称国铁集团）内设有运输统筹监督局（总调度长室）、客运部、货运部、调度部、机辆部、工电部等多个部门。现行车辆部门的组织机构是全国铁路运输组织中的一个分支机构,机辆部下设有负责车辆工作的机辆技术处、监造检修处、动车客车处、货车管理处等职能部门，实施国铁集团机辆部（综合设备处、安全运用处、机辆技术处、监造检修处、动车客车处、货车管理处）、铁路局车辆部（动车科、客车科、货车科、安全科、技术设备科、综合管理科、机辆检测所等）以及车辆段（车轮工厂）三级管理。

机辆部以保证安全，完成运输生产任务为最高目标，管理好全路车辆部门工作。要提出全路车辆部门工作的发展规划，逐步改革全路车辆检修制度；编制年度车辆各项检修计划、制定全路客货车各级修程及安全生产等规章制度，并组织和督促实行；参与编制铁路设计规范；掌管全路客货车的新造车辆、运用车辆、配属、调拨、检修与报废等工作；审查车辆技术政策、各项技术标准及质量标准等。国铁集团主要通过制订规章制度的技术手段和进行成本考核的经济手段实现对车辆部门的管理。

铁路局车辆部负责组织与领导本路局管辖范围内各车辆段及与车辆有关的基层站段的运输生产活动，保证行车安全；认真贯彻执行国铁集团对车辆工作的方针、政策、指示、命令、规范、规程、技术标准；提出本路局车辆部门工作的发展规划和实施计划；指导和督促下属各业务段完成各项技术指标和质量指标。铁路局车辆部通常下设客车科、货车科、设备科、调度室、办公室及红外线设备检修所等职能科室。

车辆段是客货车辆检修运用的基地，是贯彻执行车辆规章制度的基层单位。它的基本任务是负责车辆的定期检修和日常维修工作，为铁路运输提供足够的、技术状态良好的客车和货车，在检修保证期内和保证区段内保证行车安全，并要负责管辖内的列检所、站修作业场、红外线轴温探测所及客车整备所（简称客整所）等的管理。

二、车辆运用管理系统

车辆运用管理工作是铁路运输组织的重要组成部分。加强车辆运用管理，对提高车辆检修质量，降低运营成本，加速车辆周转，保证行车安全，优质、高效地完成铁路运输任务，都有着重要意义。

车辆运用维修工作实行"国铁集团—铁路局—车辆段"大三级和"车辆段—运用车间—班组（作业场）"小三级管理，明确各级管理职能和工作标准，达到管理规范、标准统一、目标一致，形成高效的专业技术管理体系，促进车辆运用标准化建设，提升车辆运用管理水平，确保运输安全生产。

铁路局车辆部是铁路局车辆运用维修工作的主管部门，由主管客、货车工作的副处长分别全面负责客、货车运用维修工作，铁路局车辆部客、货车（运用）科分别负责铁路局客、货车运用维修日常技术管理工作。客、货车运用专职，客整所专职，站修专职，安全专职，5T 运用专职以及信息化专（兼）职等分工协作，充分发挥"检查、指导、监督、协调"的专业化管理作用，共同做好铁路局客、货车运用维修管理工作。

车辆段车辆运用维修管理工作由主管运用工作的段领导全面负责，技术科负责车辆段车辆运用维修日常技术管理工作。运用专职、客整所专职、站修专职、5T 运用专职以及信息化专（兼）职等分工协作，按照"强化技术管理、完善考评机制、规范现场作业"的要求，发挥"检查、贯彻、管理、落实"的技术管理职能，共同做好车辆段车辆运用维修管理工作。

三、车辆运用工作的性质

车辆运用工作必须以科学的管理体制，先进的检修设备，严格的规章制度，对运用中的车辆施行迅速、及时、正确的维修，保证运用车辆性能安全可靠，加速车辆周转，确保铁路运输任务的完成。

车辆运用工作包括管理和检修两方面的内容。

（1）我国铁路客车实行固定配属制，日常维修由所属车辆段的客整所和客列检负责。

（2）货车通行全国，除特种车辆和专用车列外，一般不实行配属制，而是实行在全国铁路上按区段维修负责制。实行配属的货车，其维修工作由所配属或指定的车辆段（车辆工厂）或列检所负责。

① 由于货车数量多、车型复杂、运用条件差，又通行全国，维修场地分散，技检作业时间紧等特点，所以，车辆运用维修工作的任务艰巨，责任重大。

② 货车运用中的检查维修工作是日夜不间断地在露天作业，职工劳动条件艰苦。

③ 由于我国铁路的迅速发展，重载、提速和信息技术等铁路现代化技术的应用和推广，使运用工作技术性更强。

（3）对于大型矿山、钢铁以及有色金属、石油、化工等所有企业自备运输货车在铁路线上运行时，必须事先经铁路授权的车辆专业人员检查和质量确认。铁路各列检所必须按路内运用车要求和规定进行检修，并保证运行安全。对于企业自备的专用货车（如装运化工产品、有毒物品、放射性物品等的货车和发电车），列检只对走行、制动、钩缓等部分进行检查和维修，其余部分由企业自行负责。企业自备车的定检检修可以委托铁路车辆段或车辆工厂完成，也可以自做，但其检修能力和质量必须经所在铁路局鉴定并经中国国家铁路集团有限公司审核批准。

为此，要求从事车辆运用工作的岗位人员，必须具有一定的技术理论知识和较高的实作技能，丰富的实际经验，善于分析运用车辆的安全、质量状态，掌握故障规律，采取应变措施。要求从事车辆运用工作的广大职工必须树立全局观念，遵章守纪，做好本职工作，加强协作，紧密配合，努力完成车辆检修任务。

四、车辆运用工作的任务

车辆运用工作的基本任务是在检修中贯彻落实党的方针政策，执行规章命令，遵守"两纪一化"，加强职工队伍建设，发现和处理车辆在运用中发生的故障，保证行车安全。

铁路货车运用
技术安全

（1）正确执行有关规章命令；

（2）正确编制生产计划及技术措施，加强全面质量管理，落实检修规定，提高修车质量；

（3）在保证车辆检修质量的基础上，努力缩短车辆修（休）车时间，加速车辆周转；

（4）维修好本段配属车辆和段管辖范围内的运用车辆，防止事故，保证安全；

（5）认真贯彻劳动保护法令和安全技术规则，做好劳动保护工作，积极改善职工劳动条件，保证安全生产；

（6）开展增产节约和技术革新活动，努力提高劳动生产率；

（7）开展技术培训，提高职工的政治思想和技术业务素质；

（8）定期调查分析运用车辆技术状态，对运用、维修中的故障进行信息收集、处理、分析，形成质量信息反馈系统，对车辆结构、设计、制造、修理和运用管理提出改进意见。

五、车辆运用工作与其他部门的关系

铁路行车组织工作，必须贯彻安全第一的方针，坚持高度集中、统一领导的原则，发扬联劳协作的精神，运输、机务、车辆、工务、电务等部门都必须正确组织本部门的工作，主动配合，均衡生产，协同动作，以保证列车按运行图运行，并不断提高效率，挖掘运输潜力，实现安全、正确、优质高效地完成和超额完成铁路运输任务。

（一）车辆段与车务部门的关系

1. 车辆段与车站的关系

车辆段应按计划扣留检修到期或临时发生故障的车辆，并尽快修竣；车站应根据车辆段的要求按时取送修竣或待修车辆。

列检所应充分利用技术检修时间完成检修作业，以保证列车编组、装卸车计划的完成；车站应将列车的到发、解体、编组、货物装卸等有关事项，及时通知列检所，并为车辆的摘车与不摘车修提供方便条件。在调车和摘挂机车时，应加强联防，注意列检人员的作业安全。

2. 车辆段与客运段、列车段的关系

对客车按规定进行备品交接；检车员或车辆乘务员与运转车长或列车长要加强联系，了解列车中车辆的运行情况，确保行车安全。

（二）车辆段与机务段的关系

车辆段的列车检修人员应与机车乘务员密切配合，对始发列车进行制动机作用试验；对到达列车应尽快进行试风及摘开机车，以便使机车按时入库；对运行途中发生制动机故障的列车，机车乘务员应会同检车员进行制动机试验；在调车和向车辆段取送车辆时，机车乘务人员应特别注意车辆检修人员技术作业的安全。

（三）车辆段与工务段、电务段的关系

主要是加强协作，共同保证行车安全，杜绝各自的设备发生相互干扰，防止建筑物或车辆零部件超出限界，引起碰撞事故。

拓展知识

铁路站段大揭秘

铁路站段大揭秘

铁路行车组织工作是一项精密而又复杂的联动机，车务、机务、工务、电务和车辆等铁路各个部门就是这台机器的各个零部件，有着各自的功能和职责，都必须主动配合，协同动作，24小时不停歇运转，以保证列车按运行图安全高效运行，优质高效地完成各种铁路运输任务。

1. 车务段

车务段是铁路行车系统的重要单位之一，负责列车运营控制指挥、车务段管理、车站货运等业务，管辖辖区内的各大小车站，货运、客运的计划和收入，列车的运行监控，是铁路系统的主要营收部门。如生活中常见的大部分车站均属车务段管辖，一般像郑州火车站和郑州北站这样的特等站和一等站均归铁路局集团公司直属管辖，与车务段平级；二等站及其以下的各个车站则归车务段管辖。

2. 机务段

机务段主要负责铁路机车（俗称"火车头"）的运用、综合整备、整体检修；简单说，就是"驾驶火车"和"检修火车头"的。机务段一般设置在重要的铁路枢纽城市或重要的货运编组站附近。

机务段下设若干个机务车间、机务折返段；同时还有检修车间、整备车间、设备车间、各职能科室。机务折返段是机务段的行车派出机构，级别与车间相同，它一般不配属机车，只负责机车的检修、维护与保养，以及乘务员完成换乘、提供乘务员休息场所。

3. 工务段

工务段负责铁路线路及桥隧设备的保养与维修，包括桥梁、隧道、涵洞、路基、钢轨、道岔、轨枕、道砟等大、中维修和养护工作。另外，我们经常遇见的铁路道口，也属于工务段管理。

4. 电务段

电务段负责管理和维护列车在运行途中的地面信号与机车信号及道岔的正常工作，通俗点讲，就是负责铁路"交通红绿灯"的单位。电务段的职责是维护信号设备，使信号正常显示，维护转辙机及道岔，使道岔扳动正常，确保列车安全高效运行。

5. 供电段

供电段负责电气化铁路的牵引供电、铁路运输信号供电、铁路地区的电力供应、电力设备的检修与保养等工作。供电段一般设在重要的铁路交通枢纽处。一般在较大车站附近都会设电力作业工区，负责管内电气化铁路接触网管理、维修当地铁路单位的电力供应等。

6. 客运段

客运段负责旅客列车工作人员的管理工作，做好担当旅客列车的服务（包括乘务工作和餐饮服务）。广大旅客平时坐车除接触车站工作人员外，上车后接触最多的客运段工作人员、列车长和列车员都属于客运段职工。

7. 动车段

动车段负责动车组运用检修和高级修理，它是属于铁路局集团公司的动车检修的基层单位。为了保证动车组良好的技术状态，一般在高铁的始发、终到站设有动车段，一个动车段可能包含若干个动车所和动车检修基地，目前我国在北京、上海、武汉、广州、沈阳、成都、福州、西安、郑州、哈尔滨、青岛、南京等多个城市建有十多个动车检修基地。

❓ 能力自评

能力自评见表 1-1。

表 1-1　能力自评

自评内容	学习效果		
	☺	☺	☹
中国铁路运输组织架构			
车辆段的主要职责			
铁路局集团公司下属站段有哪些?			

任务二　车辆检修

🎯 学习目标

1. 知识目标

（1）熟知铁路车辆检修制度。

（2）掌握铁路车辆定检修程。

（3）掌握铁路车辆运用维修工作内容。

2. 能力目标

（1）培养自主学习的习惯和能力。

（2）培养动手能力、空间理解能力、沟通能力和团队协作能力。

（3）培养逻辑思维和处理信息的能力。

3. 素质目标

（1）培养学生良好的科学文化和专业业务素质。

（2）树立学生良好的职业道德和劳动安全思维。

（3）根植维护铁路运行安全红线意识，培养服务大众出行的责任感和大国工匠精神。

🔧 教学建议

（1）建议在实训室和多媒体教室实施理实一体化教学。

（2）建议教学时长 2 学时。

教学资源

车辆检修制度

📖 学习内容

一、车辆检修制度

中国铁路实行的车辆计划预防性修理制度，按修理内容分为定期检修和日常维修两类，要逐步实现状态修，即车辆出现故障后再进行修理，可减少成本。

根据我国《铁路技术管理规程（普速铁路部分）》第 179 条规定：车辆实行定期检修，并逐步扩大实施状态修、换件修和主要零部件的专业化集中修。客车和特种用途车实行以走行公里为主、时间周期为辅的计划预防修，最高运行速度不超过 120 km/h 的客车修程分为厂修、段修、辅修，最高运行速度超过 120 km/h 的客车修程分为 A1、A2、A3、A4、A5 级修；货车修程分为厂修、段修、辅修。

动车组实行以走行公里周期为主、时间周期为辅的计划预防修，检修方式以换件修为主，主要零部件采用专业化集中修。检修分为五个等级，一级和二级检修为运用检修，三级、四级和五级检修为定期检修。

二、车辆定检修程

（一）客　车

铁道车辆的"大小保"

根据《铁路客车技术规程》规定，客车检修周期见表 1-2。

表 1-2　客车检修周期

修程等级	修程等级
A1	运行（30±3）万千米或距上次 A1 修以上各修程 1 年
A2	运行（60±6）万千米或距上次 A2 修以上修程 2 年，不常用客车为 2.5 年。新造后首次 A2 修走行周期允许为（60±10）万千米
A3	运行（120±12）万千米或距上次 A2 修 2 年，不常用客车为 2.5 年
A4	运行（240±24）万千米或距新造、A5 级修：常用客车 8 年、不常用客车可延长 10 年
A5	运行（480±24）万千米或上次 A4 修：常用客车 8 年，不常用客车可延长 10 年

注：① 走行公里和时间周期以先到者为准，A1 修计算到日，其余计算到月；
　　② 不常用客车是指年均走行不足 10 km 的客车。

（二）动车组

动车组实行计划性预防修的检修体制，运用检修在动车所段内进行；高级检修在具备相应车型检修资质的检修单位进行。动车组运用维修采用以走行公里周期为主（走行公里以动车组管理信息系统为准）、时间周期为辅的检修模式。根据车型不同，部分动车组的检修修程见表 1-3。

表 1-3　动车组检修周期表

车型	修程				
	一级修	二级修	三级修	四级修	五级修
CRH1A	≤（4 000＋400）km，运用 48 h	另行公布	（120±10）万千米或 3 年	（240±10）万千米或 6 年	（480±10）万千米或 12 年
CRH1B					
CRH1E					
CRH5A	≤（5 000＋500）km，运用 48 h	另行公布	（120±12）万千米或 3 年	（240±12）万千米或 6 年	（480±12）万千米或 12 年
CRH3C	≤（4 000＋400）km，运用 48 h	另行公布			
CRH380B					
CRH380BL					
CRH380CL					
CRH2A	≤（4 000＋400）km，运用 48 h	另行公布	60^{+2}_{-5} 万千米或 1.5 年	120^{+5}_{-10} 万千米或 3 年	（240±10）万千米或 6 年
CRH2A 统					
CRH2B					
CRH2E					
CRH2C					
CRH380A					
CRH380AL					

注：二级修包含多个维修项目，各个项目有自身的维修周期，实行按周期修。

（三）货　车

货车厂修 5~8 年，段修 1~2 年，辅修为 6 个月。

三、车辆运用维修工作

车辆在运用中的安全性和可靠性，原则上应由车辆制造质量及施行厂、段修的质量来保证，但由于车辆在长期运用中，各零部件会发生不同程度的磨耗与损伤，如不及时进行检查维修，车辆运行质量必然下降，甚至可能酿成行车事故。因此，车辆日常检查维修对延长车辆寿命和完成运输生产任务具有重要意义。

车辆日常维修工作，货车由列检作业场和站修作业场担任；客车由客车技术整备所（库列检）、旅客列检作业场（客列检）和客车乘务担任。

（一）客车运用维修

1. 客车运用维修的意义

客车是运送旅客的运载工具，为了保证旅客列车在运行中的绝对安全和满足旅客在旅行生活中的需要，运用客车的技术状态，包括为旅客服务的采暖、给水、通风、照明、卫生等设备，必须经常处于良好状态。因此，加强客车的运用维修保养非常重要。

2. 客车运用维修的内容

（1）库列检：对进入客车整备所的旅客列车进行全面检查、试验和修理。按时进行季节性的防暑、防寒整备工作，通常每年 4 月 15 日开始防暑整备，9 月 15 日开始防寒整备。

（2）客列检：对始发、到达及通过的旅客列车进行技术检查和维修。

（3）客车乘务：车辆包乘组对值乘的旅客列车进行途中技术检查、维修和管理工作。

对于运用客车的质量状态，国铁集团每年 10 月、铁路局每年 5 月和 10 月都要组织进行客车质量鉴定，以辆评等，按列定级。

（二）货车运用维修

1. 货车运用维修的意义

货车运用条件较差，在解体、编组及机械化装卸作业中承受频繁的冲击，易腐货物对配件造成的腐蚀，重载运输、长大列车在运行中的冲撞等，使货车零部件产生较大的磨耗、变形、松弛、腐蚀等故障。因此，必须对货车进行及时的检查维修，使运用中的货车保持良好的技术状态，保证安全、正点、优质、高效地完成货物运输任务。

2. 货车运用维修的内容

（1）辅修。

（2）摘车临修。

（3）列车检修，即对货物列车的车辆进行技术检查修理。

（4）货物列车包乘维修。

3. 摘车修及不摘车修

（1）摘车修

把有故障的车辆从列车中摘下，送到专用修车线或站修作业场内施修，称为摘车修。实行摘车修可以充分利用固定台位和机械化修车设备，按技术标准修复车辆，消除故障，保证质量。但会增加调车作业的工作量和车辆停留时间，对运输效率有所影响。在列车内无法修复的故障必须施行摘车修。

（2）不摘车修

在列车到达后、始发前进行技术检查时，对发现的车辆故障，能在停车线上利用站停时间修复的，称为不摘车修。实行不摘修，能较快地消除危及行车安全的故障，可加速车辆周转，提高运输效率。

采用摘车修及不摘车修两种修理方式，应根据车辆故障情况和站场设备及运输要求等条件加以综合考虑。原则是：凡是在列车中能处理的故障，尽量在列车内修复；在列车内修复较困难，不能保证质量或会影响正点编发时，应采用摘车修理。

能力自评

能力自评见表 1-4。

表 1-4　能力自评

自评内容	学习效果		
	☺	☻	☹
简述我国铁道车辆的检修制度			
简述铁路客车、货车的定检修程			
摘车修和不摘车修的区别			

任务三　列车编组

学习目标

1. 知识目标

（1）熟知列车分类及车次划分方法。

（2）掌握列车编组方法。

2. 能力目标

（1）培养自主学习的习惯和能力。

（2）培养动手能力、空间理解能力、沟通能力和团队协作能力。

（3）培养逻辑思维和处理信息的能力。

3. 素质目标

（1）培养学习者的科学文化和专业素质。

（2）树立学习者良好的职业道德和劳动安全思维。

（3）根植维护铁路运行安全红线意识，培养服务大众出行的责任感和大国工匠精神。

教学建议

（1）建议在实训室和多媒体教室实施理实一体化教学。

（2）建议教学时长 2 学时。

教学资源

列车编组

学习内容

编成的车列并挂有机车及规定的列车标志称为列车。为了提高运输效率和保证行车安全，对列车中车辆的编挂条件及连挂办法，有着严格的限制。《铁路技术管理规程》（以下简称《技规》）中相关规定见下述内容。

一、列车分类

列车按运输性质可分为旅客列车（特快、快速、普通旅客列车）、行邮行包列车（特快、快速行邮列车，行包列车）、军用列车、货物列车（五定班列、快运、重载、直达、直冷藏、自备车、区段、摘挂、超限及小运转列车）、路用列车。

列车按运行等级可分为特快旅客列车、特快行邮列车、快速旅客列车、普通旅客列车、快速行邮列车、行包列车、军用列车、货物列车、路用列车。

开往事故现场救援、抢修、抢救的列车，应优先办理。特殊指定的列车的等级，应在指定时确定。

二、列车运行方向及车次

列车运行，原则上以开往北京方向为上行，车次编为双数；远离北京方向为下行，车次编为单数。全国各线的列车运行方向，以国铁集团的规定为准，但枢纽地区的列车运行方向，由铁路局集团公司规定。在个别地区，使用直通车次时，可与规定方向不符。

三分钟看懂
列车车次

全国铁路行车时刻，均以北京时间为标准，从零时起计算，实行 24 小时制。

三、编组列车

列车应按《铁路技术管理规程》、列车编组计划和列车运行图规定的编挂条件、车组、重量或长度编组。其中，列车重量应根据机车牵引力、区段内线路状况及其设备条件确定。编组超重列车时，编组站、区段站应商得机务段调度员同意，在中间站应得到司机的同意，并均须经列车调度员准许；列车长度应根据运行区段内各站到发线的有效长，并须预留 30 m 的附加制动距离确定。超长列车运行办法，由铁路局集团公司规定。

（一）禁止编入列车的车辆

（1）有故障及车体倾斜超过规定限度的车辆。故障车、检修车或装载不良的车辆不能编入列车。车体倾斜是由于弹簧衰弱或装载偏重、集重等原因造成的，运行中可能导致弹簧折损或燃轴，车体倾斜超过限度也可能侵入限界，危及行车安全。因此客车车体倾斜超过 50 mm，货车车体倾斜超过 75 mm 者禁止编入列车。

（2）曾经发生冲突、脱轨、火灾、爆炸或曾编入发生特别重大、重大、较大事故列车内以及在自然灾害中损坏，未经检查确认可以运行的车辆。这些车辆经过激烈冲撞，转向架、轮对、轴箱、车钩缓冲装置以及车底架等均可能存在故障隐患，如不经仔细检查处理，将严重危及行车安全。

（3）装载货物超出机车车辆限界，无挂运命令的车辆。装载超限货物的车辆，在运行上有特殊要求。列车调度员根据批准装运电报发布挂运的命令。因此，编入列车时，必须得到列车调度员同意及有关挂运的指示后方可运行，否则不能保证行车安全。

（4）装载跨装货物（跨及两平车的汽车除外）的平车，无跨装特殊装置的车辆。为使装载跨装货物的车辆安全运行，灵活地通过曲线，必须在车辆与货物之间使用"货物转向架"，

为防止因车钩缓冲装置压缩、伸长而造成的货物窜动，在跨装的车辆之间还必须使用车钩缓冲装置停止器。

（5）平车及敞车装载货物违反装载和加固技术条件的车辆。装载货物，若不符合货规中"货车装载加固技术条件"的要求，如货物装载集重、偏重、超重、重心过高，原木、粮食、棉花以及其他包装物品等不按规定码放，加固的绳索、铁丝、支柱等不符合规定或捆绑不牢等，在运行中可能导致货物窜动、倒塌、坠落等，影响列车正常运行，危及行车安全。

（6）未关闭侧开门、底开门以及平车未关闭端、侧板的（有特殊规定者除外）车辆。端、侧板或侧开门未关闭的车辆，在运行中侧板与侧开门可能发生摇晃或上下掀动，甚至超出机车、车辆限界，威胁人员和设备安全，一旦端、侧板或侧门脱落，还可能造成列车脱轨。底开门不关闭，容易刮坏道岔和线路设备，甚至造成车辆脱落。底开门扣铁如果没有安全关闭，经过振动可使底开门开放，使货物散落而引起车辆脱轨。

（7）由于装载的货物需停止自动制动机的作用，而未停止的车辆。如装载易燃、易爆货物时，要求关闭自动制动机截断塞门，停止其使用，以防止闸瓦与路面间摩擦发热迸发火星而引起货物燃烧或爆炸，所以必须停止自动制动机的作用。

（8）企业自备机车、车辆、自轮运转特种设备、城市轨道车辆、进出口机车车辆过轨时，未经铁路机车车辆人员检查确认的车辆。企业自备机车、车辆、自轮运转特种设备一般在本企业内部运行，若进入铁路运行，未经铁路机车车辆人员检查确认，不能保证其技术状态符合铁路规定，所以不能编入列车。

（9）缺少车门的（检修回送车除外）车辆。

（10）超过定期检修期限的客车车辆（经车辆部门鉴定的回送客车除外）禁止编入旅客列车。

（二）列车中车辆的编挂

（1）旅客列车、回送客车不准编挂货车，编入的客车车辆最高运行速度等级必须符合该列车规定的速度要求。

（2）旅客列车中，与机车相连接的客车端门及编挂在列车尾部的客车后端门须加锁。动车组列车驾驶室与旅客乘坐席间的门须锁闭。

（3）客车编入货物列车回送时，客车编挂辆数不得超过20辆，应挂于列车中部或后部。

（4）装有密接式车钩的客车原则上应附挂旅客列车回送。需附挂货物列车回送时，不得超过10辆，其后编挂的其他车辆不得超过1辆。

（5）客车与平车、平集共用车以外的货车连挂时，不得与货车有人力制动机端连挂；客车与平车、平集共用车人力制动机端连挂时，平车、平集共用车的人力制动机不得使用，处于非工作状态。

（6）动车组以外的旅客列车按列车编组表编组，机车后第一位编挂一辆未搭乘旅客的车辆作为隔离车。行李车、邮政车、发电车等非乘坐旅客的车辆应分别挂于机车后第一位和列车尾部，起隔离作用；在装设集中联锁的区段，并设有列车运行监控装置时，旅客列车可不挂隔离车。如隔离车在途中发生故障摘下时，可无隔离车继续运行。局管内旅客列车经铁路局局长批准，可不隔离。

（7）货物列车中因装载的货物规定需停止制动作用的车辆，自动制动机临时发生故障的车辆，准许关闭截断塞门（简称关门车），但列检作业场所在站编组始发的列车中，不得有制动故障关门车。编入列车的关门车数不超过现车总辆数的 6%（尾数不足一辆按四舍五入计算）时，可不计算每百吨列车重量的换算闸瓦压力，不填发制动效能证明书；超过 6% 时，按第 261 条规定计算闸瓦压力，并填发制动效能证明书交于司机。关门车不得挂于机车后部三辆车之内；在列车中连续连挂不得超过两辆；列车最后一辆不得为关门车；列车最后第二、三辆不得连续关门。对于不适于连挂在列车中部但走行部良好的车辆，经列车调度员准许，可挂于列车尾部，以一辆为限，如该车辆的自动制动机不起作用时，须由车辆人员采取安全措施，保证不致脱钩。

（8）旅客列车、特快货物班列不准编挂关门车。在运行途中（包括在站折返）如遇自动制动机临时故障，在停车时间内不能修复时，准许关闭一辆，但列车最后一辆不得为关门车。

（9）机械冷藏车组应尽量挂于货物列车中部或后部。

（10）军用及其他对编挂位置有特殊要求的客车按有关规定办理。

（三）列尾装置的摘挂及运用

列尾装置在使用前，必须按规定进行检测，合格后方可投入运用。旅客列车（动车组除外）应安装列尾装置。特殊情况下，无法安装或使用列尾装置时，应制定具体办法。半自动闭塞区段货物列车尾部须挂列尾装置，其他区段货物列车尾部宜挂列尾装置。货物列车尾部未挂列尾装置时，应以吊起尾部车辆软管代替尾部标志。尾部车辆软管的吊起，有列检作业的列车由列检人员负责，无列检作业的列车由车务人员负责。

旅客列车列尾装置尾部主机的安装与摘解、风管及电源的连接与摘解，由车辆部门负责。货物列车列尾装置尾部主机的安装与摘解，由车务人员负责。软管连接，有列检作业的列车，由列检人员负责；无列检作业的列车，由车务人员负责。特殊情况，由铁路局规定。

（四）列车中车辆的连挂

1. 确认车钩高度差

列车中相互连挂的车钩中心水平线的高度差（简称车钩高度差）不得超过 75 mm。这个高度差是由相邻两车的车钩中心线分别至轨面的高度之差而来的。运用限度规定车钩中心线距轨面最高 890 mm，最低限度有三种，即空货车 835 mm、客车 830 mm、重货车 815 mm。

若车钩高度差超过规定，当列车运行至道岔或路基松软地段时，车辆上下振动，尤其在坡线路上，容易发生脱钩而造成列车分离。车钩高度差较大时，还使车钩钩舌牵引接触面减小，产生过大的弯矩，容易发生断钩事故。

2. 摘挂分工

列车机车与第一辆车的连挂，由机车乘务员负责。单班单司机值乘的列车由列检人员负责；无列检作业的列车，由车辆乘务员负责；无车辆乘务员的列车，由车站人员负责。

列车机车与第一辆车的车钩摘解、软管摘接，由列检人员负责；无列检作业的列车，车钩、软管摘解由机车乘务员（单班单司机值乘的由车辆乘务员）负责，软管连接由车辆乘务员负责；无车辆乘务员的列车，由机车乘务员（单班单司机值乘的由车站人员）负责。

列车机车与第一辆车电气连接线的连接与摘解由客列检作业人员负责，无客列检作业人员时，由车辆乘务员负责。

货物列车本务机车在车站调车作业时，无论单机或挂有车辆，与本列的车辆摘挂和软管摘接，均由调车作业人员负责。

旅客列车在途中摘挂车辆时，车辆的摘挂和软管摘接，由调车作业人员负责，密封风挡和电气连接线的连接与摘解由车辆乘务员负责，其他由列检作业人员负责；无列检作业人员时，由车辆乘务员负责，必要时打开车门，以便于调车作业。装有密接式车钩的客车车辆摘挂时，过渡车钩的安装与拆卸由列检人员负责，无列检人员时，由车辆乘务员负责。

列车机车与动车组过渡车钩的连接与摘解、软管摘接、电气连接线的连接与摘解，由随车机械师负责。

能力自评

能力自评见表 1-5。

表 1-5　能力自评

自评内容	学习效果		
	☺	☻	☹
列车的种类			
列车车次的编制原则			
铁道车辆钩高限度要求			
禁止编入列车中的车辆有哪些			
货车列车中关门车的编挂方法			

项目二　车辆运用管理工作

项目导读

2011 年 3 月 19 日，首列中欧班列（重庆—杜伊斯堡）成功开行以来，成都、西安、郑州、武汉、苏州、广州等数十个城市也陆续开行了去往欧洲多个城市的集装箱班列。截至 2021 年 6 月 22 日，中欧班列已开行十年，累计突破 4 万列，合计货值超过 2 000 亿美元，打通 73 条运行线路，通达欧洲 22 个国家的 160 多个城市，战略通道作用更加凸显，为维护国际产业链、供应链的安全稳定提供了有力支撑，开创了亚欧陆路运输新篇章，铸就了沿线国家互利共赢的桥梁纽带。

面对 2020 年新冠肺炎疫情冲击，铁路部门认真贯彻落实党中央"六稳""六保"决策部署，积极适应以国内大循环为主体、国内国际双循环相互促进的新发展格局，不断提高中欧班列运行效率和品质，开行班列持续增长，为"一带一路"沿线各国抗疫开辟"生命通道"。截至 2020 年 11 月底，中欧班列向欧洲累计运送防疫物资 751 万件、6.2 万吨。

中欧班列物流组织日趋成熟，班列沿途国家经贸交往日趋活跃，国家之间铁路、口岸、海关等部门的合作日趋密切，进一步促使铁路发挥国际物流骨干作用，使"一带一路"倡议中的丝绸之路由原先的"商贸路"变成产业和人口集聚的"经济带"，成为"一带一路"互联互通的标志性品牌。

任务一　车辆主要运用技术指标

学习目标

1. 知识目标

（1）掌握车辆运用主要运营指标的作用。

（2）掌握车辆检修指标的作用。

（3）学会统计检修车数量。

2. 能力目标

（1）培养自主学习的习惯和能力。

（2）培养动手能力、空间理解能力、沟通能力和团队协作能力。

（3）培养逻辑思维和处理信息的能力。

3. 素质目标

（1）培养学习者的科学文化和专业素质。

（2）树立学习者良好的职业道德和劳动安全思维。

（3）根植维护铁路运行安全红线意识，培养服务大众出行的责任感和大国工匠精神。

教学建议

（1）建议在实训室和多媒体教室实施理实一体化教学。

（2）建议教学时长 2 学时。

教学资源

车辆运用主要运营指标　　　　　　　　　　车辆检修指标及检修车统计办法

学习内容

车辆是铁路运输的运载工具。它的运用效率反映着铁路运营工作的水平，关系到铁路运输任务的完成与运输成本的高低。最经济、最合理地运用全部铁路车辆，是铁路部门的重要课题之一。铁路车辆运用的经济性和合理性，主要是通过统计与分析某些技术指标，来正确地、及时地反映和考核车辆运用的实际状况。车辆运用效率的高低，可以从车辆周转的快慢和车辆装载的满欠两方面来考核。衡量车辆周转的快慢的基本指标有货车周转时间、货车日车公里、客车车底周转时间、客车日车公里等。

一、车辆运用相关的主要运营指标

（一）货车运营指标

1. 现在货车

现在货车，是指每日 18:00 管内现有的全部货车，它反映车站、铁路局集团公司管内以及合资、地方铁路内每日 18 点货车现有数及运用情况，可作为日常调度指挥、编制运输计划、调整运力配置以及经营管理的依据。

现在货车按支配权来划分，可分为支配货车（铁路有权调配使用的货车，包括部属货车和进入我国参加营业运输的外国货车）和非支配货车（铁路无权调配使用的企业自备车和企业租用车）；以运用类别来划分，可分为运用货车和非运用货车两种。

正确掌握现在货车，能为正确编制作业计划提供可靠依据，有助于提高列车编解效率，加速车辆周转。

（1）运用货车

参加铁路营业运输生产的一切国铁货车、自备货车、外国铁路货车、内用货车、企业租用车、军方特殊用途的空、重货车，统称为运用货车，如图 2-1 所示。它是表明运输生产能力的一项重要指标，铁路完成运输任务的多少，很大程度上取决于运用货车的多少。

图 2-1　运用货车

当日 18:00 运用货车数与现在货车数之比，称为货车运用率。运用率越高，说明投入直接运输生产的货车越多。

（2）非运用货车

非运用货车指不参加铁路营业运输的国铁货车（包含租出空车）、在专用线及专用铁路内的已获得"过轨运输证"的自备货车、在站装卸作业自备货车空车、在本企业内的内用货车空车、军方特殊用途空车以及国铁特种用途车，如图 2-2 所示。

图 2-2　非运用货车

➤　备用车：为了保证完成临时紧急任务需要和减少阶段性闲置货车无效流动，所储备的技术状态良好的国铁空货车。备用车分为特殊备用车、军用备用车、专用货车（包括罐车、冷藏车、集装箱车、矿石车、长大货物车、毒品车、汽车运输车、散装水泥车、散装粮食车和涂有"专用车"字样的一般货车）备用车及国境、港口站备用车。备用车的备用、解除，必须经国铁集团备用车调度命令批准。

➤　路用车：国铁集团批准作为铁路各单位运送非营业运输物资或用于特殊用途的货车。路用车分为特种用途车和其他路用车。特种用途车指因为路内特殊用途需要专门制造不能装运货物的特种用途车（包括试验车、发电车、轨道检查车、检衡车、除雪车等）。上述车辆以外的路用车为其他路用车。

➤　防洪备料车：根据国铁集团（铁路局集团公司）命令为汛期防洪抢险指定储备一定数量防洪备料的重车，在重车储备停留状态下按路用车统计，其他状态按运用车统计。

➤　整备罐车：在指定地点进行技术整备的整列（成组）固定编组石油直达罐车。

➤　封存车：按国铁集团调度命令封存的货车。

➤　检修车：定检到期或过期而扣下修理、摘车临修、事故破损、等待报废和回送检修等的铁路货车，根据国铁集团车辆部门填发的"车辆检修通知单（车统-23）"或"检修车回送单（车统-26）"统计为检修车。

一定数量的非运用货车，是运输生产所必需的。但非运用货车要严格控制，不能占用过多，压缩非运用货车是挖掘货车潜力的重要途径。为此，车辆有关部门要提高修车效率，缩短停修时间，努力压缩检修车数，增加运用货车数，为挖掘运输潜力做贡献。

2. 列车公里

列车公里指货物列车在各区段内的走行公里之和。

3. 旅行时间

旅行时间指货物列车在各区段内的运行时间之和，包含纯运转时间及中间站停留时间。

4. 旅行速度

旅行速度指货物列车在区段内平均每小时所走行的公里数（旅行速度 = 列车公里 ÷ 旅行时间）。

5. 运用车辆公里

一辆货车走行一公里叫作一车辆公里。运用货车车辆公里是运用货车总走行的公里数，它是反映货车走行工作量的数量指标，它在一定程度上还反映了轮对磨耗的程度。

6. 空车走行率

空车走行率指空车走行公里和重车走行公里的比率。

7. 工作量

工作量指每天的货运动作循环次数，包含使用车数和接运重车数。

8. 货车全周转距离（简称全周距）

货车全周转距离指运用货车平均每周转一次（也可以说每完成一个工作量）的平均运行距离。它包括货车在重车状态下和空车状态下的全部行程。货车全周转距离与货车周转时间成正比，若其他因素不变，全周距越长，货车周转时间也越长。

9. 货车周转时间

货车周转时间是指运用货车自第一次装车完了时起至再一次装车完了时止（即运用货车平均每周转一次）所消耗的时间，计算单位为"天"。货车周转时间是考核货车运用效率的最重要的指标之一，也是技术计划中最重要的指标之一。它反映着整个货车周转过程的总效率，反映着所有与运输有关各部门的工作质量和工作效率。因此，通常把它称为反映货车运用效率的综合性指标。

其计算方法有两种：

（1）车辆相关法

① 货车周转时间 = 运用车车辆日 ÷ 工作量

② 货车周转时间 = 运用车车数 ÷ 工作量

（2）时间相关法

货车周转时间包括旅行时间、货物作业停留时间、中转停留时间三部分。

① 旅行时间＝（全周转距离÷旅行速度）÷24

② 货物作业停留时间＝（管内装卸率×货车平均一次作业停留时间）÷24

③ 中转停留时间＝（全周转距离÷中转距离×货车平均中转停留时间）÷24

在一般情况下，以上两种方法求的数字应接近，如误差较大，需查找原因。

加速货车周转，对提高运输效率具有重要意义。缩短货车周转时间，就能以一定数量的运用车完成更多的运输任务，即完成一定数量的运输任务，可以少使用车辆。车辆运用部门，要不断改进自己的工作，提高车辆检修质量，在确保运行安全的前提下缩短车辆在车站上的停修时间，加速车辆周转。

10. 货车日车公里

货车日车公里，是指在一定时期内铁路局或全路平均每一运用货车在一昼夜内的走行公里数。计算货车日车公里的公式有以下两种：

$$货车日车公里＝运用货车车辆公里/运用货车数（km/d）$$

$$货车日车公里＝货车全周转距离/货车周转时间（km/d）$$

货车日车公里是反映货车流动程度的指标。货车的流动程度越大，即平均每辆货车每天走行的公里数越多，在空车走行率一定的条件下，货车所完成的货运量就越大。

11. 货车载重量

货车载重量是反映货车载重力利用程度的指标，通常可分为货车静载重和货车动载重两种。

（1）货车静载重

货车静载重指在一定时期内，车站、铁路局或全路平均每装车一辆所装载的货物吨数。它直接影响到装车数，影响到为完成一定货物发送吨数所需的运用车数。车辆的类型对静载重具有重大影响，增加全部运用车中大型车所占的比例，是提高静载重的有效措施。

（2）货车动载重

货车动载重指在一定时期内，全路、一个铁路局平均每一货车公里所完成的货物吨公里数。它一般分为重车动载重（指在一定时期内平均每一重车公里所完成的货物周转数）和运用货车动载重（指平均每一运用货车公里所完成的货物吨公里数）两种。

货车静载重仅能反映在装车时或重车状态的静止条件下（即不包括距离因素）货车载重能力的利用程度。货车动载重则不同，它所反映的是平均每一重车公里或运用货车公里所完成的货物周转量，从而也就表现出货车在运送货物全过程中的利用程度。

12. 货车保有量

货车是在全国各铁路线上运行的。对于一辆货车来说，它经常从一个铁路局的管辖区进入另一个铁路局的管辖区，并不固定在某一铁路局管辖区内，所以各铁路局的实际保有量是变化的。但每个铁路局都需要保持一定数量的运用货车，才能完成所承担的运输任务。因此，国铁集团在每月编制运输技术计划时，分配给各铁路局一定的运用货车保有量。同样，各铁路局也分配给所属各车站一定的运用货车保有量。分配货车保有量的计算公式如下：

$$N = U \cdot \theta$$

式中 N——运用货车保有量（辆）；

　　θ——周转时间（天）；

　　U——工作量（辆/天）。

正确掌握铁路局的运用货车保有量，是保证完成规定运输任务的重要环节。因此，铁路局应经常采取各种调整措施，使每天的运用货车保有量基本上符合规定的标准。

为了统计货车运用情况，国铁集团按日、月、年统计相关情况，各站段、路局每日 18:00 汇总上报统计数据，如表 2-1 所示。

表 2-1　货车运用成绩报表

局名或月日	货物列车			运用车辆公里/千辆公里			空车走行率/%	货车全周转距离/公里	重车周转距离/公里	货车中转距离/公里	管内装卸率	中转车数	装卸作业次数	运用车	工作量	货车周转时间/天	运用货车日产量（万吨公里/辆）	货车周转量万吨公里	现在车	货车运用率/%
	列车公里	旅行公里	旅行速度	合计	重车	空车														
	1	2	3	4	5	6	7	8	9	10	11	12	13	14	15	16	17	18	19	20

（二）客车运营指标

1. 现在客车

（1）运用客车

凡是办理旅客营业的客车统称为运用客车，如供旅客乘坐的软、硬座车，软、硬卧车及为旅客服务的行李车、餐车等，如图 2-3 所示。

（2）非运用客车

凡不办理旅客营业的客车以及技术状态不良，不能编挂于列车中运行的客车，均为非运用客车，如备用车、公务车、福利车、特种用途客车及各种检修客车等，如图 2-4 所示。

图 2-3　运用客车

图 2-4　非运用客车

2. 旅客列车公里及运用客车车辆公里

（1）旅客列车公里：由铁路局所属各段配属车底开行的旅客列车公里总数。全路旅客列车公里是全国各铁路局旅客列车公里的总和。

（2）运用客车车辆公里：由铁路局所属各段配属客车在各区段走行公里的总和。

旅客列车公里是计划和考核与旅客列车有关支出的一项重要指标，而运用客车公里则是客车车辆公里的重要组成部分，是计划和考核客车检修费用等有关客运支出的一项重要指标。

3. 旅客列车车底周转时间

旅客列车车底周转时间，简称车底周转时间，是指为了开行运行图中某一对旅客列车的车底，从第一次由车底始发站发出之时起，至下一次再由该始发站发出时止，所经过的全部时间。

车底周转时间反映了车底周转全过程的效率，反映了所有与客运有关各部门的工作效率。车底周转时间的长短，直接影响到为开行某对列车所需要的车底数，从而也就影响到铁路所需要的运用客车数。因此，在计划旅客列车车底需要数时，都要使用车底周转时间这一重要指标。

4. 旅客列车技术速度、旅行速度、直达速度

（1）旅客列车技术速度：列车在区段内运行，不包括列车在沿途中间站停车时间在内的平均速度。

（2）旅客列车旅行速度（也称区段速度或商务速度）：列车在区段内运行的平均速度（将列车在沿途中间站的停车时间考虑在内）。

（3）旅客列车直达速度（直通速度）：列车在车底始发站和折返站之间的平均速度，也就是旅客列车在其运行全程中的平均速度。

5. 客车保有量

我国铁路客车由国铁集团分别配属给各铁路局，所以各局的客车保有量是相对稳定的数值，即全部配属的客车辆数。

客车保有量也可由下式求得：

$$P = (1 + \alpha) \sum Lm$$

式中　　P ——客车配属辆数；

　　　　α ——非运用车保有系数，一般取 0.36（其中备用车为 0.10，波动率为 0.20，检修率为 0.06）；

　　　　L ——旅客列车车底列数；

　　　　m ——车底组成辆数。

计算客、货车保有量的目的：一方面是为了更好地掌握车辆的分布情况，以均衡地完成铁路运输任务；另一方面用保有量乘以各种修程的修理循环系数，可以计算出检修任务量。

二、车辆检修指标

（一）检修车辆现有数

检修车辆现有数，也叫不良车数、残车数或检修车数，是指每日 18:00 全路、一个铁路

局、一个车辆修理工厂或车辆段的管辖范围内所具有的全部已扣修的在修和待修的车辆数。其中包括部属车辆（包括企业租用车）中因定检到期或临修而扣修的车辆，因事故破损和待报废及回送中的检修车辆，也包括在铁路营业线运用中因临时发生故障而摘车临修的外国车及企业自备车。

检修车辆现有数可按下列公式计算：

检修车辆现有数 = 日初残存检修车数 + 本日扣修车数 − 本日修竣车数（辆）

检修车辆现有数可以反映全路或一个铁路局车辆的状况，也可以反映各个车辆检修单位、路局或全路修车工作的进展。为了保证工厂和车辆段修车计划有步骤、有节奏地均衡完成，国铁集团规定了各铁路局和修理工厂有一定的检修车定量，也叫残车定量，铁路局也规定了所属车辆段的残车定量。各段、厂要采取一切必要措施，努力减少管内的检修车数，使之经常保持在规定定量以下。加强扣车的计划性和减少摘车临修，是减少检修车数的一个主要途径，而提高修车效率、缩短检修时间及提高修车的当日出车率，也是减少检修车辆的重要措施。

（二）车辆检修率

车辆检修率，又称为车辆不良率，是以相对数字反映车辆状态的指标，分为货车检修率和客车检修率两种。

1. 货车检修率

货车检修率是全路或一个铁路局不良货车数与支配货车数之比。计算公式如下：

货车检修率（货车不良率）=（不良货车数/支配货车数）× 100%

由于我国铁路货车是全路通用，没有固定配属局，而且各铁路局货车检修任务是根据各局检修能力分配的。另外，由于各铁路局管内有无车辆修理工厂及其修车能力的大小不同，其所需的在厂车数和待入厂车数也不同。因此，分别计算各局货车检修率是没有实际意义的，故一般只计算全路的货车检修率，以此作为考查车辆检修运用成绩的依据。

2. 客车检修率

客车检修率是不良客车数与配属客车数之比。计算公式如下：

客车检修率（客车不良率）=（不良客车数/配属客车数）× 100%

由于客车都有固定配属，所以它和货车情况不同，除了应当计算全路客车检修率外，还应分别计算各铁路局的客车检修率。

车辆检修率越低，表示不良车辆数越少，可以参加运用的车辆数越多。因此，车辆检修率越低越好。

车辆检修率与检修车辆数成正比，而与支配货车数及配属客车数成反比。由于车辆检修率的大小和检修车辆数成正比，因此，它也在一定程度上反映了全路车辆修理的质量。当修车质量较高时，随着检修车辆数的减少，车辆检修率也就相应降低。反之，当修车质量较差时，随着修车数增大，车辆检修率也就相应增高。

（三）车辆检修停留时间

车辆检修停留时间，简称休车时间。它是指在一定时期内，全路或一个铁路局、一个车辆修理工厂、一个车辆段或其他修车单位，平均检修一辆车的全部停留时间。检修车自车站在"车辆检修通知单（车统-23）"签认时起至"检修车辆竣工验收移交记录（车统-33 并车统-36）"签认时止的全部时间即为休车时间。返工检修车修竣时，应将其休车时间按原修程分别加入全月休车时间内，不包括检修车误扣时间和回送检修车到达施修段（厂）所在站以前的运行时间。

休车时间是按客、货车辆的各种修程分别计算的。客车厂、段修的休车时间以天为单位，辅修、临修以小时为单位；货车厂、段修休车时间以天为单位，辅修、轴检、临修以小时为单位。每一检修车辆的全部休车时间，对于交由车辆段修理的车辆来说，大致包括站休时间、待修时间和修理时间 3 个方面；对于交由工厂检修的车辆来说，往往还要加上由确认需要送交工厂检修的地点编入列车，直至送到工厂所在地办理入厂手续完了为止的全部时间，也可称之为回送时间。为了加快修车进度，缩短休车时间，就必须努力缩短站休、待修、修理和回送时间。对车辆检修部门来说，往往又以缩短待修和修理时间为主要关键。

➢ 回送时间：自签发"检修车回送单（车统-26）"时起至检修车辆回送到站换发"车辆检修通知单（车统-23）"时止的时间。

➢ 站休时间：自车站在"车辆检修通知单（车统-23）"上签认时起至送入检修线时止的时间。

➢ 待修时间：自送入检修线时起至开始修理时止的时间。

➢ 修理时间：自开始修理时起至"检修车辆竣工验收移交记录（车统-33 并车统-36）"送交车站签认时止的时间。

休车时间是表示修车工作进度的重要指标。在保证修车质量的前提下，如果休车时间越短，则表示修车效率越高；休车时间越长，则表示修车效率越低。缩短待修和修理时间的途径，主要在于不断改进检修车间的劳动组织，提高修车人员的思想觉悟和操作技术水平，采用先进的技术设备等。

（四）责任晚点

责任晚点是考核列检工作质量的重要指标。检车人员应在列车运行图规定的时间内检修好车，并确保运行到下一个列检所而该所检修范围的部位不发生故障。凡由于工作组织不当影响列车按图定时间开出的和由于检修列车造成的晚点叫作列检责任晚点。这种晚点多因车辆故障危及行车安全，如在列车队不能修复时，必须做甩车处理，所以惯称始发甩车晚点。

（五）责任事故

车辆运用部门应消除行车事故，确保列车运行安全。由于本列检作业场或段责任造成事故的应按"铁路交通事故调查处理规则"规定，列入责任事故，铁路局、车辆段按件数考核。对于一般事故，客车按每百辆配属车发生件数统计；货车按管内货物列车运行量每百万辆公里发生的件数统计。

除上述车辆检修运用工作指标外，还有车辆段每年每名工人的平均修车辆数、站修作业场的台位利用率、半日出车率、劳动生产率、临修率等质量指标。

三、车辆检修统计办法

（一）检修客货车现有数

（1）凡因定检到期或过期而扣下修理、摘车临修、事故破损、等待报废和回送检修等的铁路车辆，根据国铁集团车辆部门填发的"车辆检修通知单（车统-23）"或"检修车回送单（车统-26）"回送至管辖区段内的客货车辆，均按检修车计算。

（2）在铁路营业线上的外国铁路货车在运行过程中临时发生故障而摘车临修时，按检修车统计。

（3）成组运行的铁路货车，发生故障需要扣留时，应逐辆填发"车辆检修通知单（车统-23）"，按检修车统计。修竣后，对未施修的车辆，在"检修车辆竣工验收移交记录（车统-33 并车统-36）"注明"撤销"字样。

（4）整备罐车超过整备规定时间（6 小时）继续整备时，从超过时起按检修车统计。

（5）检修客车现有数，不论客车实际所在地点，均由客车配属车辆段列报，但摘车临修的客车，则由实际摘车修理的车辆段列报。

（6）检修货车现有数，凡 18:00 当时在管界内的检修货车（包括装在货车上回送的国铁货车或落地的检修车），不论停放在车站、工厂、车辆段、区间、专用线内或连挂在列车中运行，均由车辆所在地的车辆段（工厂）、车站、铁路局集团公司统计上报。

（7）检修货车现有数分为"在厂"和"在段"车数。送往工厂修理的检修车，自车辆段与工厂在"车辆交接单（车统-71）"签认时起，至修竣交车站在"检修车辆竣工验收移交记录（车统-33 并车统-36）"签认时止统计为在厂检修车，否则为在段检修车。

（8）车辆修竣后，自车辆段或工厂将车辆修竣通知单（车统-36）送交车站签字时起，由检修车现有数中减去。报废的检修车，自接到铁路局统计部门通知时起，由检修车现有数中剔除。

（二）客货检修车的起算时分

扣修的车辆，自车站指定人员在车辆检修通知书（车统-23）上签字时算起（车站与车辆段双方协议，对办理"车辆检修通知书"需有间隔时间时，经铁路局同意，可按协议规定办理时分算起）。对需要卸空后修理的重车，自卸车完了，车站通知车辆段的时分起算。

在无列检人员的车站，车辆发生故障时，不论车辆是否空、重或需要倒装，均自车站通知车辆段或列检所的时分起算检修车。经列检人员检查，若确定重车需要倒装后修理时，自列检人员通知时起撤销检修车，卸空后，再自车站通知时起转入检修车。

回送客车顺路使用时，自列车出发至到达摘车时止的时间，不计算检修车。

回送检修货车，根据"检修车回送单（车统-26）"，在车辆段管界内，自车辆接入时起统计检修车，交出时撤销检修车统计。

（三）车辆段修竣车数

凡由车辆段（工厂）进行检修的客、货车（不包括返工修及成组的整备车）均由施修单位统计修竣车数。摘车检修的车辆，根据车站在"检修车辆竣工验收移交记录（车统-33 并车统-36）"上签认的时刻计算。不摘车检修的车辆，根据实际修理完毕时间统计。

对于摘车修，数种修程同时进行的车辆，只统计高级修程。

拓展知识

2020 年铁道统计公报——"运输生产"部分

2020 年，铁路行业在以习近平同志为核心的党中央坚强领导下坚持以习近平新时代中国特色社会主义思想为指导，全面贯彻落实党的十九大和十九届二中、三中、四中、五中全会精神，坚持以人民为中心，立足新发展阶段，贯彻新发展理念，构建新发展格局，坚持稳中求进工作总基调，紧扣全面建成小康社会目标任务，统筹做好疫情防控和经济社会发展各项工作，深入实施"三年行动计划"，持续推动铁路高质量发展，为加快建设交通强国，深入推进综合交通一体化融合发展，服务打赢三大攻坚战和"六稳""六保"等工作做出积极贡献。

1. 旅客运输

全国铁路旅客发送量完成 22.03 亿人，比上年减少 14.57 亿人，下降 39.8%（见图 2-5）。其中，国家铁路 21.67 亿人，比上年下降 39.4%。全国铁路旅客周转量完成 8 266.19 亿人公里，比上年减少 6 440.45 亿人公里，下降 43.8%（见图 2-6）。其中，国家铁路 8 258.10 亿人公里，比上年下降 43.2%。

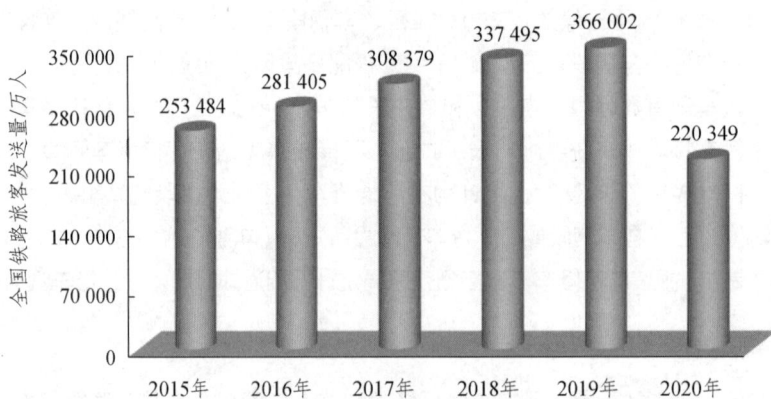

图 2-5　全国铁路旅客发送量

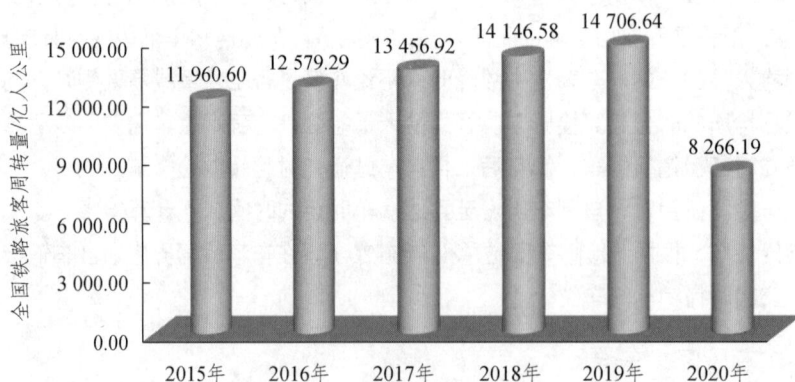

图 2-6　全国铁路旅客周转量

2. 货物运输

全国铁路货运总发送量完成 45.52 亿吨，比上年增加 1.40 亿吨，增长 3.2%（见图 2-7）。其中，国家铁路 35.81 亿吨，比上年增长 4.1%。全国铁路货运总周转量完成 30 514.46 亿吨公里，比上年增加 297.10 亿吨公里，增长 1.0%（见图 2-8）。其中，国家铁路 27 397.83 亿吨公里，比上年增长 1.4%。

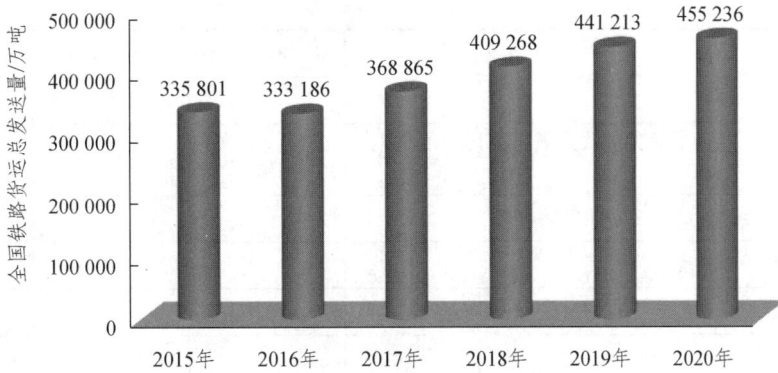

图 2-7　全国铁路货运总发送量

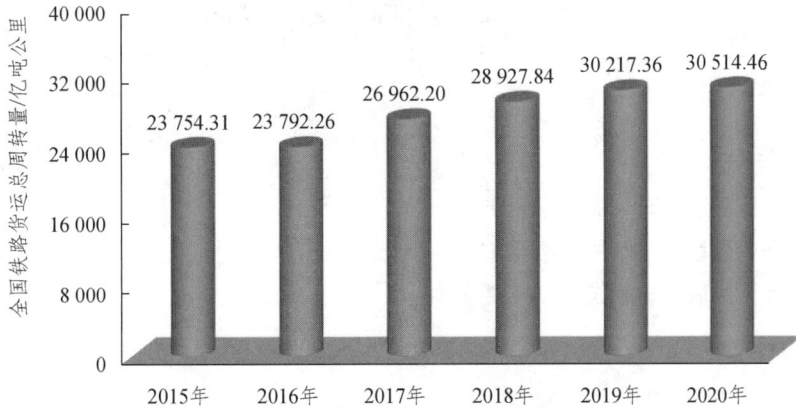

图 2-8　全国铁路货运总周转量

3. 换算周转量

全国铁路总换算周转量完成 38 780.65 亿吨公里，比上年减少 6 143.35 亿吨公里，下降 13.7%（见图 2-9）。其中，国家铁路 35 655.93 亿吨公里，比上午下降 14.2%。

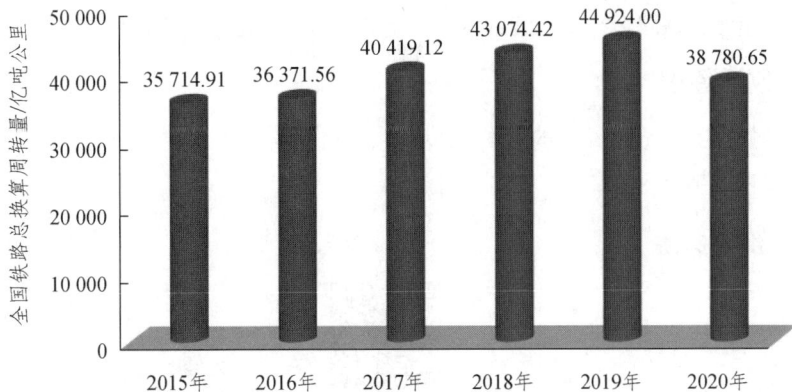

图 2-9　全国铁路总换算周转量

能力自评

能力自评见表 2-2。

表 2-2 能力自评

自 评 内 容	学 习 效 果		
	☺	☻	☹
依据现在货（客）车的定义及分类，能区分运用车和非运用车			
根据货车周转时间的定义，能简述其意义			
如何统计检修车辆现有数			
什么是休车时间？包括哪几方面			
客货检修车的起算时分统计原则			

任务二　国际联运车辆

学习目标

1. 知识目标

（1）掌握国际联运车辆的技术要求。

（2）掌握国际联运车辆的运维要求。

（3）掌握国际联运车辆技术交接要求。

2. 能力目标

（1）培养自主学习的习惯和能力。

（2）培养动手能力、空间理解能力、沟通能力和团队协作能力。

（3）培养逻辑思维和处理信息的能力。

3. 素质目标

（1）培养学习者的科学文化和专业素质。

（2）树立学习者良好的职业道德和劳动安全思维。

（3）根植维护铁路运行安全红线意识，培养服务大众出行的责任感和大国工匠精神。

教学建议

（1）建议在实训室和多媒体教室实施理实一体化教学。

（2）建议教学时长 1 学时。

教学资源

国际联运车辆

🖐️ 学习内容

国际联运的目的主要是加强各国相互间的联系，增进友谊，促进对外贸易和旅游事业的发展，满足我国改革开放的需要，加速现代化建设的进程。因此，国际联运在铁路运输工作中有着重要的意义。

由于各国的车辆限界、设备、行车速度、车辆零部件的检修限度要求不同，所以，为保证国际联运工作的顺利进行，编入联运的车辆，一定要符合途经线路的技术要求，如果车辆技术状态不符合标准，势必在国境站上造成换装或换乘。这样，既增加了国境站的工作负担，又可能使出口物资延期交付或给旅客带来不便，造成不应有的损失和政治影响。因此，对国际联运车辆的技术状态，必须严格掌握，按规定要求，认真交接。

为了确认交出或接收车辆的技术状态，明确责任，以及对车辆进行必要的检查、修理和办理车辆交接手续，在两国的国境站上设有车辆交接机构和代表人员。

从事国际联运车辆技术状态交接及检查的人员，必须遵照有关规定，认真履行职责。对不符合国际联运的车辆，可不接收，但对本国车辆，不论其技术状态如何，都必须接收。在进行车辆移交或接收时，应按规定填写车辆交接单及不良车辆记录表，移交内容经双方确认后，由代表人员在表上签字。

联运的外国运用车辆，其日常的技术保养，由该车行经的各列检所负责进行，但定期修理，则须由所属国进行。在任何情况下，对故障车辆进行维修时，不得改变原车构造。

一、国际联运客车

（一）我国对国际联运客车的规定

（1）凡参加国际联运的我国车辆，必须符合"国际旅客联运车辆使用规则"和"国境铁路会议议定书"中规定的条件。

（2）外国所属联运客车入境时，指定由入境局负责技术交接与检查。途经局及折返局应认真检查维修，发现故障及时处理并编制记录，保证行车安全。

（3）联运过轨到国外的国内客车，应由专人进行维修保养，其宽轨转向架（包括发动机及传动装置）的维修保养，由换装站所在地铁路局负责。车体和准轨转向架的维修保养，由配属局负责。

（4）客列检对通过的国际列车按规定做技术检查和维修。

（二）国际联运客车技术要求的一般规定

（1）车辆的横断面外形应符合车辆全部运行经路上各铁路的车辆限界。车辆的尺寸超过运行经路上的一路或数路机车车辆限界所容许的尺寸时，发送路须事先与运行经路上各铁路协商后才允许这种车辆通过。

（2）连接装置的所有各部分（车钩、制动软管等）在非使用状态时，其下垂至轨面距离不得小于 140 mm。如可能小于上述距离时，应将连接装置提起达到不小于上述距离的高度。

（3）电气设备零件与轨面的接近距离不得小于 100 mm。

（4）车辆转向架的轴距不得小于 2 000 mm，车辆应适合于自由通过 150 m 半径的曲线。

（5）准许在国际联运中运行的符合欧洲 1 435 mm 轨距限界（TE 限界）的车辆，应有

MC 标记。同 0-BM 限界相符的车辆应有 MC-0 标记，同 l-BM 限界相符的车辆，应有 MC-1 标记。上述标记应以白铅油涂在车辆两侧下部中央。

（6）装有链钩的车辆，为了便于连接员工作，缓冲盘和螺旋式链钩侧面的自由空间不得小于 400 mm；由缓冲盘的冲击面到端梁之间的纵向自由空间在缓冲器全部压缩后不得小于 300 mm；在两缓冲盘和链钩之间由轨面到 2 000 mm 高度的空间处的车辆端板上不得有任何突出的物件。

（7）由于中国和朝鲜机车车辆构造上的特点，在不换乘运送中，行经中铁和朝铁的车辆的连接问题，应由有关方面之间协商解决。

（三）国际联运客车运用维修

国际联运客车的运用维修保养工作，除按《铁路客车运用维修规程》有关规定办理外，还应执行以下规定：

（1）凡编入国际铁路联运的客车，必须符合《国际铁路联运车辆使用规则》的规定。

（2）外国所属联运客车入境时，指定由入境局负责技术交接与检查。途经局及折返局应认真检查维修，发现故障及时处理并编制记录，保证行车安全。

（3）联运过轨到国外的国内客车，应有专人进行维修保养，其宽轨转向架（包括发电机及传动装置）的维修保养及准轨转向架换下后停用期间的管理，由换装站所在地铁路局负责。车体和准轨转向架的维修保养由配属局负责。

（4）客列检对通过的国际列车按规定做技术检查和维修。

二、国际联运货车

（一）我国对国际联运货车的规定

（1）参加国际联运的中方铁路货车，须符合《铁路货车运用维修规程》和《国际联运货车使用规则》中"国际联运铁路货车的技术要求"的规定及中方与外方铁路间《国境铁路协定》的货车技术交接条件。

① 参加国际联运的中方铁路货车须在车体的规定位置涂打" (MC) "联运标记，否则不能编入国际联运列车。

② 以下中方铁路货车禁止涂打国际联运标记。

a. 自备铁路货车、租出铁路货车、淘汰铁路货车、国外租入铁路货车、新技术试验铁路货车和专用车（如救援车、线桥工程车、发电车、除雪车等）。

b. 无自动制动机的铁路货车。

c. 车轮轮辋宽度不足 127 mm 的铁路货车。

d. 禁止参加国际联运的铁路货车。

（2）外方不同车种车型的铁路货车（以下简称外方铁路货车）首次进入中方铁路参加国际联运前，须符合《国际联运货车使用规则》有关铁路货车的技术要求，并符合规程，中方《铁路技术管理规程》铁路货车的技术要求、限界要求和《铁道车辆动力学性能评定和实验鉴定规范》等铁路标准、国家标准后，经国铁集团主管部门批准，方可进入中方铁路运行。

（3）因车钩制式不一致需采用过渡车钩的，还须符合下列要求：入境的外方铁路货车换装与中方铁路货车连挂的过渡车钩，应按中方车钩的制造、检修和运用要求进行管理；入境前已换装外方产权的过渡车钩，须按《国际联运货车使用规则》中"国际联运货车的技术要求"有关规定进行技术检查。

（二）我国国境站技术交接

办理国际联运铁路货车技术交接的国境站应设置国境站技术交接作业场。

1. 国境站技术交接作业场设置

中方国境站技术交接作业场，应设在与外方铁路轨距相同的中方国境站相关车场。国境站技术交接作业场主要负责外方铁路货车在中方铁路的国境站进行货物换装前或进入中方铁路运行前的国境技术交接工作；并派检车员驻外方国境站，负责对过境进行货物换装的中方铁路货车办理技术交接工作。

2. 国境站技术交接标准

铁路局须对国境站技术交接作业场国际联运出、入境的我国铁路货车按《铁路货车运维修过程》、参照《国际联运货车使用规则》，外国铁路货车按《国际联运货车使用规则》、参照《铁路货车运用维修过程》，在保证行车安全的前提下，制定联运铁路货车的技术交接办法，并纳入中方与外方间《国境铁路协定》或《国境铁路会议议定书》等，报国铁集团备案。

3. 接入国际联运货车的技术交接

中方国境站技术交接作业场接入的外方铁路货车，在进行货物装换或进入中方铁路运行前，应按《国际联运货车使用规则》中"国际联运货车的技术要求"进行技术交接，要求如下：

（1）国境站技术交接作业场值班员接到车站接入外方列车的通知后，应在《国境站技术交接检查记录簿》中记录列车基本信息，通知作业组按技术交接作业程序，对入境的外方铁路货车进行技术交接检查。

（2）检车员对办理交接的外方铁路货车，要在《检车员工作记录手册》中逐辆记录车种、车型、车号和发现铁路货车的故障，并及时将发现的外方铁路货车故障通知值班员，由值班员汇总后通知外方检车员对铁路货车故障进行现车确认。将确认属实的铁路货车故障填记《不良铁路货车登记簿》，作为外方铁路货车入境存在故障的原始依据，由中外双方检车员代表签章。

（3）《不良铁路货车登记簿》每页登记一辆外方铁路货车的不良之处，并复写两份，一份交国境站，另一份留存在《不良铁路货车登记簿》内。外方铁路货车出境时，取出《不良铁路货车登记簿》附在国境站出具的外方铁路货车交接单上。

（4）交接发现外方铁路货车不符合《国际联运货车使用规则》中"国际联运铁路货车的技术要求"、定检过期或存在安全隐患故障时，禁止换装中方转向架或进入中方铁路运行。

4. 交出国际联运货车的技术交接

中方国境站技术交接作业场交出的外方铁路货车，在进行货物换装或在中方铁路运行后，应按《国际运货车使用规则》中"国际联运铁路货车的技术要求"进行技术交接，要求如下：

（1）国境站技术交接作业场值班员接到车站交出外方列车的通知后，应在《国境站技术交接检查记录簿》中记录列车基本信息，通知作业组对出境的外方铁路货车按规定进行技术检查，按规定确保外方出境铁路货车在中方铁路的运行安全。

（2）外方检车员发现铁路货车存在的故障，应通知中方检车员在现场进行故障确认，并与接入的《不良铁路货车登记簿》记录核对，对接入时即存在的铁路货车故障，须与外方检车员进行交涉，不形成外方铁路货车存在技术状态不良的"记录"。

（3）外方检车员发现的铁路货车故障，在入境交接《不良铁路货车登记簿》中无记录的，中方检车员代表应在外方形成的铁路货车存在技术状态不良的"记录"上签字。"记录"一式四份，双方各留存两份，中方国境站技术交接作业场应装订成册管理，并按规定上报。

5. 我国国境站技术交接作业场的技术交接时间

中方国境站技术交接作业场的技术交接时间，原则为每轴不超过 1 min。铁路局应在年度《国境铁路联合委员会议定书》中确定技术交接时间。中方国境站技术交接作业场对外方铁路货车进行技术交接时，应按规定进行安全防护。

6. 铁路货车故障处理

列检作业场应比照中方铁路货车的列车技术作业要求，对外方铁路货车进行列车技术作业，发现外方铁路货车定检到期或过期的应及时回送外方铁路货车所属国施修。

列检作业场发现外方铁路货车存在故障时，在禁止改变外方铁路货车技术结构的要求下，比照中方铁路货车的故障处理标准处理。列检作业场对换下的外方铁路货车故障配件，应按《国际联运货车使用规则》的要求返还外方铁路货车所属国。发现外方铁路货车存在危及行车安全的故障需摘车处理时，应逐级上报，由铁路局组织制定处理方法。

在国境站进行货物换装的外方铁路货车，发现危及行车安全的故障时，应通知车站采取限速等措施，并通知外方检车员处理。

外方铁路货车在中方铁路运行发生铁路交通事故、铁路货车行车设备故障和列车技术质量问题时，应比照中方铁路货车进行调查、分析与处理。外方铁路货车因铁路交通事故等原因造成破损时，应回送外方铁路货车所属国施修。

（三）外方国境站技术交接

1. 出境的中方铁路货车的技术交接

中方派驻外方国境站检车员，对出境的中方铁路货车，在货物换装前，应按《国际联运货车使用规则》中"国际联运铁路货车的技术要求"进行技术交接，要求如下：

（1）值班员接到外方国境站接入中方列车的通知后，应在《国境站技术交接检查记录簿》中记录列车基本信息，并通知交接检车员按规定与外方检车员进行现场技术交接。

（2）对外方检车员发现中方铁路货车存在的故障，根据外方检车员的通知在现场进行故障确认，属实的铁路货车故障由外方填记《不良铁路货车登记簿》，作为中方铁路货车进入外方国境站存在故障的原始依据，中方检车员代表进行签章；同时中方检车员须将故障铁路货车的车种、车型、车号及故障名称记录在《检车员工作记录手册》中，并登记在中方铁路货车《出境货车故障记录簿》中备查。

2. 入境的中方铁路货车的技术交接

中方派驻外方国境站的检车员，对由外方向中方交出的铁路货车，在货物换装后，按《国际联运货车使用规则》中"国际联运铁路货车的技术要求"进行技术交接，要求如下：

（1）值班员接到外方国境站交出中方列车的通知后，应在《国境站技术交接检查记录簿》中记录列车基本信息，并通知交接检车员按规定对中方铁路货车进行技术交接作业。

（2）交接中发现中方铁路货车存在故障时，应及时与《出境铁路货车故障记录簿》进行核对，对出境时无记录的故障铁路货车，应将车种、车型、车号及故障部位通知外方检车员在现场进行确认。

（3）对外方检车员确认属实的中方铁路货车故障，应形成铁路货车存在技术状态不良的"记录"，交外方检车员代表在技术状态不良的"记录"上签章。"记录"一式四份，双方各留存两份，中方检车员应装订成册管理，并按规定上报。

（4）中方铁路货车除存在严重破损或危及行车安全的故障外，其他铁路货车不论技术状态如何，中方检车员均需办理中方铁路货车接收手续，在不危及行车安全的情况下，采取必要的安全措施，将故障中方铁路货车挂运列车驶回中方国境站，并及时将返回车次、车种、车型、车号、编挂位置、铁路货车故障情况，通知中方国境站列检作业场或技术交接场。

对存在严重破坏或危及行车安全不能挂运的故障或事故中方铁路货车，由铁路局组织制定回送方案，确保返回中方国境站的运行安全。

拓展知识

国际客运列车

K3/4 次列车由北京往返莫斯科，途经乌兰巴托（蒙古国首都），每周一班，每周三从北京站始发，每周二从莫斯科始发，从北京至莫斯科共计 6 天，从莫斯科至北京共计 7 天，由中国铁路北京局集团有限公司承担运输。国际联运编组为 6 辆硬卧车、2 辆高级软卧车、一辆行李车，在中国境内加挂 3 辆硬卧车和 1 辆餐车，乘客可以购买中国境内车票。在蒙古国境内加挂 1 辆高级软卧车和 1 辆餐车。在俄罗斯境内加挂 1 列硬卧车和 1 列餐车。

K23/24 次列车由北京往返乌兰巴托，由中国铁路北京局集团有限公司（每周二北京站发车，每周四乌兰巴托发车）和乌兰巴托铁路局（每周四乌兰巴托发车，每周六北京站发车）承担运输，均为第二天到达目的地。由中国承担的列车编组其中硬卧车 7 辆，高级软卧车 3 辆，软卧车、行李车及空调发电车各 1 辆，在中国境内加挂 3 辆硬卧车和 1 辆餐车，乘客可以购买中国境内票，在蒙古国加挂餐车和硬卧车各 1 辆。由蒙古国承担的列车编组 16 节，其中硬卧车 9 辆，高级软卧车 3 辆，行李车及空调发电车各 1 辆，在蒙古国境内加挂 1 辆餐车和 1 辆硬卧车，在中国境内加挂 3 辆硬卧车和 1 辆餐车，乘客可以购买中国境内票。

K27/28 次列车由北京往返平壤，由中国铁路北京局集团有限公司和平壤铁道局承担运输，国际联运编组为 2 辆软卧车，每周一、三、四、六由平壤和北京发车，次日到达。K27/28 中国境内段由中国铁路北京局集团有限公司承担运输，每日一班，硬卧车 9 辆，硬座车 4 辆，软卧车、餐车及行李车各 1 辆，在每周一、四会加挂两列由中国承担运输的国际联运列车，在每周三、六会加挂两列由朝鲜承担运输的国际列车。列车到达丹东站后，会编入 95/85 次列车编组，运行时刻表和 95/85 次列车相同。

Z5/6 次列车由北京往返河内，由中国国家铁路集团有限公司承担运输，国际联运为每周四、日从北京西站发车，每周六、二从河内发车，国际联运编组共 1 辆软卧车。Z5/6 次列车实际终点站（起点站）为南宁站，国际联运旅客须在南宁站换乘 T8701/8702 次列车。Z5/6 次列车国内段（北京至南宁）每日一班，硬卧车 11 辆、软卧车 3 辆、餐车 1 辆。

能力自评

能力自评见表 2-3。

表 2-3　能力自评

自 评 内 容	学 习 效 果		
	☺	☻	☹
参加国际联运车辆所涂打的标记符号			
国际联运车辆维修范围如何划分			
国际联运货车的技术交接要求有哪些			
简述国际联运客车的技术要求			

任务三　重载铁路货车及自备铁路货车

学习目标

1. 知识目标

（1）熟知重载铁路货车的技术检查作业要求。

（2）掌握自备铁路货车过轨技术检查方法。

2. 能力目标

（1）培养自主学习的习惯和能力。

（2）培养动手能力、空间理解能力、沟通能力和团队协作能力。

（3）培养逻辑思维和处理信息的能力。

3. 素质目标

（1）培养学习者的科学文化和专业素质。

（2）树立学习者良好的职业道德和劳动安全思维。

（3）根植维护铁路运行安全红线意识，培养服务大众出行的责任感和大国工匠精神。

教学建议

（1）建议在实训室和多媒体教室实施理实一体化教学。

（2）建议教学时长 1 学时。

📖 学习内容

一、重载铁路货车

（一）运用管理

重载铁路应建立作业布局合理、安全防范有力、装备技术先进、管理体系规范的货车运用工作模式，针对铁路货车固定配属管理、循环运行、周转时间短、运输效率高等特点，以整备作业为基础，装卸站列车技术作业为补充，运行区间铁路货车安全防范系统为支撑，适应重载货运通道集疏运体系建设要求和速密重并举的运输组织要求，确保行车安全。

固定配属管理、循环运行的重载单元列车，原则上应做到统一车种、车型，固定运行区段，固定车次辆序，便于集中整备和整列扣车。

重载铁路的列车技术作业须配齐具有临修故障处理经验的修理人员和故障处理工装设施，并强化装卸车站列检作业场的检查修理能力，完善运行区间的安全防范和故障应急处理能力。

（二）技术检查作业

重载列车的技术检查作业，应在"全面检全面修"检查范围和质量标准的基础上，按规定提高闸瓦磨耗剩余厚度，严格控制列车制动机试验泄漏量等质量标准和修理质量。

重载铁路的列检作业场应铺设专用网络通道，HMIS 运用子系统（铁路货车技术管理信息系统）应具备列车技术质量管理。铁路货车运行质量追踪反馈等功能，能够做到信息化联网管理、质量问题的提前预测预报，及时处理铁路货车故障。

装车站、卸车站列检作业场及运行区间铁路货车安全防范系统，要建立列车技术质量联控机制，对首发铁路货车故障部位要及时通报各列检作业场重点检查，严格控制和防范突发性、倾向性的质量问题。

由两组或多组单元列车组合开行的列车在计数铁路货车编挂位置时，辆序是从第一单元机后第一辆车开始对铁路货车依次计数，但不计中部和尾部机车。

合理设置作业组数，优化生产组织。技检 5 000 t 及以上单元列车和单元万吨列车的列检作业场，应按 5 000 t 及以上单元列车编组辆数配置作业组人数和单元万吨列车编组辆数配置作业组人数。

重载铁路应加强铁路货车故障应急处理能力建设，建立、健全事故救援快速反应机制和沿途铁路货车故障应急处理预案，完善铁路局、车辆段、货车运用车间三级应急救援组织，提高应急救援人员的素质，规范应急救援管理，设置沿途重车换轮台位，配备处理主管系统故障的应急长风管，做好配件和故障抢修工具、机具的储备，定期和不定期组织开展事故调查及救援模拟演练工作。

二、自备铁路货车

自备铁路货车指企业为满足本企业生产需要自行购置、使用的铁路货车。自备铁路货车设计、制造、检修和运用由国铁集团统一管理，各项标准、要求和检修制度应与国铁货车一致。设计、制造、检修自备铁路货车的企业须根据《铁路机车车辆设计生产维修进口许可管理办法》，经国铁集团批准，取得相应的生产许可证、维修合格证。

自备铁路货车检修须经国铁集团批准，由取得相应的维修合格证的单位承担。铁路局车辆部每年需对管内承担自备铁路货车检修的单位，按规定进行检修资格检查，并于当年 12 月 1 日前将检查情况书面报国铁集团。

（一）编码注册

凡属企业（包括铁路局集团公司、合资铁路、地方铁路公司及其下属企业）资产并取得"自备铁路车辆经国家铁路过轨运输证"（以下简称"过轨运输证"）的货车，车号左起第一位为"0"、第二位非"0"，车体标明"XXX 自备货车"，且没有铁路路徽。军方特殊用途货车（车体标明客车基本记号者除外）比照自备货车办理。

（二）自备货车过轨技术检查

1. 过轨检查要求

自备货车进入国铁运行时，按有关规定由国铁车辆段进行过轨技术检查。

2. 过轨检查流程

（1）自备货车过轨进入国铁营业线运行时，由企业向当地车站提出申请，车站通知铁路车辆部门进行过轨技术检查。

（2）自备货车过轨技术检查时，车辆部门仅负责对与国铁货车相同的通用部件进行检查，执行始发列车检查范围和质量标准；其他部件由自备铁路货车企业负责。

（3）自备货车过轨技术检查后，对于符合要求的，由车辆部门填发"自备铁路货车、企业内用铁路货车过轨技术检查合格证"。

（三）自备货车技检作业

列检作业场对自备货车中的专用铁路货车（如装液化气体、化工产品、放射性物品、有毒物品的铁路货车等），只负责走行部、制动装置、车钩缓冲装置、车底架通用部件进行检查维修，其他部件由自备货车企业负责。

自备货车装载放射性物品、剧毒品或感染性物质时，列检作业场所在车站在列检作业前，将铁路货车的车位、车号通知列检作业场。

拓展知识

大秦线

大秦铁路（Datong-Qinhuangdao Railway），简称大秦线，是中国华北地区一条连接山西省大同市与河北省秦皇岛市的国铁 I 级货运专线铁路，也是中国境内首条双线电气化重载铁路、首条煤运通道干线铁路。大秦铁路于 1983 年进行勘察设计，于 1985 年动工建设，于 1992 年全线竣工运营。

大秦铁路采用中国自主研制的 C80 系列和谐型电力机车，通过 Locotrol 列车同步操纵技术与 GSM-R（铁路数字移动通信系统）通信技术有机结合，首次实现网络化机车同步操纵命令无线传输；重载机车采用轻量化兼大功率设计，集自动过分相装置、5T（铁路车辆运行安全监控系统）、CTC（调度集中控制系统）、微机联锁、ZPW-2000、主体化机车信号、牵引供电、C80 型货车牵引杆、120-1 制动阀、大容量胶泥缓冲器等技术为一体；列车重载速度

80 km/h，空跑速度 90 km/h，在 0.2 s 内实现前后机车同步操纵、制动；通信延时 0.6 s 内。

大秦铁路开行的两万吨重载组合列车长达 2 700 多米，因铁路地处山区，隧道多、坡道大，需攻克"山区铁路通信可靠性、长大下坡道周期制动和长大列车纵向冲动"三大技术难题。大秦铁路工程浩大艰巨，地质复杂多变，因断层交错、地形倾陡、山峦重叠而桥隧相连；线路经过 454 座桥梁、52 座隧道，有时两列车同时穿过一座隧道，曲线坡道此起彼伏，列车常扭出三四个曲线和七八个起伏。

大秦铁路的建设运营，使中国铁路形成一整套具有自主知识产权的重载运输技术体系，让中国成为世界上少数几个掌握 3 万吨重载技术的国家之一。30 年来，大秦铁路连续保持并不断刷新着列车开行密度最高、运行速度最快、运输效率最优以及单条铁路运量最大等多项重载铁路纪录，为中国"西煤东运"的战略动脉，如一条从西向东的煤河以每秒 6.3 吨流速绵延不断地将"三西"煤炭输送到渤海之滨。为中国经济持续发展提供着源源不断动能的大秦铁路，成为改革开放 40 年来中国铁路标志性成就。

能力自评

能力自评见表 2-4。

表 2-4　能力自评

自 评 内 容	学 习 效 果		
	☺	😐	☹
重载列车的技术检查作业标准			
什么是自备铁路货车			

其他铁路货车

任务四　超限超重等特种货物运输

学习目标

1. 知识目标
（1）掌握超限超重货物的等级划分原则。
（2）掌握特种货物运输车辆技术检查作业方法。
（3）学会为特种货物选取合适的运输车辆。

2. 能力目标
（1）培养自主学习的习惯和能力。
（2）培养动手能力、空间理解能力、沟通能力和团队协作能力。
（3）培养逻辑思维和处理信息的能力。

3. 素质目标

（1）培养学习者的科学文化和专业素质。

（2）树立学习者良好的职业道德和劳动安全思维。

（3）根植维护铁路运行安全红线意识，培养服务大众出行的责任感和大国工匠精神。

教学建议

（1）建议在实训室和多媒体教室实施理实一体化教学。

（2）建议教学时长 1 学时。

教学资源

特种货物运输

学习内容

一、超限货物

超限货物是指货物装车后，车辆停留在水平直线上，货物的任何部位超出机车车辆限界基本轮廓或车辆行经半径为 300 m 的曲线时，货物的计算宽度超出机车车辆限界基本轮廓者。机车车辆限界基本轮廓如图 2-14 所示。

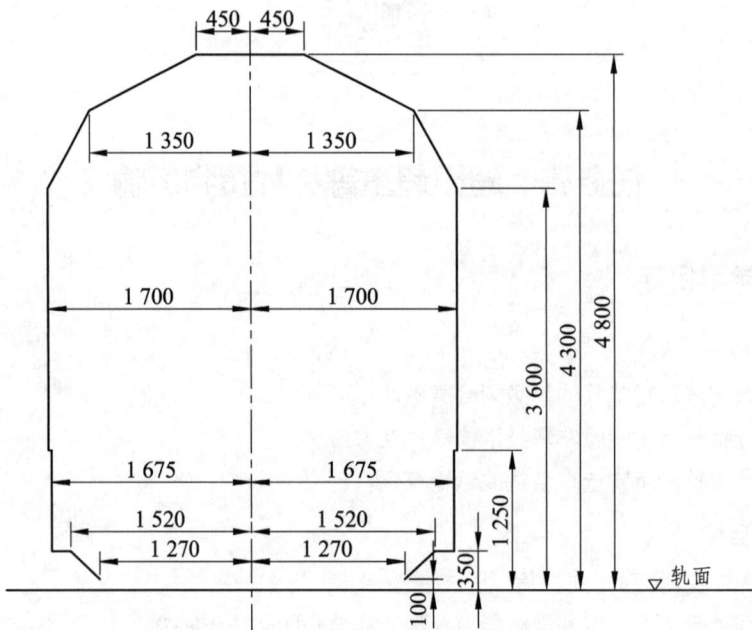

图 2-14　机车车辆限界基本轮廓

（一）超限种类

超限货物根据它超限的部位分为左侧超限、右侧超限和两侧超限三种。超限部位的划分是以线路中心线为标准，按照列车运行的前进方向来确定的。货物的超限部位在列车运行前进方向的线路中心线左侧时，称为左侧超限；在右侧时，称为右侧超限；左右两侧都超限时，称为两侧超限。

两侧超限中，又因为左右两侧的超限程度，有的尺寸一样，有的尺寸各不相同。对两侧一样的称为对称超限；不同的称为非对称超限。

超限货物根据超限部位所在高度不同，又分为上部超限、中部超限和下部超限三种。高度一律从钢轨面算起，具体高度如下：

（1）上部超限：自轨面起高度超过 3 600 mm，任何部位超限者。

（2）中部超限：自轨面起高度超过 1 250 mm 至 3 600 mm 之间，任何部位超限者。

（3）下部超限：自轨面起高度在 150 mm 至 1 250 mm 之间，任何部位超限者。

（二）超限等级

根据货物的超限程度，超限货物分为三个等级：一级超限、二级超限和超级超限。

（1）一级超限：自轨面起高度在 1 250 mm 以上超限但未超出一级超限限界者，如图 2-15 所示。

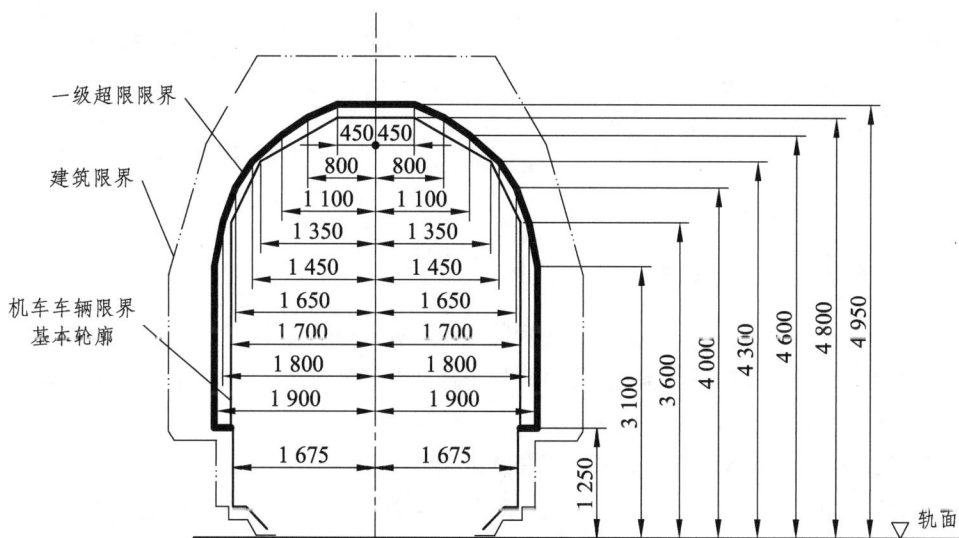

图 2-15　一级超限限界

（2）二级超限：超出一级超限限界而未超出二级超限限界者，以及自轨面起高度在 150 mm 至未满 230 mm 间超限但未超出二级超限限界者，如图 2-16 所示。

（3）超级超限：超出二级超限限界者，以及自轨面起高度在 230 mm 至 1 250 mm 间超限者。

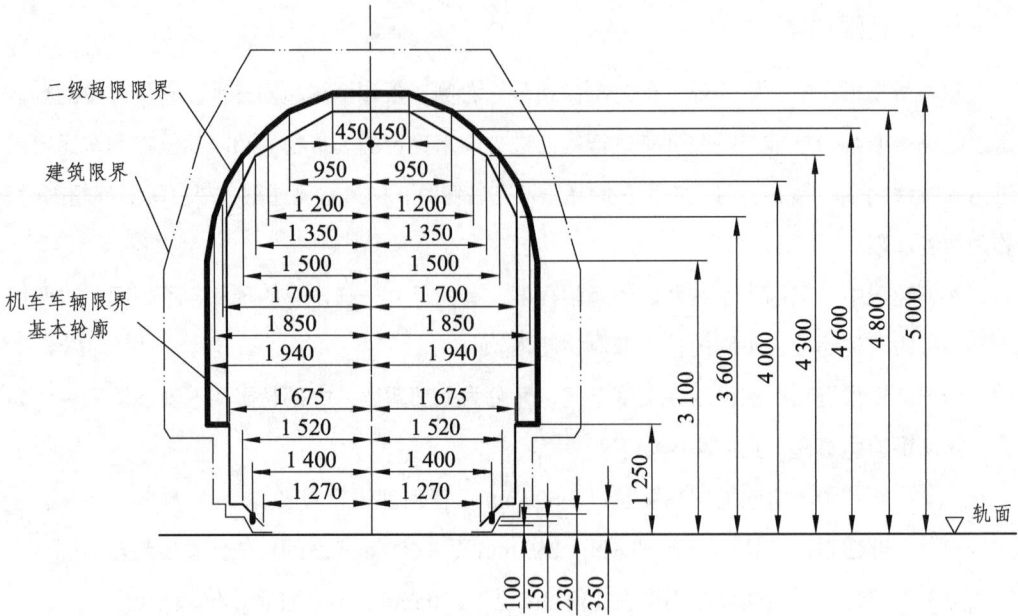

图 2-16　二级超限限界

二、超重货物

装车后，重车总重活载效应超过桥涵设计标准活载（中-活载）的货物，称为超重货物。

（一）超重等级

根据货物的超重程度，超重货物分为三个等级：一级超重、二级超重和超级超重。

（1）一级超重：$1.00 < Q \leqslant 1.05$；

（2）二级超重：$1.05 < Q \leqslant 1.09$；

（3）超级超重：$Q > 1.09$。

注：Q 为活载系数。

（二）超重车辆技术作业

装车前，车站或货运部门通知就近车辆段按规定进行技术检查，检查铁路货车技术状态符合运用货车条件；装车时，监督是否有损坏车辆现象；装车后，确认车辆技术状态是否影响行车安全，各部状态符合有关规定。

车辆部门接到运输部门铁路超重超限货物运输列车技检作业通知时，立即组织相关人员按规定对列车进行技术检查作业，检查范围和质量标准执行始发列车检查范围和质量标准，制动机试验执行持续一定时间全部试验。

（三）管理要求

（1）按超重超限货物运输方案的要求，指派专人添乘，监视铁路货车运行状态。

（2）对跨装运输超长货物时，根据货物托运人、车站或货运部门的委托，车辆段制作车钩缓冲停止器并负责安装工作，费用由货物托运人承担。卸车后，由卸车单位负责将车钩缓冲停止器拆除。

三、特种货物装载基本技术要求

对铁路货物装载的基本要求可以概括为两点：第一确保重车运行安全；第二保证不损伤车辆，不影响货车的正常使用寿命。特种货物一般具有重量大、体积或长度大以及外形复杂等特点。为了保证运输安全，装载时尤其需要严格遵守有关技术要求，当然在确定特种货物的装载方案时，也应考虑充分利用铁路货车的载重能力，尽可能减少运输上的限制要求，但要优先考虑安全方面的要求。

（1）在一般情况下，货物装车后，其重心或总重心（一车装几件货物时）应能垂直投影到车底板纵、横中心线的交叉点上（以下简称能落在车辆中央）。

（2）在特殊情况下，货物重心不可能落到车辆中央时，横向的偏移量不得超过 100 mm，超过时，应采取配重措施，使配重后货物重心能落到车辆中央；纵向偏移时，要保证每个车辆转向架负担的货物重量不超过货车标记载重量的 1/2，同时要使两转向架承受的货物重量之差不大于 10 t。

（3）一车装载两件或多件货物时，不得对角线装载。

（4）重车重心高度从轨面起，一般不得超过 2 000 mm。超过时，可采取配重措施，降低重车重心高度，否则应限速运行。限速轨道如表 2-5 所示。

表 2-5　货车装载超限货物限速表

重车重心高度/mm	区间限速/（km/h）	通过侧向道岔限速/（km/h）
2 001～2 400	50	15
2 401～2 800	40	15
2 801～3 000	30	15

能力自评

能力自评见表 2-6。

表 2-6　能力自评

自 评 内 容	学 习 效 果		
	😊	😐	😞
简述超限货车的种类及等级			
简述特种货物装载基本技术要求			
什么是超重货物？如何划分超重等级			

项目三　货车运用维修

项目导读

新长征突击手李晶晶。2007 年，年仅 19 岁的李晶晶从郑州铁路职业技术学院毕业来到洛阳检修车间，从此，她和轴承检修结下了不解之缘。在轴承钳工这个平凡的岗位上，她勤奋、细心，用自己的实际行动诠释着"用心对待工作，真心对待同志"的含义，绽放着青春的美丽风采。

轴承检修工序多、精度高、要求严。刚到轮轴组工作的李晶晶，为了尽快掌握技术，她勤问、勤看、勤记、勤动手，主动虚心向老师傅请教，一有空闲，就拿起《轮规》等专业书籍，一本一本地"钻"，一点一点地"啃"，很快便掌握了轴承检修的全部业务知识。她始终信奉"技不压身"的道理，经常利用休息时间到班组的其他相关岗位，主动学习各种工艺标准和技术要求，仅半年时间，就全面掌握了轴承选配，轮对收入、支出，HMIS 录入等岗位的业务技能，成为班组里素质过硬、业务全面的"多面手"，班组里不管哪个岗位需要，她都能随时顶上。

李晶晶深知责任胜于能力的真理。在工作中，无论出现何种情况，她都坚持按标准化作业，不放过任何安全隐患。2010 年，李晶晶到郑州北检修车间工作，从事轴承选配工作，轴承选配是一项责任重大，细之又细的工作，如果轴承选配不当，在轴承压装时会造成压装曲线和压装数据不合格，需要退卸轴承，重新压装，浪费人力物力，甚至会影响货车的运行安全，造成严重事故。李晶晶的到来，结束了轮轴组没有女工担当轴承选配工作的历史。

李晶晶深感自己责任的重大，一丝不苟地按照标准化作业。每压装一套轴承，需要对轴颈、防尘板座、轴承内径、后挡内径，在不同角度测量 16 个尺寸，这些尺寸，全部精确到0.001 mm，李晶晶认为，轴承选配工作，细心是基础，善于总结经验是选配合格的关键。每次新到一批轴承，李晶晶总是特别关注这批轴承首次选配后的压装使用情况，她到压装岗位，认真分析轴承压装曲线，核对压装数据，然后根据压装情况，选择最合适的压装过盈量，就这样，功夫不负有心人，经李晶晶选配的轴承，轴承压装后合格率均保持较高的水平。

工作 6 年，李晶晶用一个个骄人的成绩印证了一串串勤奋的足迹。2008—2010 年，她始终保持着段"精品岗""示范岗"的称号，2007—2010 年连续四年被评为段优秀团员，2009年荣获段十佳岗位标兵，2012 年被评为铁道部新长征突击手、段业务状元、段先进生产者、车间"十佳职工"。

平凡的工作岗位同样彰显美丽和价值，无论是在一条条轮对间忙碌，还是站在业务技能竞赛的领奖台上，抑或作为青年志愿者的李晶晶，都是闪亮的、美丽的，她以一颗晶莹剔透玲珑心对待工作和同事，为了车辆运行安全不辞辛苦、乐而无悔。

一、货车运用维修的主要任务

（1）在规定的列车技术作业时间（以下简称技检时间）内完成货物列车的技术检查、自动制动机性能试验（以下简称列车制动机试验）、铁路货车故障处置和修理（以下简称铁路货车故障处理）等；负责定期检修的到（过）期车、技术状态不良车、沿途发生故障的铁路货车及事故车的扣修和回送工作；维护运用货车的质量符合规定的技术标准，保证作业列车的运行安全。

（2）负责铁路货车运行安全监控系统的运用和检修管理。

（3）负责对运用货车中需摘车临修的铁路货车进行检修，对需辅修的铁路货车进行定期检修。

（4）负责翻车机翻前卸后、散装货物解冻库（以下简称解冻库）解冻后的铁路货车的技术交接检查和故障处理；负责进出厂矿、港口、地方铁路、合资铁路、专用铁路、企业专用线和工程临管线等单位铁路货车的技术交接检查和故障处理；负责国际联运货物列车的技术交接。

（5）负责往返循环开行的快速货物班列、局管内固定编组开行的货物快运列车等整备作业。

（6）对铁路货车运用技术质量的分析、评价和管理，组织开展货物列车技术质量监控，定期调查分析运用车辆技术状态，对铁路货车运用中发现的故障进行信息收集、处理、分析；负责铁路货车设计、新造、检修和主要配件的质量监督与反馈，对车辆结构、设计、制造、修理和运用管理提出改进意见。

（7）负责爱护铁路货车（以下简称爱车）工作，组织爱车宣传并指导、监督和检查铁路货车的使用，制止损坏铁路货车的行为，负责损坏铁路货车的索赔和管理。

（8）按规定负责重点物资及超限货物列车和机械冷藏车的技术作业及车辆乘务等工作。

（9）按规定协助进行铁路货车新车型、新技术、新型配件运用考验的相关工作。

（10）参加相关铁路交通事故的调查和事故救援，协助铁路货车交通事故的处理和管理，负责铁路货车行车设备故障的调查、处理和管理。

（11）国铁集团规定的其他有关工作。

二、货车运用维修工作实施

在整个铁路运输组织过程中，货车运用生产单位主要承担着货物列车中的铁路货车技术检查和修理，确保铁路货车技术状态满足铁路货物装载和运输安全要求。货车运用工作主要由货车运用作业场和站修作业场承担。货车运用作业场的技术管理执行《铁路货车运用维修规程》，站修作业场的技术管理执行《铁路货车站修规程》。

（一）货车运用作业场

货车运用作业场主要由列检作业场、动态检查作业场、技术交接作业场、整备作业场等组成。它是列车、车辆进行技术检查、修理的第一线，是服务运输、保证行车安全畅通的必要组成部分。货车运用作业场的布局、劳动组织、作业班组设置和人员配备要求，必须满足运输安全生产的需要。

货车运用作业场

（二）货车站修作业场

　　货车站修作业场是铁路货车辅修及摘车临修的工作场地；站修作业场承担快速处理铁路货车故障、维护运用铁路货车技术性能的任务，是加快铁路货车周转、确保铁路运输安全的重要组成部分。货车站修以工装保工艺、以工艺保质量、以质量保安全为指导思想，以保证行车安全和服务运输为宗旨，坚持质量第一的原则，执行"三检一验"制度，并积极采用先进的检测和修理技术，实施全面检查、重点修理，保证修车质量、提高检修效率。

任务一　列检作业场

🎯 学习目标

1. 知识目标

（1）了解列检作业场内的生产生活设施。

（2）熟知列检作业场的劳动组织。

（3）掌握列检作业场的职责及设置原则。

2. 能力目标

（1）培养自主学习的习惯和能力。

（2）培养动手能力、空间理解能力、沟通能力和团队协作能力。

（3）培养逻辑思维和处理信息的能力。

3. 素质目标

（1）培养学习者的科学文化和专业素质。

（2）树立学习者良好的职业道德和劳动安全思维。

（3）根植维护铁路运行安全红线意识，培养服务大众出行的责任感和大国工匠精神。

🔧 教学建议

（1）建议在实训室和多媒体教室实施理实一体化教学。

（2）建议教学时长 2 学时。

📚 教学资源

列检作业场

![学习内容图标] **学习内容**

一、列检作业场职责

货车运用作业场按规定的检查范围和质量标准,对货物列车或铁路货车进行技术作业后,须保证铁路货车相应部位的质量标准符合规定,并在正常使用条件下安全运行到下一个负责检查该部位的货车运用作业场,承担相应的安全与质量责任。

列检作业场按规定的检查范围和质量标准技术作业后发出的列车,停车技术作业的安全保证距离原则上应为 500 km 左右。高原、重载及长交路等运输有特殊要求的货物列车,根据运输组织、线路情况、铁路货车技术状态及列检作业布局,按国铁集团的规定确定相应的安全保证距离。

二、列检作业场分类及设置

列检作业场主要负责货物列车的日常检查和维修,以人工检查或人机分工检查方式为主,列检作业场的布局须满足铁路运输安全和畅通的需要,在编组站的车场及相应的车站,根据列车运行图中编制的到达解体列车(以下简称到达列车)、编组始发列车(以下简称始发列车)、中转列车的数量,同时按照运输组织、机车交路、运行工况、列检作业安全保证距离等合理设置,如图 3-1 所示。

图 3-1　编组站

列检作业场等级分为特级、一级。特级列检作业场设置在日均解体作业 3 000 辆以上的编组站的车场;一级列检作业场设置在列车编组作业量较大或大量装卸货物的其他编组站、区段站的车场,以及停车技术作业中转列车较多的区段站、中间站。

列检作业场的名称命名原则上须与所在车站或车场、站区的名称相对应,站区内设置多个车场时,原则上采用上行或下行、到达或始发、一或二等方式进行命名。

三、列检作业场生产生活设施

列检作业场所在车站或站区均应有临修能力。暂无临修能力的,应设故障铁路货车临时整修的专用线路,其直线段有效长度不小于 60 m,具备重车架车条件,并配置电焊机、架车机具等临时整修铁路货车故障的设施设备及安全防护设施。

列检作业场的生产生活房屋应相对集中设置在列检综合楼内。原则上应设值班室、待检室、办公室、会议室、交接班室、资料室、多媒体学习培训室、安全警示室、计算机设备机房、模具展示室、故障展览室、练功基地等生产设施。列检作业场还应设充电室、空气压缩机室、工具室、材料配件分存室、室外大型配件存放棚、微机控制列车制动机试验装置的车场端部机房等设施设备，其布局如图 3-2 所示。

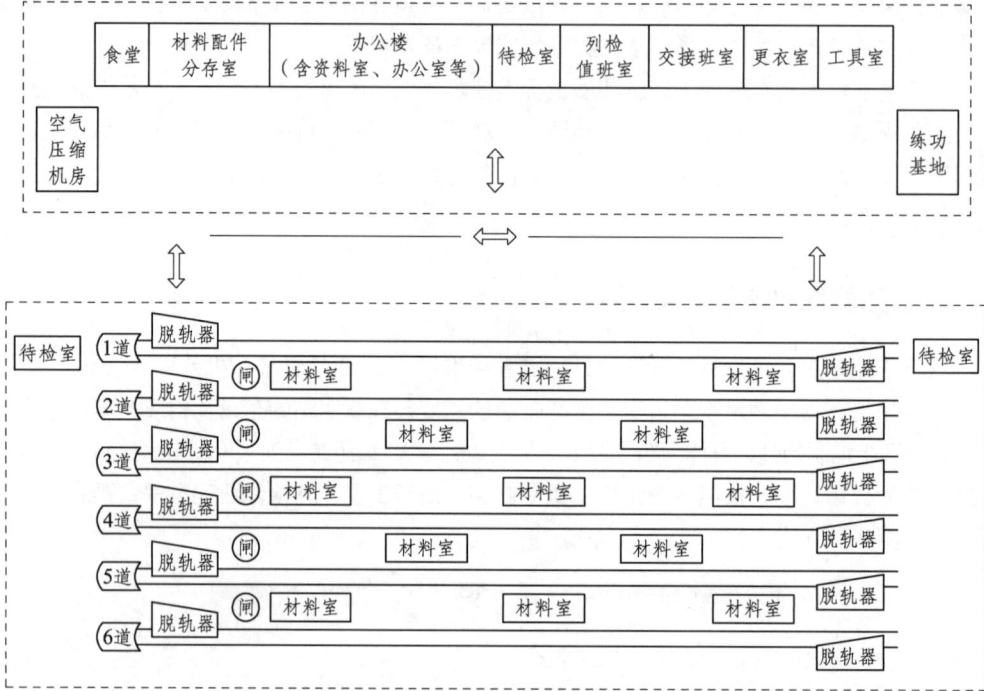

图 3-2　列检作业场布局示意图

列检作业场的作业线路须设灯桥（见图 3-3）或灯塔，照明范围覆盖全部作业区域，照度符合相关规定。在夜间及光线较暗的时间段进行列检作业时，灯桥或灯塔应处于照明状态。

图 3-3　列检作业场灯桥

列检作业场作业线路间及线群外侧（距线路中心 3.0 m）应以水泥预制板铺平至与轨枕上平面同高，宽度 1.0 m 左右，并具备良好的排水条件。线路应铺设混凝土平头轨枕，线群外侧设挡砟墙。同时，配备适应作业线路条件的工具、材料运输车，交叉设置工具材料分存箱，满足铁路货车故障修理需求。

（一）生产设施

1. 列检值班室

列检值班室一般设置在列检作业场综合楼内或车站调度楼内便于瞭望列车到发的地方；待检室根据站场环境或车场内列检作业线路长度、数量设置。列检综合楼内应设待检室。当作业线路有效长 850 m 及以上时，还应在车场两端适当位置设置待检室；当列检综合楼设置在车场的一端时，应在车场中部和另一端设待检室；当列检作业线路为 10 条及以上时，还应在站场或车场列检综合楼的另一侧适当位置设置待检室。待检室应配备 HMIS 运用子系统终端、打印机、与列检值班室的直通电话、接发列车及安全信息揭示系统显示终端、座椅等。值班室、待检室应配备时钟，并与车站定期校准。

2. 作业设备存放地

充电室内须设置存放台、工具台、控制台、充电设备，如图 3-4 所示。工具室配置工作台、钳工台、砂轮机、台式钻床等维修机具、设备配件及备品，如图 3-5 所示。

3. 教学及教具场所

模具展示室须配备主型车辆零部件的剖件、模具、课件，如图 3-6 所示。故障展览室墙上应揭挂故障发现方法图示，摆放有代表性的铁路货车故障损品，如图 3-7 所示。

图 3-4　充电室

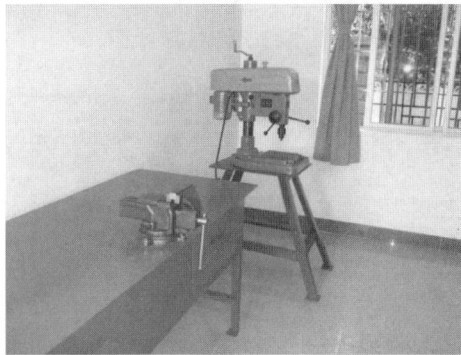

图 3-5　工具室

图 3-6　模具展示室

图 3-7　故障展览室

练功基地面积满足练功需要，应设置理论培训、实作演练、电化教学、配件实物、故障损品展示等不同区域，如图 3-8 所示。

图 3-8　练功基地

　　此外，列检作业场配备有交接班室、材料配件分存室、室外大型配件存放棚，与外界公路相通的道路，作业线路两端或一端应铺设平交运输道路，路面应硬化；运输道路与正线相交时，应设汽车和人员涵洞通道。对于列检作业需穿越正线或邻近正线作业的列检作业场，须安装列车接近语音报警提示装置和隔离设施。

（二）生产设备

　　（1）列检作业场的作业线路要安装具有安全防护功能的固定脱轨器（见图 3-9），固定脱轨器应具备抗恶劣天气干扰和防雷功能，其安装位置应根据本股道的信号机、警冲标及机车停车位置标的位置、机车长度等情况确定。根据站场实际情况，还须配置一定数量的移动脱轨器（见图 3-10）。脱轨器是用于铁路防护区段的双向隔离设备，可靠地迫使线路两端闯入防护区段的机车车辆脱轨，保证作业人员人身安全。

图 3-9　固定脱轨器

图 3-10　移动脱轨器

　　（2）列检作业场要安装微机控制列车制动机试验装置，试验执行器的数量和安装位置应根据列车制动机试验的需要确定安装。列车制动机试验装置是检验机车车辆成组运用时制动性能的设备，及时发现和处理车辆制动故障，保证车辆运行安全，如图 3-11 所示。

　　列检作业场应同时设置空气压缩机房，满足列车制动机试验最大用风量需要，并具备除尘、除湿、控温的功能。压缩空气管路须采用管径不小于 50 mm 的不锈钢等耐腐蚀材料，采取防冻措施，进入作业线路后须铺设在专用的地沟或地下管道中。

图 3-11　微机控制列车制动机试验装置

（3）列检作业场要安装列车车辆制动试验监测装置，并在列检值班室设监测终端和主机，如图 3-12 所示。

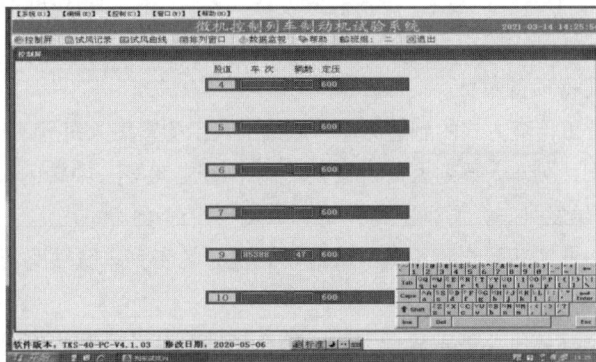

图 3-12　室内监测终端界面

（4）列检作业场配备货车车号自动识别系统列检复示终端、铁路货车管理信息系统（HMIS）运用子系统、列检手持机系统、铁路货车运行安全监控系统等信息系统。

（5）铁路局集团公司须组织将车站等相关单位的有关信息通过信息共享、复示等方式在列检作业场、动态检查作业场显示：

➢ 列车作业股道、车次、编组辆数、车种、车型、车号、到达时间、计划发车时间、总重量、总换长等信息。

➢ 车辆编组顺序、空重状态、货物品名、到发站、关门车、检修车等信息。

➢ 车站日、班计划，阶段计划；编组站内现在车情况、作业场股道占用及空闲情况等；作业场所在车场信号显示，调车作业计划，列车、调车及机车的运行信息。

➢ 车辆历史信息查询，扣修检修车位置查询。

同时，铁路局集团公司须组织将列检作业场有关信息通过信息系统向车站复示列检作业开始、结束信息，脱轨器上、下轨状态，车辆倒装，检修车扣修等信息。

车站等相关单位的有关信息通过信息共享、复示等方式在列检作业场、动态检查作业场显示，列检作业场有关信息通过信息系统向车站复示。

（6）列检作业场检车员应按作业要求配备检查锤、检车灯、无线对讲机、列检手持机、荧光分车牌、防护红灯或红旗、工具背带或腰带及相应工具等；列检作业场应配备列车队中处理铁路货车故障的专用工具、量具、机具，满足故障修理需要，并不断研发和更新列车队中新型的故障修理和抢修机具。

四、列检作业场劳动组织

列检作业场的劳动组织及人员配备按照"以列定组、以辆定人"的原则和作业需要进行核定。主要生产人员包括列检值班员、货车检车员。其中，列检值班员是从事铁路车辆运用维修作业组织的人员；货车检车员是对铁路运用货车车辆技术状态进行检查、测试，并对其进行维护及故障处理的人员。

（一）劳动组织原则

（1）按列车运行图核定作业场日均列检作业列数，并结合上一年度实际作业量，按以列定组的原则配备作业组数；在核定作业组数时，应合理考虑待检时间和作业列车中接送车、连续到发转线等辅助准备工作时间以及简略试验等作业时间。

（2）根据作业场列车作业性质、技术检查方式、检查范围和质量标准，按列车运行图规定的区段牵引定数核算列均辆数，并结合上一年度实际作业量，合理核定作业组应配备的生产人员，并按规定配备预备人员。

（3）实行人机分工检查方式的到达列车，原则上人工检查每人每列单侧不超过 30 辆；实行人工检查方式的到达列车，原则上每人每列单侧不超过 20 辆；中转列车，原则上每人每列单侧不超过 20 辆；始发列车，原则上每人每列单侧不超过 15 辆。

（4）根据列检作业场实际合理配备故障修理人员，负责列车队铁路货车故障处理及临时铁路货车故障整修。

（5）列检作业场昼夜作业量差异较大时，应合理安排劳动班制、作业组数。

（6）设置在高原铁路或气候寒冷地区的列检作业场，可适当增加作业人员。

（二）作业组织要求

（1）列检作业场按生产组织要求，应采用四班制轮班方式，工作量较少的可采用三班制，班组的名称为一班、二班、三班、四班。每班的作业组数根据实际作业列数确定，分为一组、二组、三组等。

（2）列检作业场每班设工长 1 人，副工长设定人数由铁路局集团公司根据班组人数及作业组数量核定。

（3）列检作业场每班应配备列检值班员。有动态检查作业组时，应配备动态检车组长。

能力自评

能力自评见表 3-1。

表 3-1　能力自评

自评内容	学习效果		
	☺	😐	☹
货车运用维修工作的主要任务			
货车运用作业场的分类			
列检作业场的安全职责			
列检作业场的设置原则			

任务二　货物列车技术检查作业

学习目标

1. 知识目标

（1）熟知货物列车技术作业分类及方式。

（2）掌握货物列车检查范围和质量标准。

（3）掌握货物列车技术检查作业程序。

2. 能力目标

（1）培养自主学习的习惯和能力。

（2）培养动手能力、空间理解能力、沟通能力和团队协作能力。

（3）培养逻辑思维和处理信息的能力。

3. 素质目标

（1）培养学习者的科学文化和专业素质。

（2）树立学习者良好的职业道德和劳动安全思维。

（3）根植维护铁路运行安全红线意识，培养服务大众出行的责任感和大国工匠精神。

教学建议

（1）建议在实训室和多媒体教室实施理实一体化教学。

（2）建议教学时长 4 学时。

教学资源

罐车、平车及转 K6 转向架	货物列车检查范围和质量标准	货物列车技术检查作业程序

学习内容

　　为确保列车运行安全，列检作业场应按规定的检查范围和质量标准进行列车技术作业，并承担相应的安全保证责任，保证车辆相应部位在正常运用条件下，安全到达下一个负责检查该部位的列检作业场。经人工检查或人机分工检查方式进行列检作业后发出的列车，在沿途铁路货车运行安全监控系统设置符合规定的情况下，列检作业安全保证距离原则上应为 1 000 km 左右。

一、列车技术作业分类及方式

　　列车技术作业按作业性质分为到达作业、始发作业、中转作业、通过作业，其采用的作业方式、作业范围及质量标准有所差异。

　　到达作业：对列检作业场所在车站到达列车进行的作业，采用人机分工检查或人工检查作业方式。列检作业场接入列车进路安装有 TFDS 的采用人机分工作业方式，执行"人机分工 TFDS 动态检查范围和质量标准"和"到达列车人机分工人工检查范围和质量标准"；列检作业场接入列车进路未安装 TFDS 或 TFDS 无法正常进行动态检查的采用人工检查作业方式，执行"人机分工 TFDS 动态检查范围和质量标准"和"到达列车人机分工人工检查范围和质量标准"。

　　始发作业：对列检作业场所在车站始发列车进行的作业，列检作业采用人工检查作业方式。车辆技术检查实行人工检查作业，执行"始发列车检查范围和质量标准"。

中转作业：对列检作业场所在车站且处在列检作业安全保证距离位置上的中转列车进行的作业，列检作业采用人机分工检查或人工检查作业方式。列检作业场接入列车进路安装有TFDS的实行人机分工作业，执行"人机分工TFDS动态检查范围和质量标准"和"中转列车人机分工人工检查范围和质量标准"；列检作业场接入列车进路未安装TFDS或TFDS无法正常进行动态检查的实行人工检查作业方式，执行"始发列车检查范围和质量标准"；对于加挂的铁路货车，实行人工检查方式，执行"始发列车检查范围和质量标准"。

通过作业：对上述情况以外的货物列车，利用TFDS进行的作业，实行动态检查方式，执行"通过作业TFDS动态检查范围和质量标准"，发现符合"通过作业TFDS动态检查范围和质量标准"的故障按拦停程序办理。

无列检作业场的车站编组始发列车，应在途经第一个列检作业场进行列检作业，执行中转作业有关规定。对铁路局集团公司无列检作业场的车站编组始发的列车，在本铁路局集团公司未途经列检作业场时，始发铁路局集团公司需通知接入铁路局集团公司安排途经第一个列检作业场进行列检作业，并在相关文件中明确作业地点。

二、货物列车检查范围和质量标准

（一）始发列车检查范围和质量标准

1. 车 轮

车轮踏面无碾堆，车轮踏面圆周磨耗深度不大于 8 mm，车轮踏面擦伤及局部凹下深度不大于 1 mm，车轮踏面缺损部位边缘距相对轮缘外侧距离不小于 1 508 mm、缺损部位长度不大于 150 mm，车轮踏面剥离长度一处不大于 50 mm、两处（每一处均）不大于 40 mm；车轮轮缘垂直磨耗不大于 15 mm，轮缘内侧缺损长度不大于 30 mm、宽度不大于 10 mm，棚车、集装箱平车、平车-集装箱共用车、小汽车运输专用车及 120 km/h 货物列车中的铁路货车轮缘厚度不小于 25 mm，其他轮缘厚度不小于 23 mm（3 轴及多轴转向架的中间轮对轮缘厚度列检可不掌握）；轮辋无破损，无辐板孔车轮轮辋厚度不小于 23 mm、有辐板孔不小于 24 mm；车轮辐板孔边缘径向无裂纹，辐板孔边缘周向裂纹不大于 30 mm。以下为部分较为突出的故障表征，如图 3-13 所示。

（a）车轮踏面擦伤	（b）车轮辐板孔裂	（c）车轮轮缘缺损
（d）车轮踏面剥离	（e）车轮踏面缺损	（f）圆周磨耗超限

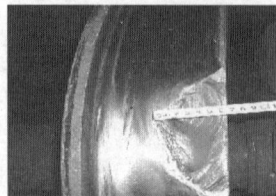

图 3-13　车轮故障

2. 轴 承

滚动轴承无甩油，外圈、轴箱无破损，轴端螺栓无松动、脱出、丢失，前盖无丢失；承载鞍无破损、错位，转 K2 型转向架承载鞍顶面无金属碾出；侧架导框、副构架导框纵向与滚动轴承外圈无接触；轴箱橡胶垫无错位，轴箱橡胶垫中间橡胶与上、下层板无错位；轴箱橡胶弹簧、轴箱纵向弹性垫无错位；轴承挡键无丢失，螺母无松动、丢失。以下为部分较为突出的故障表征，如图 3-14 所示。

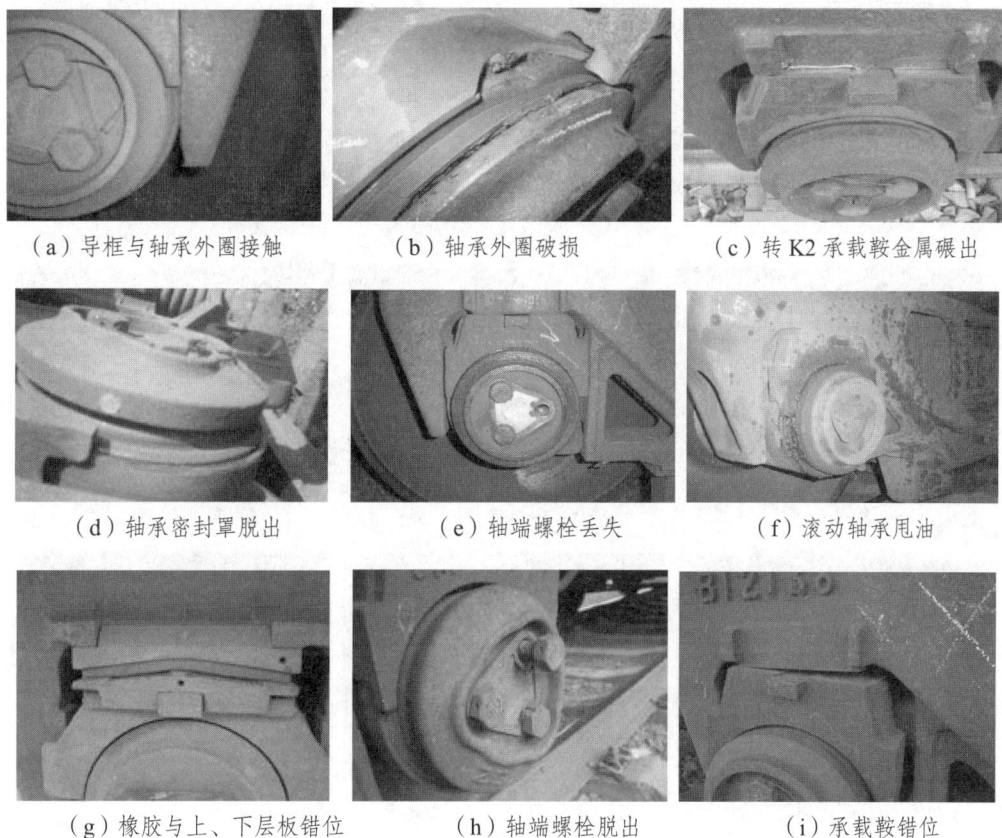

（a）导框与轴承外圈接触	（b）轴承外圈破损	（c）转 K2 承载鞍金属碾出
（d）轴承密封罩脱出	（e）轴端螺栓丢失	（f）滚动轴承甩油
（g）橡胶与上、下层板错位	（h）轴端螺栓脱出	（i）承载鞍错位

图 3-14　轴承故障

3. 转向架

摇枕、侧架、一体式构架、副构架无折断；副构架与连接杆连接用螺母及开口销无丢失；上心盘铆钉无折断，下心盘螺栓无折断，螺母、开口销无丢失，心盘无脱出；侧架立柱磨耗板、斜楔及主摩擦板无破损、窜出、丢失，侧架立柱磨耗板折头螺栓、铆钉无折断、丢失，摇枕斜楔摩擦面磨耗板无窜出；摇枕斜面磨耗板折头螺栓无丢失；旁承体无破损、丢失，双作用弹性旁承上旁承与下旁承尼龙磨耗板无间隙，旁承滚子或旁承尼龙支承板与上旁承磨耗板不得接触，间隙旁承同一转向架左右旁承间隙之和为 2～20 mm（铁路货车任何一侧旁承间隙须大于 0，载重 280 t 及以上铁路长大货物车须大于 2 mm）；交叉支撑装置盖板及交叉杆体无折断、变形，扣板螺栓、铆钉无丢失，安全索无丢失，交叉杆端部螺栓无松动、脱出、丢失；轴箱、摇枕及减振弹簧无折断、窜出、丢失；转向架弹簧托板、折头螺栓无折断，螺母及开口销无丢失。以下为部分较为突出的故障表征，如图 3-15 所示。

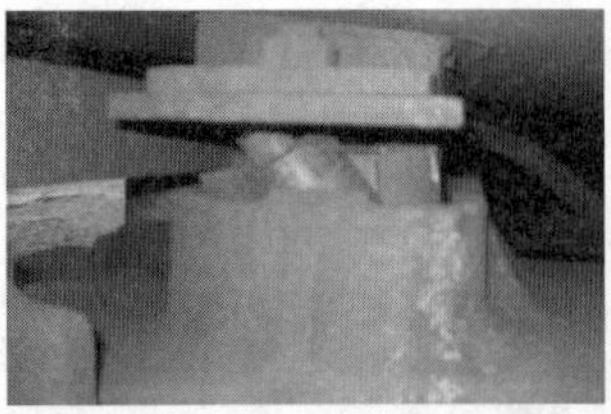

（a）旁承滚子位置不正 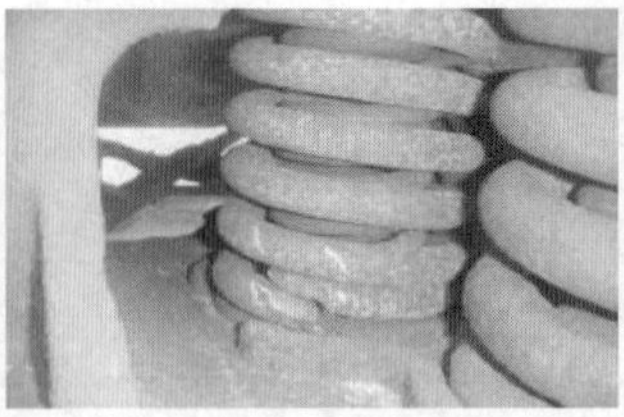　　　　（b）摇枕弹簧折断 　　　　（c）心盘螺栓折断

（d）交叉杆折断 　　　　（e）交叉杆端部螺栓丢失 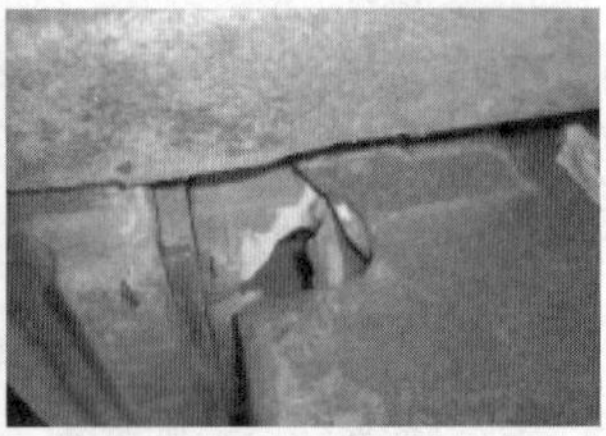　　　　（f）斜楔破损

（g）端头螺栓松动 　　　　（h）摇枕弹簧窜出 　　　　（i）折头螺栓丢失

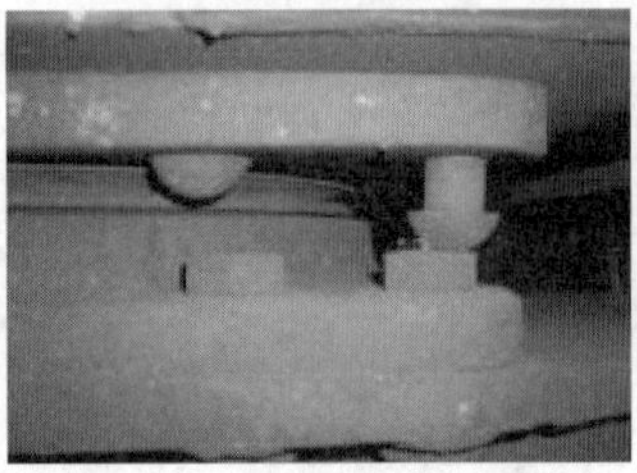

（j）上心盘铆钉折断 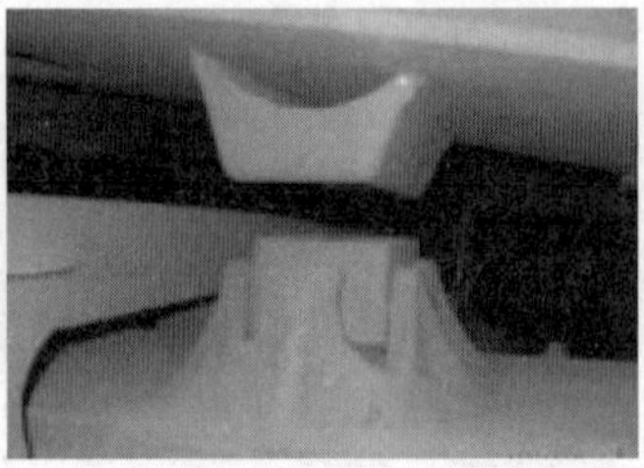　　　　（k）旁承游间超限 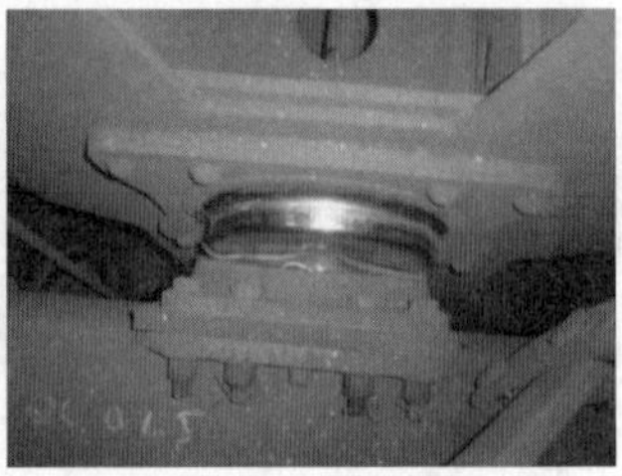　　　　（l）心盘脱出

图 3-15　转向架故障

4. 车钩及其缓冲装置

钩体无破损，牵引杆、钩尾框无折断；钩舌销及开口销无折断、丢失；钩锁锁腿无折断，下锁销组成配件无丢失、脱落；钩提杆座无裂损，螺母无丢失；钩提杆及复位弹簧无折断、丢失，钩提杆链松余量为 40～55 mm；两连接车钩中心水平线高度之差（以下简称互钩差）不大于 75 mm；钩舌与钩腕内侧距离：13 号车钩闭锁位置不大于 135 mm、全开位不大于 250 mm，13A、13B 型车钩闭锁位置不大于 132 mm，全开位不大于 247 mm，16、17 型车钩闭锁位置不大于 100 mm，全开位不小于 219 mm；车钩中心线高度最高不大于 890 mm，最低空车时不小于 835 mm、重车时不小于 815 mm；车列首尾端部车钩钩舌 S 面无裂损，三态作用试验良好；从板无折断、丢失，从板座、缓冲器、冲击座无破损，从板座及冲击座铆钉无折断、丢失；安全托板、钩尾框托板、钩尾销托梁螺母、开口销无丢失；钩尾销插托无错位，螺母无松动、丢失；钩尾销及安全吊螺母无松动、丢失，13 号、13A 型钩尾框安全吊螺

栓开口销无丢失，13B 型钩尾框钩尾销螺栓开口销无丢失；车钩托梁无折断，螺栓、螺母无丢失；钩体支撑座、钩尾框托板、钩尾销托梁、从板、缓冲器箱体含油尼龙磨耗板无窜出；钩体支撑座止挡铁及螺母、铆钉无丢失；车钩防跳插销及吊链无丢失，插设良好。以下为部分较为突出的故障表征，如图 3-16 所示。

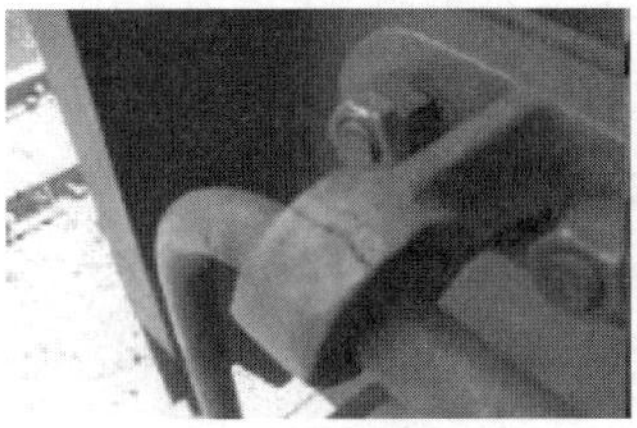

（a）钩提杆座裂损 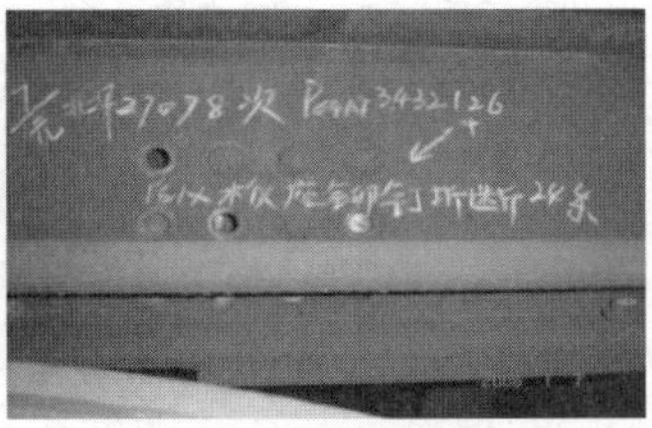　　　　（b）从板座铆钉折断 　　　　（c）冲击座裂损

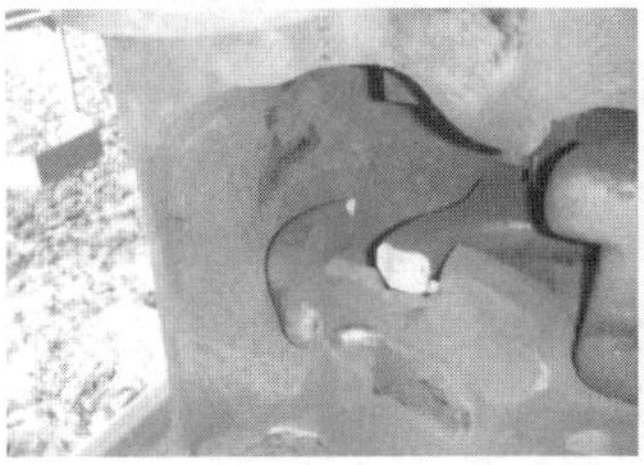

（d）推铁折断 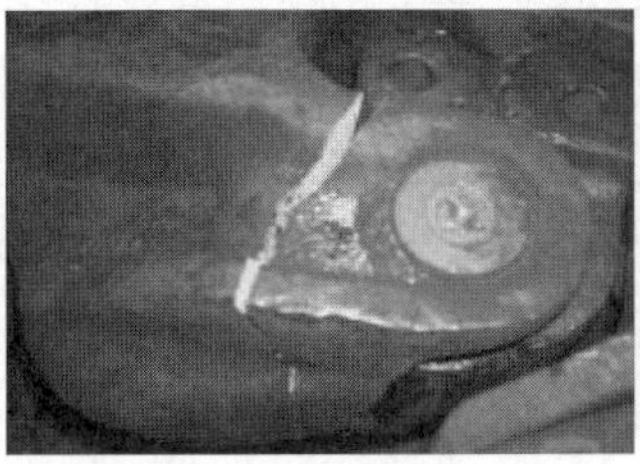　　　　（e）车钩破损 　　　　（f）互钩差超限

（g）钩舌裂损 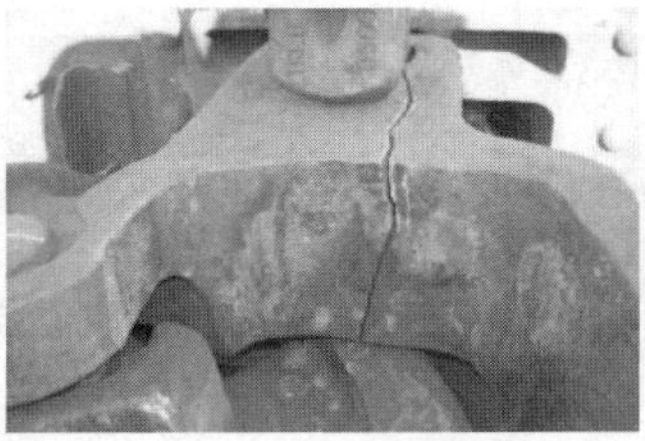　　　　（h）车钩破损 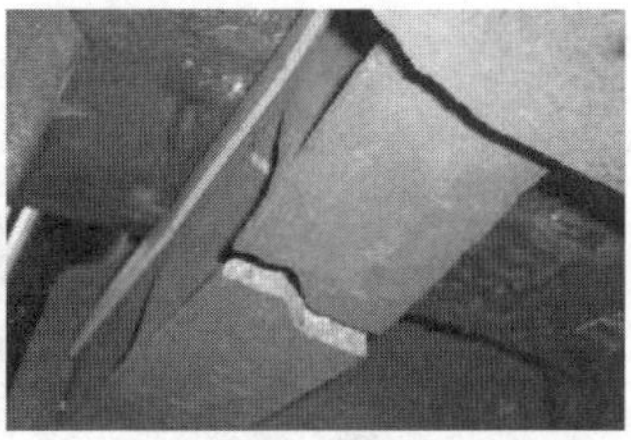　　　　（i）钩托梁折断

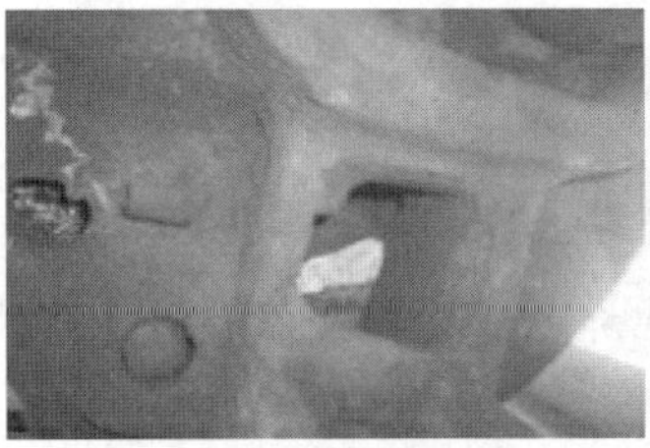

（j）锁腿折断 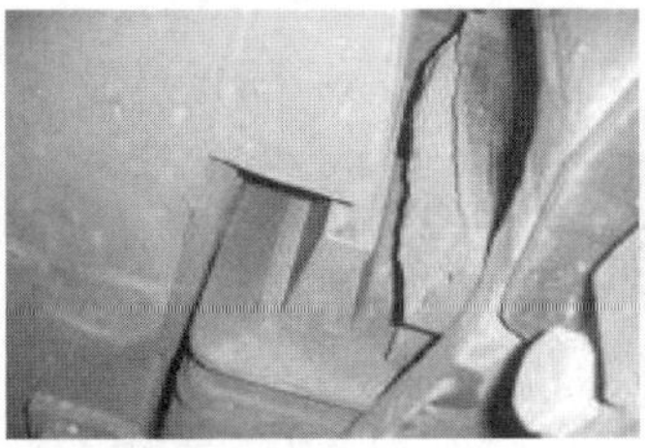　　　　（k）从板折断 　　　　（l）安全吊螺栓丢失

（m）钩提杆折断 　　　（n）钩提杆脱落、座破损 　　　（o）下锁销组成脱落

图 3-16　车钩缓冲装置故障

5. 制动装置

　　制动缸活塞制动、缓解作用良好，集成制动装置制动缸活塞行程指示器显示制动、缓解位置正确；制动缸、副风缸、加速缓解风缸、容积风缸、降压风缸缸体无裂损、脱落、丢失，吊架无折断、脱落，吊架螺母无丢失；集成制动装置制动缸连接软管无破损、脱落、丢失，制动缸安装座拉铆销套环无丢失，制动缸推杆及β型插销无丢失，制动缸活塞行程指示器、标志牌无丢失；制动阀中间体吊架螺母无丢失，制动阀防盗罩无脱落；制动主管、支管、连接管无折断，卡子及螺母、法兰螺母无丢失；空重车自动调整装置限压阀、调整阀、传感阀无破损、丢失，横跨梁无折断，螺母及开口销无丢失；制动软管、远心集尘器及组合式集尘器、缓解阀无破损、丢失，制动软管连接状态良好，制动软管吊链无丢失，挂钩与制动软管无脱出，制动软管堵及吊链无丢失；缓解阀拉杆、空重车调整杆无折断、脱落、丢失，吊架无裂损、脱落，手动空重车位调整正确；缓解阀拉杆开口销无折断、丢失；折角塞门、直端塞门手把无关闭（列尾端未挂列尾装置的除外），折角塞门、直端塞门、截断塞门无破损，塞门手把无丢失，折角塞门、直端塞门卡子无丢失；闸瓦间隙自动调整器（以下简称闸调器）无破损，闸调器螺杆连接螺母防松垫圈及开口销无丢失，集成制动装置闸调器控制杆螺母及锁紧螺母无松动、丢失；脱轨自动制动装置调节杆无折断，拉环无脱落，拉环与车轴无接触，拉环圆销无丢失，拉环无丢失，塞门手把无关闭（始发、中转作业故障时现场可不处理）。以下为部分较为突出的故障表征，如图 3-17 所示。

（a）拉环折断

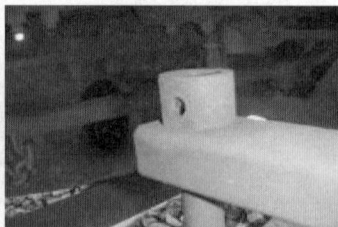
（b）拉环圆销锁丢失

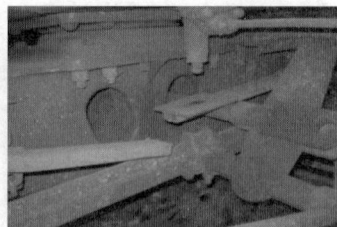
（c）横跨梁折断

（d）缓解阀拉杆吊架脱落

（e）风缸脱落

（f）限压阀破损

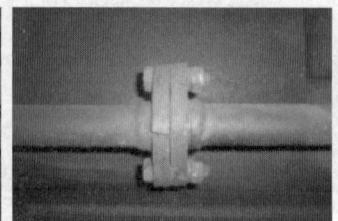
（g）闸调器破损

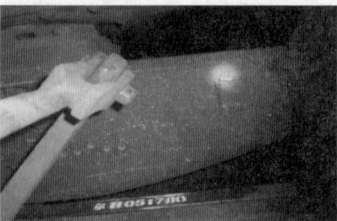
（h）法兰破损

（i）上拉杆开口销丢失

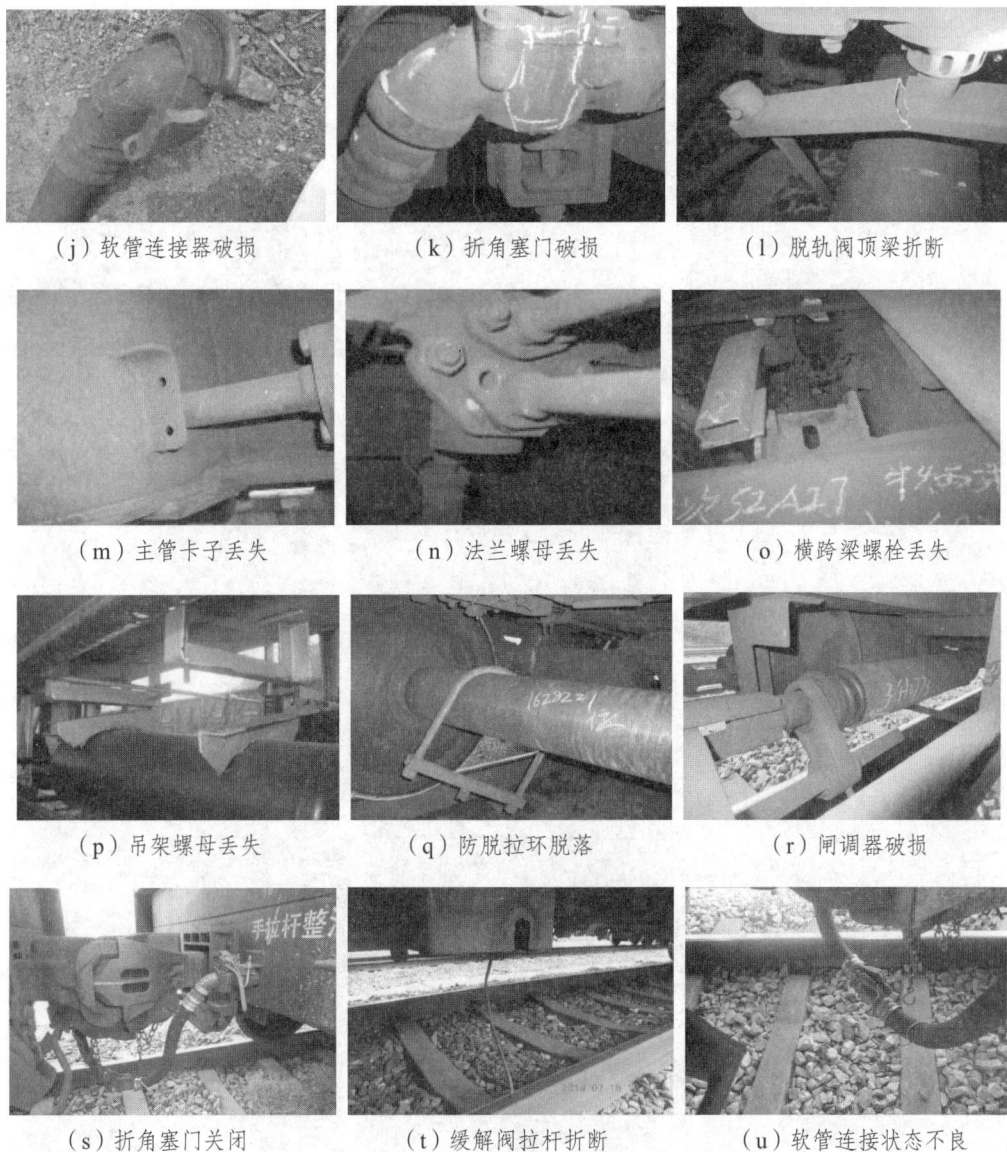

（j）软管连接器破损　　　（k）折角塞门破损　　　（l）脱轨阀顶梁折断

（m）主管卡子丢失　　　（n）法兰螺母丢失　　　（o）横跨梁螺栓丢失

（p）吊架螺母丢失　　　（q）防脱拉环脱落　　　（r）闸调器破损

（s）折角塞门关闭　　　（t）缓解阀拉杆折断　　　（u）软管连接状态不良

图 3-17　空气制动故障

6. 基础制动装置

制动梁梁体、支柱无折断，支柱夹扣螺母无丢失，闸瓦托铆钉无丢失；制动梁吊无裂损，圆销及开口销无折断、丢失，转 K3 型转向架制动梁端头与闸瓦托组装开口销无折断、丢失；制动梁安全链无脱落；制动梁安装位置正确、无脱落；闸瓦及闸瓦插销无折断、丢失，闸瓦磨耗剩余厚度不小于 20 mm（更换闸瓦后确认同一制动梁两端闸瓦厚度差不大于 20 mm）、无碾出金属镶嵌物，闸瓦插销安装位置正确，闸瓦插销环无丢失；基础制动装置的各拉杆、杠杆、圆销及开口销无折断、丢失，固定杠杆支点座、固定杠杆支点、固定杠杆支点链蹄环、制动缸后杠杆支点及圆销、开口销无折断、丢失，拉铆销套环无丢失，拉杆、杠杆吊架无折断、脱落，制动缸后杠杆支点组装螺母无丢失；固定杠杆支点座拉铆钉无丢失；下拉杆安全吊或索无脱落、丢失，下拉杆下垂不小于 60 mm（各垂下品与轨面水平线垂直距离钢轨内侧不小于 60 mm、外侧不小于 80 mm，钢轨上部垂下品不小于 25 mm）。以下为部分较为突出的故障表征，如图 3-18 所示。

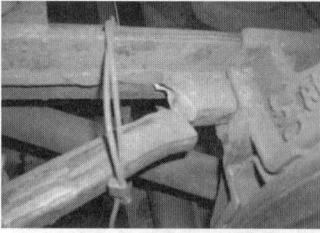 

（a）制动梁折断　　　　　（b）闸瓦托铆钉折断　　　　　（c）闸瓦折断

（d）闸瓦插销丢失　　　　　（e）闸瓦破损　　　　　（f）闸瓦丢失

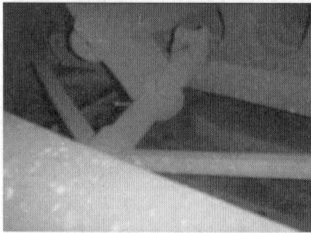 

（g）制动梁夹扣螺栓丢失　　　（h）制动梁吊座折断　　　　（i）闸瓦金属镶嵌

  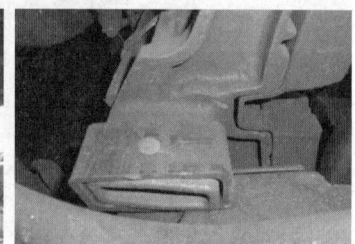

（j）杠杆圆销丢失　　　　　（k）杠杆圆销丢失　　　　　（l）制动梁位置不正

图 3-18　基础制动故障

7. 人力制动机

人力制动机拉杆、拉杆链、轴链无折断、脱落，吊架无脱落，螺母无丢失，导向杆无卡滞，拉铆销套无丢失，附加杠杆、拉杆及圆销、开口销无丢失，附加杠杆座无脱落、丢失，轴链拉杆与车轴无接触；折叠式人力制动机轴折页无折断，圆销及开口销无丢失，托架无折断；集成制动装置手制动杠杆及销轴无丢失。以下为部分较为突出的故障表征，如图 3-19 所示。

（a）人力制动机轴链折断　　　　（b）人力制动机拉杆折断　　　　（c）人力制动机拉杆吊架脱落

（d）拉杆链折断　　　　（e）折叠制动机轴折页折断　　　　（f）附加杠杆座脱落

图 3-19　人力制动机故障

8. 车　体

中梁、侧梁、端梁、枕梁、横梁及牵引梁无折断，侧梁下垂空车不大于 40 mm、重车不大于 80 mm，车体倾斜不大于 75 mm，车体外胀空车不大于 80 mm、重车不大于 150 mm；铁路货车车号自动识别标签无丢失。以下为部分较为突出的故障表征，如图 3-20 所示。

（a）侧梁折断　　　　（b）中梁裂损　　　　（c）车体外胀

图 3-20　梁体故障

防火板无脱落、丢失；侧柱、角柱无裂损，敞车上端梁、上侧梁无折断；车门、端板、渡板折页及座无折断，圆销无丢失；底开门转轴开口销无折断、丢失；车门滑动轨道无折断，车门滑轮无脱出轨道，车门、车窗无脱落、丢失；端墙板、侧墙板、地板、门板、浴盆板破损或腐蚀穿孔不大于 50 mm×50 mm，棚车、平车非金属地板破损不大于 100 mm×100 mm；车门锁闭装置配件无破损、丢失；绳栓无折断，柱插无破损；脚蹬、车梯扶手、集装箱锁头、门挡及车端护栏无破损、折断、丢失，脚蹬、车梯扶手弯曲不超出车辆限界；罐车卡带无折断，紧固螺母及锁紧螺母无松动，圆销及开口销无丢失；罐体及阀无泄漏，人孔盖及安全阀无丢失，下卸式排油管、加热管及盖无脱落，罐体上部走板、防护栏无脱落、窜出。以下为部分较为突出的故障表征，如图 3-21 所示。

（a）车门轴销丢失

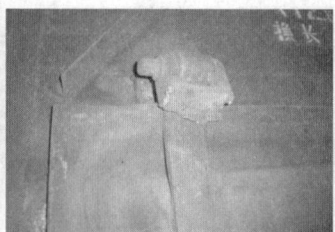
（b）车门折页座折断

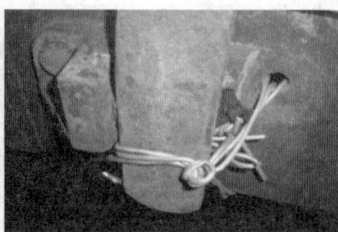
（c）搭扣座破损

（d）防护栏脱落

（e）罐车卡带折断

（f）脚蹬折断

（g）罐车卡带圆销丢失

（h）加热管盖脱落

（i）罐体泄漏

（j）集装箱锁头破损

（k）车门锁闭装置丢失

（l）车门锁闭装置破损

（m）车门滑轮脱出轨道

（n）车门滑动轨道折断

（o）平车端板折页折断

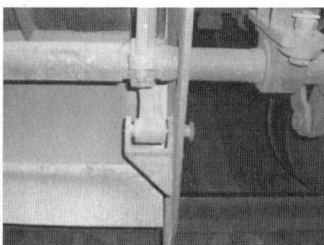

（p）敞车侧开门折页折断　　　（q）底开门轴开口销丢失　　　（r）棚车车门丢失

（s）防火板脱落　　　　　　（t）敞车上侧梁折断　　　　　（u）敞车上端侧梁折断

（v）敞车钢地板破损　　　　　（w）木地板破损　　　　　　　（x）端墙板破损

图 3-21　车体故障

9. 空　车

空车定检不过期（回送检修车除外）。

（二）中转列车人机分工人工检查范围和质量标准

中转列车人机分工人工检查范围和质量标准

（三）到达列车人机分工人工检查范围和质量标准

到达列车人机分工人工检查范围和质量标准

（四）人机分工 TFDS 动态检查范围和质量标准

（1）车轮踏面、轮辋无缺损。

（2）滚动轴承无甩油，外圈、轴箱无破损，前盖、轴端螺栓无丢失；承载鞍无错位，挡边无折断；轴箱橡胶垫中间橡胶与上、下层板无错位；轴箱橡胶弹簧、轴箱纵向弹性垫无错位；轴承挡键无丢失，螺母无松动、丢失。以下为部分较为突出的故障表征，如图 3-22 所示。

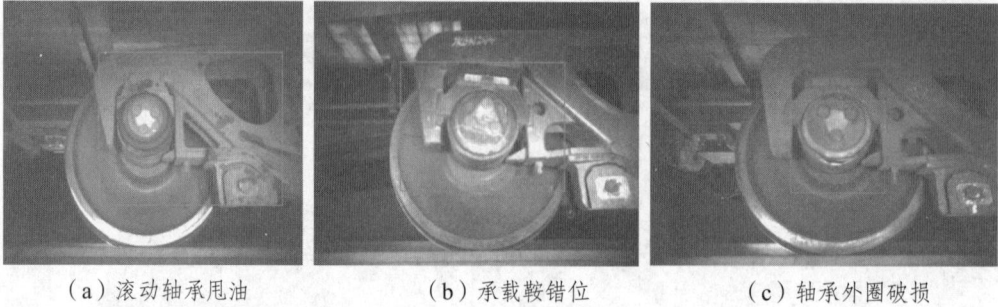

（a）滚动轴承甩油　　　（b）承载鞍错位　　　（c）轴承外圈破损

图 3-22　轴承故障

（3）摇枕、侧架、一体式构架、副构架无折断；下心盘螺栓无折断，螺母及开口销无丢失；心盘无脱出；交叉支撑装置盖板及交叉杆体无折断、明显变形，扣板螺栓、铆钉无丢失，安全索无丢失，交叉杆端部螺栓无丢失；轴箱、摇枕弹簧无折断、窜出、丢失；转向架弹簧托板、折头螺栓无折断，螺母及开口销无丢失。以下为部分较为突出的故障表征，如图 3-23 所示。

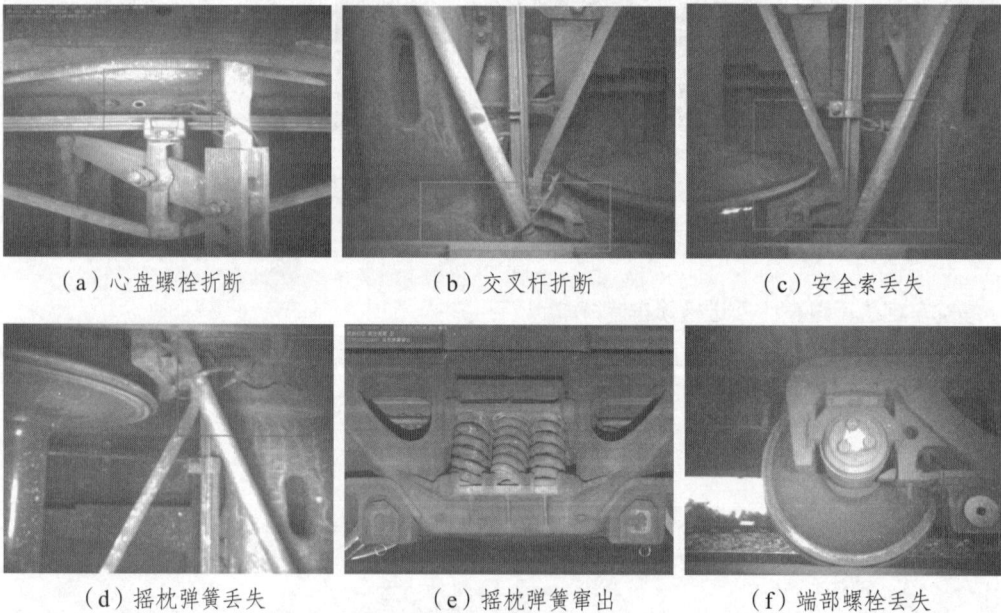

（a）心盘螺栓折断　　　（b）交叉杆折断　　　（c）安全索丢失

（d）摇枕弹簧丢失　　　（e）摇枕弹簧窜出　　　（f）端部螺栓丢失

图 3-23　转向架故障

（4）钩体、牵引杆、钩尾框无折断；钩舌销无折断、丢失，钩舌销开口销无丢失；钩锁锁腿无折断，下锁销组成配件无丢失、脱落；钩提杆及复位弹簧无折断、丢失；从板无折断、丢失，从板座、缓冲器无破损；安全托板、钩尾框托板、钩尾销托梁螺母、开口销无丢失；钩尾销插托无错位，螺母无松动、丢失；钩尾销及安全吊螺母无松动、丢失，13 号、13A 型钩尾框安全吊螺栓开口销无丢失，13B 型钩尾框钩尾销螺栓开口销无丢失；车钩托梁无折断，螺栓、螺母无丢失；钩体支撑座、钩尾框托板、钩尾销托梁、从板、缓冲器箱体含油尼龙磨耗板无窜出；钩体支撑座止挡铁及螺母或铆钉无丢失；车钩防跳插销及吊链无丢失，车钩防跳插销插设良好（到达作业故障时现场可不处理）。以下为部分较为突出的故障表征，如图3-24所示。

（a）钩尾框托板螺母丢失 　　　　（b）车钩托梁折断 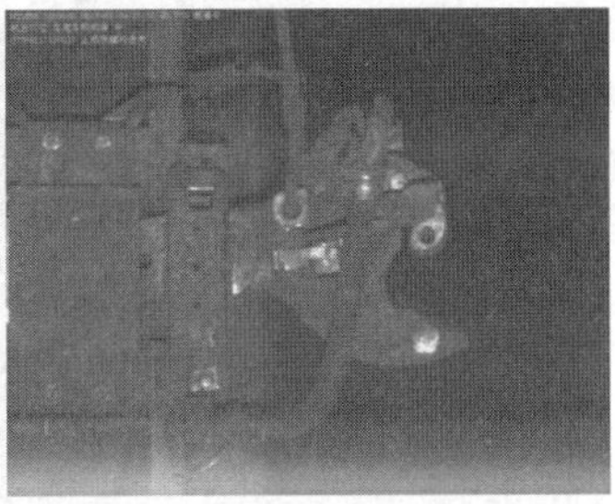　　　　（c）止挡铁螺母丢失

（d）钩锁锁腿折断 　　　　（e）防跳插销及吊链丢失 　　　　（f）钩提杆折断

图3-24　车钩缓冲装置故障

（5）制动缸、副风缸、加速缓解风缸、容积风缸、降压风缸无脱落、丢失，吊架无脱落；制动阀防盗罩无脱落；制动主管、支管、连接管无折断，卡子及螺母、法兰螺母无丢失；空重车自动调整装置限压阀、调整阀无丢失，横跨梁无折断，螺母及开口销无丢失；制动软管、远心集尘器及组合式集尘器、缓解阀无丢失，制动软管连接状态良好，制动软管吊链无丢失，挂钩与制动软管无脱出，制动软管堵及吊链无丢失；缓解阀拉杆、空重车调整杆无折断、脱落、丢失；缓解阀拉杆开口销无折断、丢失，吊架无脱落；折角塞门、直端塞门手把无关闭（列尾端未挂列尾装置的除外），截断塞门手把无关闭，折角塞门、直端塞门手把及卡子无丢失；闸调器无破损，闸调器螺杆连接螺母防松垫圈及开口销无丢失；脱轨自动制动装置拉环无脱落，拉环无丢失，塞门手把无关闭（中转作业故障时现场可不处理）；集成制动装置闸调器控制杆螺母及锁紧螺母无丢失，制动缸连接软管无脱落，制动缸安装座拉铆销套环无丢失。以下为部分较为突出的故障表征，如图3-25所示。

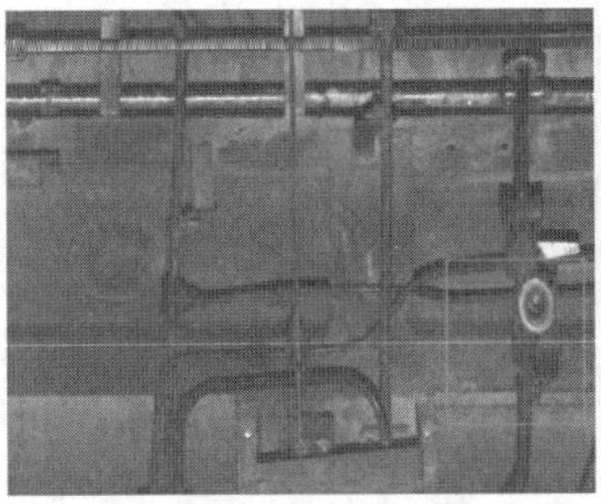

（a）集尘器下体丢失 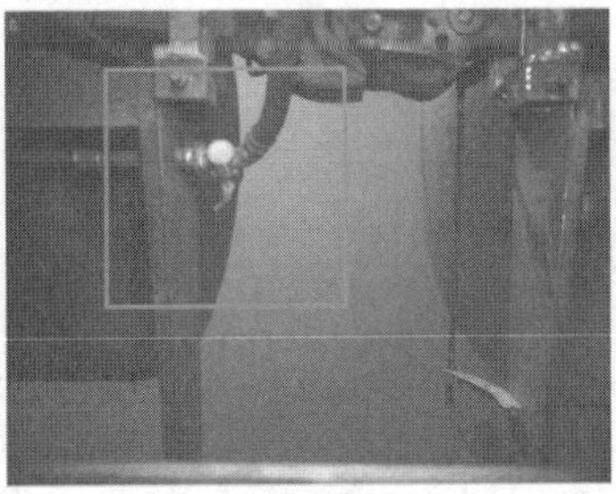　　　　（b）折角塞门手把关闭 　　　　（c）截断塞门手把关闭

（d）缓解阀拉杆脱落　　　（e）脱轨自动制动装置拉环丢失　　（f）脱轨自动制动装置拉环脱落

图 3-25　空气制动故障

（6）制动梁梁体、支柱无折断，支柱夹扣螺母无丢失，闸瓦托下铆钉无丢失，制动梁、制动梁安全链无脱落；闸瓦无折断、丢失，闸瓦磨耗剩余厚度不小于 20 mm，闸瓦插销安装位置正确，闸瓦插销环无丢失；基础制动装置的各拉杆、杠杆、圆销及开口销无折断、丢失，固定杠杆支点座、固定杠杆支点、固定杠杆支点链蹄环、制动缸后杠杆支点及圆销、开口销无折断、丢失，拉铆销套无丢失，拉杆、杠杆吊架无折断、脱落，制动缸后杠杆支点组装螺母无丢失；固定杠杆支点座拉铆钉无丢失；下拉杆安全吊或索无脱落、丢失。以下为部分较为突出的故障表征，如图 3-26 所示。

（a）闸瓦插销安装位置不正确　　　（b）闸瓦丢失　　　（c）制动缸活塞推杆圆销丢失

图 3-26　基础制动故障

（7）人力制动机拉杆、拉杆链、轴链无折断、脱落，吊架无脱落，导向杆无卡滞，拉铆销套无丢失，附加杠杆、拉杆及圆销、开口销无丢失，轴链拉杆与车轴无接触，折叠式人力制动机轴无脱落；集成制动装置手制动杠杆及销轴无丢失。

（8）横梁无折断；铁路货车车号自动识别标签无丢失。

（9）防火板无脱落、丢失；端板或渡板无脱落、丢失；地板、浴盆板无破损，罐车下卸式排油管、加热管及盖无脱落。

TFDS 具备车体检查功能时还应检查：车门滑动轨道无折断，车门滑轮无脱出轨道；车门及车窗无脱落、丢失；车门折页及座无折断，圆销无丢失；车门锁闭装置配件无破损、丢失；墙板、门板无破损；罐车卡带无折断；脚蹬、车梯扶手及车端护栏无折断、丢失。

（五）通过作业 TFDS 动态检查范围和质量标准

通过作业 TFDS 动态检查范围和质量标准

（六）货物列车、军用列车编挂的客车检查范围和质量标准

货物列车、军用列车编挂的客车检查范围和质量标准

（七）货物列车中编挂的机械冷藏车组（含单节机械冷藏车）检查范围和质量标准

货物列车中编挂的机械冷藏车组（含单节机械冷藏车）检查范围和质量标准

三、技检时间

技检时间是列检作业场的重要指标，对加快铁路货车周转、提高铁路货车运用效率、确保铁路运输安全畅通具有十分重要的意义。技检时间是根据列车作业性质、铁路货车检查范围和质量标准等因素规定的。

列检作业场人机分工检查和人工检查的列车技检时间，以列车技术作业脱轨器装置上轨时分为开始时间，下轨时分为结束时间，采取锁闭道岔方式防护的列车以插设停车信号时间为开始时间，以撤除停车信号时间为结束时间，计算技检时间不包括摘、挂机车时间。

➢ 到达作业与始发作业技检时间原则上合计为 60 min，始发作业为 25 min，到达作业为 35 min。

➢ 无调中转作业技检时间为 35 min，有调中转作业技检时间为 40 min。

➢ 经整备作业的快速货物班列无调中转作业技检时间为 25 min，有调中转作业技检时间为 35 min。其他快速货物班列无调中转作业技检时间为 35 min，有调中转作业技检时间为 40 min。

➢ 关口列检作业场对进入高原铁路的列车始发作业，技检时间为 60 min；高原铁路列检作业场（如拉萨西列检作业场）的到达作业、始发作业，技检时间均为 60 min。

其他技检时间规定如下：

（1）TFDS 动态检查时间原则上按 10 min（50 辆/列）的标准掌握。

（2）关口列检作业场对进入高原铁路的列车进行整备时，整备作业时间不少于 2 h；其他整备作业时间不少于 4 h。

（3）技术交接人工检查作业原则上不低于 40 min。

（4）国境站技术交接作业场的技检时间由铁路局集团公司按照国际联运有关规定组织制定。

四、列车技术检查作业程序

机车摘解

（一）到达技术检查作业

以某铁路局集团公司为例，其到达列车技术检查作业步骤为：通知作业—作业准备—整

队出发—接车—摘解机车—插设防护信号—技术检查—故障处理—撤除防护信号—列队归所，如表 3-2 所示。

表 3-2 到达技术检查作业

工 序	作业内容	作业场景
1. 通知作业	列检值班员接到车站通知后，将列车的车次、编组辆数、进入股道等作业信息及时通知作业组	
2. 作业准备	作业组接到列检值班员接车通知后，按规定记录相关接车作业信息，并按规定整理着装，携带工具及防护用品准备出场作业	
3. 整队出发	工班长组织在待检室门前列队，检查检车员工具携带及着装情况，并进行安全提示后，组织检车员列队出场	
	横过线路和道口时注意瞭望来往的机车、车辆，执行"一站、二看、三确认、四通过"制度	
4. 接车	半蹲接车：列车进入前，检车员应提前到达接车股道指定位置，待机车越过接车位置时，检车员需面向来车方向呈 45°角半蹲式接车（避开钢轨接缝处），重点观察车轮是否因故障打击钢轨、配件有无脱落	

工 序	作业内容	作业场景
4. 接车	联控作业：列车到达后，检车员应及时向本务机车司机联控了解列车途中运行情况	
5. 摘解机车	列车到达对位后摘解机车前，应在机后一位车辆前端列车运行方向左侧车体上插设停车信号，关闭机后一位车辆前端和机车的折角塞门，摘解制动软管、撤除停车信号后，方可进行机车的摘解作业	
6. 插设防护信号	机车摘解驶出后，由首部检车员依次逐段传递安全防护插设信号至尾部检车员，尾部检车员接到信号后，依次逐段向首部检车员传递确认信号，并按规定插设带有脱轨器的防护信号	
7. 列车技术检查	列检作业场接入列车进路安装有 TFDS 的，车辆技术检查执行人机分工到达一辆车技术检查作业过程；列检作业场接入列车进路未安装 TFDS 或 TFDS 无法正常进行动态检查的，车辆技术检查执行人工检查到达一辆车技术检查作业过程，同段检车员平行进行技术检查作业	
8. 故障处理	小件修故障检车员自检、自修、自验，同段作业人员互控检查；大件修故障应通知工长，由工长组织进行处置，处置后工长需对修理质量进行验收检查，对处理的大小件修故障，检车员应记录车统-15A	

续表

工 序	作业内容	作业场景
9. 撤除防护信号	技术作业结束后，由尾部检车员依次逐段传递安全防护撤除信号至首部检车员，首部检车员接到信号后，依次逐段向尾部检车员传递确认信号，并按规定撤除防护信号及脱轨器	
10. 列队归所	工班长组织检车员列队归所，横过线路时执行"一站、二看、三确认、四通过"制度	

（二）无调中转作业

以某铁路局集团公司为例，其无调中转列车技术检查作业步骤为：通知作业—作业准备—整队出发—接车—摘解机车—插设防护信号—技术检查—故障处理—制动机试验—撤除防护信号—连挂机车—简略试验—送车—列队归所。

无调中转作业

（三）有调中转作业

以某铁路局集团公司为例，其有调中转列车技术检查作业步骤为：通知作业—作业准备—整队出发—接车—摘解机车—插设防护信号—技术检查—故障处理—撤除防护信号—列队归所—车站调车作业—二次通知作业—作业准备—整队出发—插设防护信号—对加挂车辆技术检查—故障处理—制动机试验—撤除防护信号—连挂机车—简略试验—送车—列队归所。

有调中转作业

（四）始发列车作业

以某铁路局集团公司为例，其始发列车技术检查作业步骤为：通知作业—作业准备—整队出发—插设防护信号—技术检查—故障处理—制动机试验—撤除防护信号—连挂机车—简略试验—送车—列队归所。

始发列车作业

❓ 能力自评

能力自评见表 3-5。

表 3-5　能力自评

自评内容	学习效果		
	☺	☻	☹
列车技术检查作业方式有哪些			
简述货物列车技术作业范围和质量标准			
列检作业时间是如何规定的			
简述到达列车技术检查作业程序			

任务三　货物列车制动机试验

🎯 学习目标

1. 知识目标

（1）掌握货物列车制动机试验要求与标准。

（2）掌握列车制动机试验手信号表示方式。

（3）学会填发列车制动效能证明书。

2. 能力目标

（1）培养自主学习的习惯和能力。

（2）培养动手能力、空间理解能力、沟通能力和团队协作能力。

（3）培养逻辑思维和处理信息的能力。

3. 素质目标

（1）培养学习者的科学文化和专业素质。

（2）树立学习者良好的职业道德和劳动安全思维。

（3）根植维护铁路运行安全红线意识，培养服务大众出行的责任感和大国工匠精神。

🔧 教学建议

（1）建议在实训室和多媒体教室实施理实一体化教学。

（2）建议教学时长2学时。

🎯 教学资源

货物列车制动机试验

🖊 学习内容

列车制动是在列车运行时，为调整列车运行速度和在指定地点停车，以及遇紧急情况下及时减速或停车，确保列车安全正点运行，防止列车冒进、冲突和人身伤亡事故的发生。列车中车辆空气自动制动机的性能好坏，是关系列车安全运行的重要因素。因此，列车中车辆空气自动制动机作用应确保良好、符合规定的技术标准。故列车在发车前，应对列车中车辆的空气制动机作用按规定进行列车制动机试验。列车制动机试验分为持续一定时间全部试验和简略试验。

一、列车制动机试验要求

列检作业场进行列车制动机试验时，须使用制动机微控地面试验装置和列车车辆制动试验监测装置进行。遇有制动机微控地面试验装置检修、停电及故障等不能使用制动机微控地面试验装置时或未安装微控地面试验装置的列检作业场，可利用本务机车进行列车制动机试验。

列检作业场对始发列车、中转列车在发车前施行一次持续一定时间全部试验。到达列车运行正常时，可不进行列车制动机试验；对司机反映途中列车制动故障和作业中发现铁路货车存在车轮踏面温度异常偏高、轮辋变色严重、闸瓦异常磨耗等疑似抱闸迹象时，施行制动机持续一定时间全部试验，确认并查找故障原因，按规定处置。进行制动机试验时，列检值班员通知车站值班员待列车制动机试验结束后，再进行排风作业。

列检作业场始发、中转作业使用制动机微控地面试验装置进行列车制动机试验结束连挂机车后，应进行一次列车制动机简略试验；始发、中转作业的列车技术作业结束后，停留超过20 min时再次施行列车简略试验。挂有列尾装置时，简略试验由机车乘务员负责，否则应由列车首、尾部检车员负责。

二、列车制动机试验标准

列车自动制动机是保证列车运行安全的关键设备。在列车制动机试验时，要认真确认列车制动主管风压达到规定压力、列车制动主管压缩空气贯通状态、列车制动主管泄漏量和制动缸制动作用是否良好，以便发现故障及时处理，确保列车运行安全。

1. 持续一定时间全部试验

在列车最后一辆车尾部制动软管上安装无线风压监测仪，并确认主管压力达到规定压力。

（1）感度保压试验：置常用制动位，减压 50 kPa（编组 60 辆及以上时减压 70 kPa），全列车须发生制动作用；同时保压，第 1 min 内无线风压监测仪显示的列车主管压力下降不大于 20 kPa，3 min 内不得发生自然缓解，并确认制动缸活塞行程无异常。然后置运转位充风缓解，全列车须在 1 min 内缓解完毕。

（2）安定试验：置常用制动位，减压 140 kPa（列车主管压力为 600 kPa 时减压 170 kPa），不得发生紧急制动，并确认感度保压试验发现异常的制动缸活塞行程是否符合规定。

2. 列检作业的简略试验

在列车最后一辆车尾部制动软管上安装无线风压监测仪，确认列车管压力达到规定后，通知机车乘务员减压 100 kPa，尾部检车员确认最后一辆车制动缸活塞发生制动作用后，向机车乘务员显示缓解信号并确认最后一辆车制动缸活塞发生缓解作用。

挂有列尾装置的列车，简略试验由司机负责。列尾装置软管与车辆制动软管的连接，有列检作业的，由列检人员负责；无列检作业的，由车务人员负责。

三、列车制动机试验手信号显示

列检作业场进行列车制动机试验时，昼间使用检查锤、夜间使用白色灯光，按如下规范显示手信号。

（1）制动信号：昼间——将检查锤高举头上，夜间——高举白色灯光，如图 3-27 所示。

图 3-27　制动信号

（2）缓解信号（继续充风信号）：昼间——将检查锤在下部左右摇动，夜间——白色灯光在下部左右摇动，如图 3-28 所示。

图 3-28　缓解信号

（3）试验完毕信号：昼间——将检查锤由上部向车列方向做圆形转动，夜间——白色灯光由上部向车列方向做圆形转动，如图 3-29 所示。

图 3-29　试验完毕信号

四、制动缸活塞行程规定

进行列车制动机感度保压试验时，须确认制动缸活塞行程无异常，对制动缸活塞行程发生异常的车辆，需在列车制动机安定试验时确认制动缸活塞行程是否符合规定，制动缸活塞行程运用限度须符合表 3-6 的规定。

表 3-6　制动运用限度表　　　　　　　　　单位：mm

名　称			限　度	备　注	
制动缸活塞行程	装有闸调器的单式闸瓦	356×254 制动缸	空车位	115～135	未装闸调器	85～135
			重车位	125～160		110～160
		305×254 制动缸	空车位	145～165		
			重车位	145～195		
		254×254 制动缸	空车位	145～165		
			重车位	145～195		
		203×254 制动缸	空车位	115～145		
			重车位	125～160		
	装有闸调器的复式闸瓦	B_{21}、B_{22-1} 型车	空车位	120～130		
			重车位	150～160		
		B_{19}、B_{22-2}、B_{23} 型车		130～150		
	集成制动装置	BAB 系列		行程指示器在制动标志孔内		
		DAB 系列		行程指示器在行程标志环带内		

五、制动关门车编挂

制动关门车是指关闭制动支管上的截断塞门，使车辆本身失去制动力的车辆，包括因装载货物要求须停止制动作用的车辆，以及因制动机临时发生故障准许关闭截断塞门的车辆。

为保证列车在实施制动时有足够的闸瓦压力，以确保列车在规定的制动距离内停车，列车中机车、车辆的自动制动机，均应加入全列车的制动系统。因装载货物规定须停止制动作用或运行中制动机临时发生故障不能及时修复时，允许编挂关门车。编挂关门车时应满足《铁路技术管理规程》规定的货物列车每百吨列车重量的最小闸瓦压力。

（1）车辆换算闸瓦压力，如表 3-7 所示。

表 3-7　车辆换算闸瓦压力表

种类	车　　型		每辆换算闸瓦压力/kN		
			自动制动机列车主管压力		人力制动机
			500 kPa	600 kPa	
客车	普通客车（120 km/h）	（踏面制动）	—	（350）	（80）
	新型客车（盘形制动，120 km/h、140 km/h、160 km/h）	120 km/h 自重 41~45 t	—	137（412）	13
		自重 46~50 t	—	147（441）	
		自重 51~55 t	—	159（477）	
		自重 ≥56 t	—	173（519）	
		双层		—	13
		140 km/h 及 160 km/h 自重 41~45 t	—	146（438）	13
		自重 46~50 t	—	156（468）	
		自重 51~55 t	—	167（501）	
		—		176（528）	
	特快货物班列中的车辆（盘形制动，160 km/h）			180（540）	—
货车	快速货物班列中的车辆（18 t 轴重）	重车位	—	140	40
		空车位	—	55	40
	普通货车（21 t 轴重）	重车位	145	165	40
		空车位	60	70	40
	普通货车（23 t 轴重）	重车位	160	180	40
		空车位	65	75	40
	重载货车（25 t 轴重）	重车位	170	195	50
		空车位	70	80	50
	重载货车（27 t 轴重）	重车位	140（175）	160（195）	60
		空车位	65（80）	75（90）	60

注：① 按 H 高摩合成闸瓦计算，括号内为按铸铁闸瓦计算。
　　② 空重车自动调整装置的空重位压力比为 1∶2.5；对装有空重车手动调整装置的车辆，当车辆总重（自重＋载重）达到 40 t 时，按重车位调整。
　　③ 旅客列车、特快及快速货物班列自动制动机主管压力为 600 kPa；其他列车为 500 kPa。长大下坡道区段货物列车及重载货物列车的自动制动机主管压力，由铁路局根据管内相关试验结果和列车实际操纵需要可提高至 600 kPa；遇机车换挂需将自动制动机列车主管压力由 600 kPa 改为 500 kPa 时，摘机前应对列车主管实施一次 170 kPa 的最大减压量操纵。
　　④ 快运货物班列车辆和货车以外的其他车辆，在列车主管压力为 500 kPa 时的闸瓦压力，按 600 kPa 时的闸瓦压力的 1∶1.15 换算。

（2）SQ8 型关节式双层运输汽车专用车及 C96（H）型运煤专用敞车换算闸瓦压力，如表 3-8 和表 3-9 所示。

表 3-8　SQ8 型关节式双层运输汽车专用车换算闸瓦压力

空重状态	每组换算闸瓦压力/kN		
	自动制动机列车主管压力		人力制动机
	500 kPa	600 kPa	
重车位	2×140	2×165	2×75
空车位	2×110	2×120	2×75

表 3-9　C96（H）型运煤专用敞车换算闸瓦压力

空重状态	每组换算闸瓦压力/kN		
	自动制动机列车主管压力		人力制动机
	500 kPa	600 kPa	
重车位	135	155	2×75
空车位	60	70	2×75

（3）为确保列车在紧急制动时能及时产生紧急制动作用，对关门车编挂位置需要进行严格控制。关门车在列车中的编挂位置及数量规定如下：

① 列检作业场所在站编组始发的列车中，不得有制动故障关门车。

② 编入列车的关门车数不超过现车总辆数的 6%（尾数不足 1 辆时按四舍五入计算）时，可不计算每百吨列车重量的换算闸瓦压力，不填发《制动效能证明书》（组合列车关门车按照每单元列车掌握）；超过 6% 时，按《铁路技术管理规程》规定计算换算闸瓦压力，并填发《制动效能证明书》交司机。

③ 为保证列车运行安全，列车须有充分可靠的制动性能，因此关门车不得挂于机车后部三辆车之内；在列车中连续连挂不得超过两辆；列车最后一辆不得为关门车；列车最后第二、三辆不得连续关门。关门车须排净副风缸的压缩空气。

④ 组合的重载列车中每个单元列车的关门车数量和编挂位置均须符合上述规定。

（4）SQ8 型关节式双层运输汽车专用车关门车规定：

① 车辆需关闭截断塞门时，应同时关闭全车的截断塞门，紧急排风阀塞门不得关闭，按连续两辆关门车统计。

② 需关闭紧急排风阀塞门时，截断塞门不得关闭，不计为制动关门车。

六、装运货物需停止制动作用车辆办理程序

由于装运货物需要停止装运车辆制动机作用时，装运车辆所在地车辆段接到车站或货运部门书面通知后，须组织相关运用作业场派员前往关闭截断塞门并施封，封上应有"停止制动"字样，货运部门在运单上注明"停止制动"字样。到站卸车后，车站或货运部门书面通知所在地货车车辆段，由货车车辆段组织相关运用作业场派员拆封，并确认铁路货车自动制

动机技术状态良好后开启截断塞门。因货物装载原因而关闭或开启铁路货车截断塞门时，现场检车员均须在《检车员工作记录手册》中做好记录。

七、制动效能证明书的填发

列检作业场始发、中转作业列车发出方向运行前方途经长大下坡道区间的，在始发、中转作业时，须填发《制动效能证明书》交司机。

装有两个及以上自动制动机的铁路货车，在运行途中自动制动机发生临时故障，须采取关闭截断塞门时，应关闭全车截断塞门。列检作业场发现货物列车中的铁路长大货物车截断塞门关闭时，应计算每百吨列车重量的换算闸瓦压力，填发《制动效能证明书》交司机。

（1）每百吨列车重量的换算闸瓦压力计算示例。

28192 次货物列车现车编组 70 辆，自动制动机列车主管压力 500 kPa，牵引 5 382 t，列车编组情况：C64K 型铁路货车共 20 辆（空车 10 辆），其中重车制动关门 2 辆；C70 型铁路货车共 48 辆（空车 10 辆），其中重车制动关门 2 辆、空车 1 辆；P70 型铁路货车重车 1 辆；踏面制动普通客车 1 辆。计算该列车每百吨列车重量的换算闸瓦压力值。

计算过程：列车牵引总重 5 382 t。

60 t 车闸瓦总压力 = [（10-2）×145] +（10×60）= 1 160 + 600 = 1 760（kPa）

70 t 车闸瓦总压力 = [（39-2）×160] + [（10-1）×65] = 5 920 + 584 = 6 504（kPa）

普通客车闸瓦总压力 = 350 ÷ 1.15 = 304.35 kPa

列车每百吨列车重量的换算闸瓦压 =（1 760 + 6 504 + 304.35）/5 382×100 = 159.2（kN）

（2）《制动效能证明书》填写示例，如图 3-30、图 3-31 所示。

制动效能证明书（正面）   车统-45

2021 年 3 月 10 日

本证明书由检车员填写两份，一份交机车司机，一份自存。

××××车辆段 ×××运用车间 ××列检作业场 填写人员签名 张三 机车司机签名 李四

车次	28192	机车型号及号码	HXD2B-152	牵引重量/t	5 382
列车自动制动机状况					
列车编组总辆数	70	无自动制动机辆数			
有效自动制动机辆数	65	换算高摩合成闸瓦总闸瓦压力/kN			8 568.35
截断塞门关闭车辆数	5	每百吨列车重量换算闸瓦压力/kN			159.2
列车主管压力/kPa	500	列车试验列车主管泄漏量/（kPa/min）			3
列车中途摘挂状况					
站名或区间	摘下		挂上		签名
	辆数	闸瓦压力/kN	辆数	闸瓦压力/kN	

（规格：210 mm×148.5 mm）

图 3-30 《制动效能证明书》正面示例

车辆换算闸瓦压力表（背面）

种类	车型		每辆换算闸瓦压力/kN		辆教	闸瓦压力/kN
			自动制动机列车主管压力			
			500 kPa	600 kPa		
客车	普通客车（120 km/h）	（踏面制动）		（350）	1	304.35
	新型客车（盘形制动，120 km/h、140 km/h、160 km/h）	120 km/h 自重 41～45 t		137（412）	（ ）	（ ）
		自重 46～50 t		147（441）	（ ）	（ ）
		自重 51～55 t		159（477）	（ ）	（ ）
		自重≥56 t		173（519）	（ ）	（ ）
		双层		178（534）	（ ）	（ ）
		140 km/h 及 160 km/h 自重 41～45 t		146（438）	（ ）	（ ）
		自重 46～50 t		156（468）	（ ）	（ ）
		自重 51～55 t		167（501）	（ ）	（ ）
		自重≥56 t		176（528）	（ ）	（ ）
	特快货物班列中的车辆（盘形制动，160 km/h）			180（540）	（ ）	（ ）
铁路货车	快速货物班列中的车辆（18 t 轴重）	重车位		140		
		空车位		55		
	普通货车（21 t 轴重）	重车位	145	165	8	1 160
		空车位	60	70	10	600
	普通货车（23 t 轴重）	重车位	160	180	37	5 920
		空车位	65	75	g	584
	重载货车（25 t 轴重）	重车位	170	195		
		空车位	70	80		
	重载货车（27 t 轴重）	重车位	140（175）	160（195）	（ ）	（ ）
		空车位	65（80）	75（90）	（ ）	（ ）
总　计					65	8 568.35

注：① 按 H 高摩合成闸瓦计算，客车的括号内为按铸铁闸瓦计算。铁路货车的括号内为按 G 高摩合成闸瓦计算。

② 空重车自动调整装置的空重位压力比为 1∶2.5；对装有空重车手动调整装置的车辆，当车辆总重（自重＋载重）达到 40 t 时，按重车位调整。

③ 快速货物班列车辆和货车以外的其他车辆，在列车主管压力为 500 kPa 时的闸瓦压力，按 600 kPa 时的闸瓦压力的 1∶1.15 换算。

图 3-31 《制动效能证明书》背面示例

八、列车尾部车辆制动软管连接及吊起

货物列车尾部安装有列尾装置时，列尾装置尾部主机安装好后，因列检需进行列车制动

机试验等作业,尾部软管不能立即与列尾装置尾部主机连接,为提高作业效率,减少列尾装置作业人员的等待时间,规定尾部主机软管的连接,有列检作业的列车,由列检人员负责,如图 3-32、图 3-33 所示。

图 3-32　连接列尾主机软管

图 3-33　开启尾部折角塞门

货物列车尾部未挂列尾装置时,为便于车站接车作业人员确认列车的完整性,规定以吊起尾部车辆软管代替尾部标志。对有列检作业的列车,因列检需进行列车制动机试验等作业,为提高作业效率,规定尾部车辆软管的吊起,有列检作业的列车,由列检人员负责;对无列检作业的列车,则由车务人员负责。同时,对未挂列尾装置时尾部车辆制动软管的吊起须使用铁线进行吊起,制动软管吊起后,软管连接器与车钩下平面距离不得大于 200 mm,如图3-34 所示。

图 3-34　吊起尾部车辆软管

❓ 能力自评

能力自评见表 3-10。

表 3-10　能力自评

自评内容	学习效果		
	☺	☻	☹
简述列车制动机试验标准			
列车制动机试验手信号表示方式			
制动缸活塞行程的运用限度			
列车每百吨列车重量的换算闸瓦压力计算方法			

任务四　检修车扣修与回送

学习目标

1. 知识目标

（1）掌握检修车的扣修与回送要求。

（2）掌握检修车扣车办理流程。

（3）学会填写检修车扣修单据。

2. 能力目标

（1）培养自主学习的习惯和能力。

（2）培养动手能力、空间理解能力、沟通能力和团队协作能力。

（3）培养逻辑思维和处理信息的能力。

3. 素质目标

（1）培养学习者的科学文化和专业素质。

（2）树立学习者良好的职业道德和劳动安全思维。

（3）根植维护铁路运行安全红线意识，培养服务大众出行的责任感和大国工匠精神。

教学建议

（1）建议在实训室和多媒体教室实施理实一体化教学。

（2）建议教学时长 2 学时。

教学资源

检修车扣修与回送

学习内容

一、扣修与回送要求

（1）定检过期车不得装车。车站须及时组织将定检过期空车或有扣车计划的铁路货车回送列检作业场，铁路货车配属或产权单位、铁路货车固定使用单位对定检过期空车及时向车站申请回送列检作业场。货运、工务、工程等单位发现定检过期空车时，应立即通知车站回送列检作业场，列检作业场负责按规定办理回送车辆工厂、车辆段施修。车辆部门将定检过期车车号推送至运输集成平台，货运部门从运输集成平台获取定检过期车车号。

（2）货车运用作业场负责办理检修车的扣车、回送手续，了解掌握摘车临修车辆修竣等情况；负责管辖范围内检修车的日常统计、分析和管理；根据车辆段调度员下达的检修车扣车计划，组织扣车工作。车辆段调度员应掌握管内过期车分布情况，对长期未扣的定检过期车，应纳入扣车计划，及时组织联系运输部门安排回送。

（3）扣修铁路货车时应填发《车辆检修通知单》。需回送的，应填发《检修车回送单》，同时撤除《车辆检修通知单》。对能够确定具体回送地点的，可直接填发《检修车回送单》办理回送。

检修地点在本站区且须倒装后修理的重车，应在《车辆检修通知单》注明"须倒装"，由车站负责办理倒装，在接到车站倒装完毕的通知后，应在《车辆检修通知单》上注明倒装完毕时间。对需越出本站区倒装的重车，车站应通知列检作业场填发《检修车回送单》，并注明"须倒装"；倒装完毕后，车站应通知列检作业场填发《检修车回送单》，将车辆回送检修地点所在车站。

检修地点在非本站区且须倒装修理的重车，在《车辆检修回送单》注明"须倒装"，由车站负责办理倒装，在接到车站倒装完毕的通知后，在《车辆检修回送单》上注明倒装完毕时间。

（4）列检作业场对本站区以外车站办理扣车、回送时，《车辆检修通知单》或《车辆检修回送单》的信息由该车站管辖区域的列检作业场负责录入 HMIS 运用子系统，并上传《铁路运输信息集成平台》。

（5）办理《车辆检修通知单》《检修车回送单》《检修车辆竣工验收移交记录》时，应通过有关信息系统与车站办理签认手续。遇网络、系统、设备故障等异常情况影响系统应用时，应根据故障情况采取应急处置措施，按照有关规定办理检修车的扣修、回送或竣工验收移交。

（6）扣留定检到、过期车，厂修、段修以月为准，辅修以日为准，辅修可错后 10 日，遇有高级修程和低级修程同时到期时，须按高级修程办理。如确因特殊情况需提前扣车时，须经国铁集团货车主管部门批准。

按运行里程和时间进行检修的铁路货车，应做到运行里程和时间自动统计，按达到条件的原则组织扣车。

（7）需成组运行的铁路货车，因定期检修和发生临时故障须扣车修理时，应逐辆填发《车辆检修通知单》；修竣后，未施修的在《检修车辆竣工验收移交记录》的备注栏内上注明"撤销"字样。

（8）检车员发现预报信息与车体标记不一致、预报车定检标记难以辨识、预报车同车车号不一致、车体标记显示到（过）期而无预报的车辆等情况时，应先行办理扣车，报车辆段车辆调度，并逐级上报国铁集团货车主管部门。

（9）无列检作业场的车站，当临时发生故障的车辆不能挂入列车运行时或因列车中铁路货车技术状态不良摘车后，车站值班员应及时报告列车调度员。列车调度员通知铁路局集团公司车辆调度员，铁路局集团公司车辆调度员通知车辆段派员检查、处理。

① 故障处理符合"始发列车检查范围和质量标准"后，按规定办理恢复运用车手续；

② 需临修时，应确保安全回送到就近的站修作业场。

（10）回送的故障铁路货车编入列车前，应派检车员对各部进行检查和整修，必要时派员护送；不能编挂于列车中部，需挂于尾部（每列以 1 辆为限）时，须上报车辆段调度员，由车辆段调度员上报铁路局集团公司车辆调度员申请挂运，调度所安排挂运；如该车辆的自动制动机不起作用时，须采取防止车钩分离的措施；需限速运行时，应由车辆专业技术人员鉴定，由车辆段调度员上报铁路局集团公司车辆调度员申请限速，调度所安排挂运，车辆部门在《检修车回送单》中注明。

（11）货车运用作业场接到本站区以外发生铁路交通事故、行车设备故障及临时故障的铁路货车需要进行沿途故障处理时，由检车员前往检查确认，并补发《车辆检修通知单》；经检查不需要修理的或经处理可以继续运行的铁路货车，填发《检修车辆竣工验收移交记录》交车站；须扣车处理时，按规定办理扣车或回送手续。

（12）发现新造、定检的铁路货车因设计、制造、检修原因，产生的车辆故障，如确需返回责任工厂或责任车辆段修理时，应逐级上报，并根据车辆调度命令回送责任工厂或责任车辆段。

二、检修车扣车办理流程

（1）列检作业场值班员将列车中有关信息系统预报的定检到、过期车以及其他有扣车要求的铁路货车车种、车型、车号、修程、相关要求等及时通知检车员，检车员根据预报信息进行现场确认后，办理扣车或回送。无预报定检到、过期车信息系统时，检车员依据车体标记，经现场确认后，办理扣车或回送。检车员发现符合摘车临修范围需办理扣车的，经现场确认、鉴定后，办理扣车。

（2）检车员在办理扣车时，应将有关信息记录在《检车员工作记录手册》中，并用对讲机等通信手段及时将有关信息通知列检值班员；列检值班员接到通知后，应及时通过 HMIS运用子系统录入生成《车辆检修通知单》或《检修车回送单》，并及时传输给车站。

（3）办理扣修厂、段修到、过期的铁路货车，列检值班员通过扣车信息系统申请铁路货车检修车调度命令，铁路货车检修车调度命令号作为《检修车回送单》中的回送命令号，请令内容与《车辆检修通知单》《检修车回送单》相关内容一致。接到请令未批准等停止扣车情况时，应终止办理扣送车。

（4）回送车到达指定车站的列检作业场后，列检值班员根据列车到达信息，与车站通知及接到的《检修车回送单》核对后，通知检车员对现车进行确认，确认后通过有关信息系统填写并生成《车辆检修通知单》，并及时传输给车站。

（5）列检值班员接到车站《车辆检修通知单》签认信息后，将车型、车号、修程等信息报告车辆段调度员，车辆段调度员及时将扣送车信息通知相应的工厂、车辆段检修车间、站修作业场等。

三、单据填写

（一）《车辆检修通知单》（车统-23）

《车辆检修通知单》（车统-23）是铁路货车因定期检修、临修、故障整修及其他原因等需要扣车时，与车站办理扣车手续的单据，是统计检修车的依据，同时也是判定扣修车禁止越出本站区运行的依据，并以此通知车站摘车送往指定的施修地点和作为检修时间的依据。

1. 填写要求

（1）检车员在货车运用作业场作业中、对发生铁路交通事故或行车设备故障的铁路货车检查中、对网络扣车预报的定检到（过）期铁路货车的检查时，发现定检到（过）期及符合摘车临修（含事故修理）、临时整修要求及其他原因，需要扣车进入车辆工厂、车辆段检修车间、站修作业场、临时整修专用线路进行修理时，须将有关信息记录在《检车员工作记录手册》中，并通知列检值班员填发《车辆检修通知单》。

（2）货车运用作业场接到本站区以外发生铁路交通事故、行车设备故障及临时故障的铁路货车需要进行沿途故障处理时，由检车员前往检查确认，并补发《车辆检修通知单》；经检查不需要修理的或经处理可以继续运行的铁路货车，填发《检修车辆竣工验收移交记录》交车站；须扣车处理时，按规定办理扣车或回送手续。

（3）遇网络、系统、设备故障等异常情况影响系统应用时，应根据故障情况采取应急处置措施，按照有关规定办理。需要填发纸质《车辆检修通知单》办理扣车手续时，列检作业场由列检值班员负责，技术交接作业场、整备作业场由当班检车员负责，对发生铁路交通事故或行车设备故障的铁路货车检查由故障处理人员负责，网络追逃车由检查确认人员负责。办理签认手续时，本单据填发一式三份，车站签字后，一份交车站，一份交车辆修理单位，一份自存。

（4）本单据作为车辆检修扣留的原始依据，在发出车统-33 并车统-36 前，是计算检修车的依据。

（5）表 3-11 中的第 1～9 项由车辆运用部门填写，第 10、11 项由车站填写，第 12、13 项由修理单位填写。

2. 保存要求

使用后的纸质单据按序号汇总、装订，在运用车间（列检作业场）资料室集中保存，纸质单据保存期限 2 年。

3. 填写说明

填写说明见表 3-11。

表 3-11　填写说明

序号	项　目	填写说明	填写示例
1	填发日期	扣修车辆的日期及时间	2019 年 3 月 1 日 1 时 15 分
2	编号	当日扣修车辆编号，即 HMIS 运用子系统中生成的车统-23 编号，编号由 11 位数字组成，第 1、2 位数字代表年，第 3、4 位数字代表月，第 5、6 位数字代表日，第 7、8 位数字代表 HMIS 对应的作业场编码，第 9、10、11 位为当日扣车序号	11052004001
	送交　车站	扣修车辆停留的车站名称，即办理《车辆检修通知单》（车统-23）签认的车站	洛阳北
3	车次	扣修车辆所在列车的车次	47075

续表

序号	项 目		填写说明	填写示例
3	车辆停留在____场 _____线		扣修车辆停留的站场、线路名称	下行　　5
4	车种车型		扣修车辆的车种、车型	C70
	车号		扣修车辆的车号	1556665
	轴数		扣修车辆的轴数	4
	标记载重		扣修车辆的标记载重	70 t
	空重别		扣修车辆的空重车别	重
5	是否倒装		扣修车辆是否需要卸空后进行修理	是
	车站通知倒装完毕时间		车站倒装完毕时间	2019年1月2日 5时15分
	重车装车车站____		扣修车辆的装车车站名称	嘉峰
	到达车站____		扣修车辆的到达车站名称	石楼
	货物品名		装载货物名称	煤
6	修程		扣修车辆的修程	临修
	检修车辆送往修理的单位名称		扣修车辆送往修理的单位名称	洛阳北站修作业场
7	主要故障情况		扣修车辆的详细故障，对多件故障的均应填写；扣修的定检到（过）期车无故障时可不填写	一位端板裂纹 720 mm
8	前次定检情况	厂修	扣修车辆前次厂修的检修日期、单位及厂修的检修周期	14.4　　沈厂　　8
		段修	扣修车辆前次段修的检修日期、单位及段修的检修周期	18.4　　宁南南　2
		辅修	扣修车辆前次辅修的检修日期、单位及辅修的检修周期	
		临修	扣修车辆前次临修日期、单位施修时的空重别	18.10.16　满　空
9	扣车单位		办理扣车的运用作业场名称、班组及检车员姓名，纸质票盖"运用车间"的公章	洛阳北下行列检 一班二组　张三
10	车站值班员签字		由车站填写	
11	车站值班员签字日期			
12	检修车进入检修线日期		由修理单位填写	
13	检修单位检查人员（签字）			

4. 填写示例

填写示例如下:

车统-23

车辆检修通知单　　No. 11052004001

1. 填发日期 ___2019___ 年 ___3___ 月 ___1___ 日 ___15___ 时 ___15___ 分

2. 编号___11052004001___ 送交 ___洛阳北___ 车站

3. 车次___47075___ 车辆停留在 ___下行___ 场 ___5___ 线

4. 车种车型___C70___ 车号___1556665___ 轴数 ___4___ 标记载重 ___70 t___ 空重别 ___重___

5. 是否需要倒装___是___ 车站通知倒装完毕时间 ___2019___ 年___3___月___1___日___18___时___18___分重车装车车站 ___嘉峰___ 到达车站 ___石楼___ 货物品名 ___煤___

6. 修程___临修___ 检修车辆送往修理的单位名称___洛阳北站修作业场___

7. 主要故障情况___一位端板裂纹 720 mm___

8. 前次定检情况：厂修年月___14.4___ 单位___沈厂___ 检修周期___8___年

　　　　　　　　段修年月___18.4___ 单位___宁南南___ 检修周期___2___年

　　　　　　　　辅修年月日_____ 单位_____ 检修周期___月

　　　　　　　　临修年月日___18.10.16___ 单位___满___ 空重别___空___

9. 扣车单位___郑州北___ 车辆段 ___洛阳北列检___ 作业场（印章）
___一班二组___ 班组 ___张三___ 检车员（签字）

10. 车站值班员（签字）_____

11. 车站值班员签字日期 _____年_____月_____日_____时_____分

12. 检修车进入检修线日期 _____年_____月_____日_____时_____分

13. 检修单位检查人员（签字）_____

说明：

① 本单据作为车辆检修扣留的原始依据，在发出车统-33 并车统-36 前，是计算检修车的依据。

② 第 1～9 项由车辆运用部门填写，第 10、11 项由车站填写，第 12、13 项由修理单位填写。

③ 本单据填发一式三份，车站签字后，一份交车站，一份交车辆修理单位，一份自存。

（规格：210 mm×297 mm）

（二）《检修车回送单》（车统-26）

《检修车回送单》（车统-26）是铁路货车检修车回送时，与车站办理回送手续，记录车种、车型、车号、定检标记和单位、回送和到达车站、主要损坏部位、挂运要求等信息的单据，是统计回送以及回送途中检修车的依据，同时也是判定扣修车允许在规定区段内运行的依据。

1. 填写要求

（1）扣修铁路货车时应填发《车辆检修通知单》，需回送的，应填发《检修车回送单》，同时撤除《车辆检修通知单》。能够确定回送地点的，可直接填发《检修车回送单》。

（2）对沿途车站甩下的事故车或故障车、因本地无施修能力需回送附近检修地点施修的摘车临修、定检到（过）期车须办理检修车回送手续。由列检值班员通过有关信息系统填发《检修车回送单》，并与车站办理签认手续。

（3）货车运用作业场对扣车后须跨局回送进行检修的铁路货车，列检值班员根据跨局回送命令，通过有关信息系统填发《检修车回送单》，并与车站办理签认手续，同时撤除《车辆检修通知单》。

（4）遇网络、系统、设备故障等异常情况影响系统应用时，应根据故障情况采取应急处置措施，按照有关规定办理。需要填发纸质《检修车回送单》办理回送手续时，列检作业场由列检值班员负责，技术交接作业场、整备作业场由当班检车员负责，对发生铁路交通事故或行车设备故障的铁路货车检查由故障处理人员负责，网络追逃车由检查确认人员负责。办理签认手续时，本单据填发一式两份，交车站签字后，一份交车站随货运票据送至到达地点，一份自存。

（5）本单据为检修车向修理工厂、车辆段检修车间及站修作业场所在车站回送的依据。

（6）表 3-12 中的第 1～9 项由车辆运用部门填写，第 10、11 项由办理回送的车站填写，第 12、13 项由到达的车站填写，第 14、15 项由修理单位填写。

2. 保存要求

使用后的纸质单据按序号汇总、装订，在运用车间（列检作业场）资料室集中保存，纸质单据保存期限为 2 年。

3. 填写说明

填写说明见表 3-12。

表 3-12　填写说明

序号	项　目	填写说明	填写示例
1	填发日期	办理检修车回送的日期及时分	2019 年 3 月 1 日 09 时 10 分
	编号	回送检修车的顺序编号。编号由 9 位数字组成，第一至第四位为年份号，第五、第六位为当月月份号，最后三位为顺序号	201901001
2	回送命令号	允许检修车回送的车辆调度命令号码。（1）跨局回送的检修车车辆调度命令由运用车间列检值班员、段值班调度员逐级向铁路局集团公司车辆调度申请国铁集团车辆调度命令，铁路局集团公司管内回送的由运用车间列检值班员、段值班调度员逐级申请铁路局集团公司车辆调度命令。（2）定检到（过）期车辆回送调度命令号码由列检值班员登录"铁路货车检修网络扣车管理信息系统"进行申请	JF1061132
3	车种车型	回送检修车的车种车型	C70
	车号	回送检修车的车号	1583160
	轴数	回送检修车的轴数	4

续表

序号	项 目	填写说明	填写示例
4	回送公司及车站	办理检修车回送的铁路局集团公司及车站名称，即办理《检修车回送单》（车统-26）签认的车站名称	郑局 商丘北站
5	到达公司及车站	回送的检修车需要送往修理车辆工厂、车辆段检修车间、站修作业场所在站或倒装站名称及所属铁路局集团公司	郑局 郑州北站
	是否倒装	扣修车辆是否需要卸空后进行修理	是
	车站通知倒装完毕时间	车站倒装完毕时间	2019年3月1日 11时15分
	重车装车车站	扣修车辆的装车车站名称	嘉峰
	到达车站	扣修车辆的到达车站名称	石楼
	货物品名	装载货物名称	煤
6	车辆编挂位置等特殊要求	回送的检修车由于其他原因对编挂位置、运行速度等条件的限制	
7	扣车回送修程	回送的检修车需要施修的修程	段修
	主要故障情况	回送的检修车存在故障的具体部位、名称、尺寸，或定检到（过）期修程	段修过期
8	前次定检情况	厂修	回送的检修车前次厂修日期、单位及厂修的检修周期	14.4　　沈厂　　8
		段修	回送的检修车前次段修日期、单位及段修的检修周期	18.4　　宁南南　2
		辅修	回送的检修车前次辅修日期、单位及辅修的检修周期	
		临修	回送的检修车前次临修日期、单位施修时的空重别	18.10.16　满　空
9	填发单位	回送检修车的运用作业场名称及检车员姓名，纸质票盖"运用车间"的公章	商丘北下行列检 张三
10	经由分界站名称	由办理检修车回送的车站填写	
	办理回送的车站值班员		
11	回送车挂运车次、日期		
12	检修车到达工厂、车辆段检修车间或站修作业场所在车站日期	由检修车回送到达的车站填写	
13	检修车到达的车站值班员		
14	检修车进入检修线日期	由修理单位填写	
15	接到检修车的人员姓名		
背面	装车的零部件清单（名称、数量）	为确保检修车回送途中运行安全，运用作业场在回送前对检修车整修时更换或补装的车辆零部件名称及数量	制动软管　　　1

4. 填写示例

填写示例如下：

车统-26

检 修 车 回 送 单　　No.

1. 填发日期 ___2019___ 年 ___3___ 月 ___1___ 日 ___9___ 时 ___10___ 分
2. 编号 ___20190301001___ 回送命令号 ___JF1061132___
3. 车种车型 _C70_ 车号 ___1583160___ 轴数 ___4___
4. 回送公司 _郑局_ 及车站 ___商丘北站___
5. 到达公司 _郑局_ 及车站（工厂、车辆段检修车间、站修作业场所在站或倒装站名称）
郑州北站是否需要倒装 _是_ 车站通知倒装完毕时间 _2019_ 年 _3_ 月 _1_ 日 _9_
时 _10_ 分重车装车车站 ___嘉峰___ 到达车站 ___石楼___ 货物品名 _煤_
6. 车辆编挂位置等特殊要求 _____
7. 扣车回送修程（含临修）___段修___ 主要故障情况 _____
___段修过期___
8. 前次定检情况：厂修年月 _14.4_ 单位 ___沈厂___ 检修周期 _8_ 年
　　　　　　　　段修年月 _18.4_ 单位 ___宁南南___ 检修周期 _2_ 年
　　　　　　　　辅修年月日____ 单位____ 检修周期____ 月
　　　　　　　　临修年月日 _18.10.16_ 单位 _满_
9. 填发单位 ___郑州北___ 车辆段 ___商丘北下行列检___ 作业场（印章）
填发人员（签字）___张三___
10. 经由分界站名称_____ 办理回送的车站值班员（签字）_____
11. 回送车挂运车次_____ 日期____ 年___ 月___ 日___ 时___ 分
12. 检修车到达工厂、车辆段检修车间或站修作业场所在车站日期
_____ 年____ 月____ 日____ 时____ 分
13. 检修车到达的车站值班员（签字）_____
14. 检修车进入检修线日期 _____ 年____ 月____ 日____ 时____ 分
15. 接到检修车的人员姓名（签字）_____

（规格：210 mm × 297 mm）

装车的零部件清单

名　　称	数　量
制动软管	1

续表

名　　称	数　　量

说明：① 本单据为检修车向修理工厂、车辆段检修车间及站修作业场所在车站回送的依据。

② 第1~9项由车辆运用部门填写，第10、11项由办理回送的车站填写，第12、13项由到达的车站填写，第14、15项由修理单位填写。

③ 本单据填发一式两份，交车站签字后，一份交车站随货运票据送至到达地点，一份自存。

能力自评

能力自评见表3-13。

表3-13　能力自评

自 评 内 容	学 习 效 果		
	☺	😐	☹
简述检修车扣修原则			
简述检修车扣车流程			
学会填写《车辆检修通知单》			
学会填写《检修车回送单》			

任务五　铁路货车故障处理

学习目标

1. 知识目标

（1）熟知铁路货车故障处理分类及范围。

（2）掌握铁路货车故障处理标准。

（3）学会处理列车队中常见的车辆故障。

2. 能力目标

（1）培养自主学习的习惯和能力。

（2）培养动手能力、空间理解能力、沟通能力和团队协作能力。

（3）培养逻辑思维和处理信息的能力。

3. 素质目标

（1）培养学习者的科学文化和专业素质。

（2）树立学习者良好的职业道德和劳动安全思维。

（3）根植维护铁路运行安全红线意识，培养服务大众出行的责任感和大国工匠精神。

🔧 教学建议

（1）建议在实训室和多媒体教室实施理实一体化教学。

（2）建议教学时长 2 学时。

🖌 教学资源

铁路货车故障处理

✍ 学习内容

铁路货车经过一定时期的运用及装卸、调车作业后，一些车辆配件不可避免地会发生损伤，如磨耗、裂损、破损、折断、丢失等。列检作业场发现铁路货车故障时，应积极组织在列车队中进行处理；对影响行车安全且在列车队中无法施修或处理故障超过列车技检时间影响车站解体作业或正点发车时，应摘车送站修作业场临修。

一、铁路货车故障处理分类及范围

（一）故障处理分类

铁路货车故障处理种类分为摘车临修、列车队较大故障修理（以下简称大件修）、列车队一般故障修理（以下简称小件修）、临时整修等。大件修、小件修按处理方式分为更换、补装、调整、紧固、恢复、修复等。

（二）摘车临修范围

（1）车轮轮缘垂直磨耗、内侧缺损超限；踏面碾堆、擦伤、剥离、局部凹下、缺损、圆周磨耗超限；轮缘厚度、轮辋厚度不符合规定；辐板孔裂纹超限等需更换轮轴的故障。

（2）滚动轴承故障；滚动轴承甩油，外圈、轴箱破损，轴端螺栓松动、脱出、丢失，前盖丢失；承载鞍破损，转 K2 型转向架承载鞍顶面金属碾出；侧架导框、副构架导框纵向与滚动轴承外圈接触；轴箱橡胶垫中间橡胶与上、下层板错位等需更换轮轴或分解修理的故障。

（3）摇枕、侧架、一体式构架、副构架折断；副构架与连接杆连接用螺母丢失；上心盘铆钉折断，下心盘螺栓折断，心盘脱出；侧架立柱磨耗板、斜楔及主摩擦板破损、窜出、丢失，侧架立柱磨耗板折头螺栓、铆钉折断、丢失，摇枕斜楔摩擦面磨耗板窜出；摇枕斜面磨耗板折头螺栓丢失；旁承体破损、丢失，双作用弹性旁承上旁承与下旁承尼龙磨耗板有间隙，旁承滚子或旁承尼龙支承板与上旁承磨耗板接触，间隙旁承间隙超限；交叉支撑装置盖板及交叉杆体变形、折断，扣板螺栓、铆钉丢失，交叉杆端部螺栓松动、脱出、丢失；轴箱弹簧折断、窜出或丢失，重车摇枕弹簧及减振弹簧折断、窜出或丢失；转向架弹簧托板、折头螺栓折断等需架车修理的故障。

（4）钩体破损，牵引杆、钩尾框折断；钩锁锁腿折断，下锁销组成配件丢失、脱落；钩提杆座裂损；钩提杆折断、丢失，钩提杆链松余量不符合规定；从板折断，从板座、缓冲器、冲击座破损；钩体支撑座、钩尾框托板、钩尾销托梁、从板、缓冲器箱体含油尼龙磨耗板窜出、丢失；钩体支撑座止挡铁铆钉丢失；列车队无法调整的车钩高度超限等需分解修理及更换的故障。

（5）制动缸活塞作用不良；集成制动装置制动缸活塞行程指示器显示制动、缓解位置不正确，标志牌丢失；副风缸、加速缓解风缸、容积风缸、降压风缸缸体裂损，吊架折断；制动缸脱落，吊架折断；制动阀作用不良，防尘罩脱落；制动主管、支管、连接管折断；空重车自动调整装置限压阀、调整阀、传感阀破损，横跨梁折断；缓解阀拉杆、空重车调整杆折断，吊架裂损，闸调器破损；脱轨自动制动装置调节杆折断，拉环脱落、丢失，拉环与车轴接触，塞门关闭等需分解修理、焊修及更换的故障。

（6）制动梁梁体、支柱裂损，支柱夹扣螺母、闸瓦托铆钉折断、丢失，制动梁吊裂损；制动梁安全链折断，制动梁脱落；基础制动装置各拉杆、杠杆、链蹄环折断或丢失，拉铆销套环丢失，拉杆、杠杆吊架裂损、脱落，固定杠杆支点座拉铆钉丢失等需要更换、补装、焊修及铆接的故障。

（7）人力制动机配件破损、脱落、丢失，附加杠杆、拉杆丢失，人力制动机轴链折断，拉铆销套丢失，集成制动装置手制动杠杆及销轴丢失等影响人力制动机使用的故障。

（8）中梁、侧梁、端梁、枕梁、横梁及牵引梁折断等需要焊修的故障，侧梁下垂，车体倾斜或外胀超限；铁路货车车号自动识别标签失效、丢失，防火板脱落、丢失。

（9）侧柱、端柱、角柱裂损，敞车上端梁、上侧梁折断；车门、车窗脱落或丢失，底开门关闭不良，棚车漏雨，车门、端板或渡板折页及座折断；车门滑动轨道折断，车门滑轮脱出轨道；墙板、门板、地板、浴盆板破损或腐蚀穿孔超限，车门锁闭装置配件破损或丢失；绳栓折断，柱插破损或丢失；脚蹬、车梯扶手、集装箱锁头、门挡及车端护栏破损、折断、丢失；罐车卡带折断，罐体及阀泄漏，人孔盖及安全阀丢失，下卸式排油管脱落，罐车上部车顶走板、防护栏配件脱落、窜出或丢失等需要焊修、补装及处理的故障。

（10）从板座及冲击座铆钉折断、丢失等其他需焊修、铆接的故障。

（11）发生铁路交通事故及有撞车、脱轨等痕迹需扣车鉴定的铁路货车；轴承遭遇水浸或火灾的铁路货车。

（12）铁路货车运行安全监控系统预警需扣修的铁路货车。

（13）其他危及行车安全且因结构在列车队中无法处理的铁路货车故障。

（三）大件修范围

（1）更换、补装：钩舌、钩舌推铁、钩锁、下锁销组成、车钩托梁、空车摇枕弹簧及减振弹簧、制动阀、制动软管、折角塞门、直端塞门、截断塞门、组合式集尘器、远心集尘器、罐车卡带圆销等。

更换折角塞门、制动软管、远心集尘器、钩舌

（2）调整：互钩差、脚蹬及车梯扶手弯曲、钩提杆链松余量等。

（3）恢复：承载鞍错位，摇枕弹簧及减振弹簧窜出，钩体支撑座、钩尾框托板、钩尾销托梁含油尼龙磨耗板窜出等。

（4）修复：主管、支管、连通管泄漏，下拉杆下垂超限、关门车等。

（四）小件修范围

（1）更换、补装：钩舌销、车钩防跳插销、钩体支撑座止挡铁、钩提杆复位弹簧、钩提杆链、闸瓦、闸瓦插销、闸瓦插销环、下拉杆安全索、交叉杆安全索、各风缸堵、各管系卡子及螺母、折角塞门卡子及螺母、闸调器螺杆连接螺母定位片、人力制动拉杆链环、螺栓、螺母、圆销、开口销、塞门手把、制动软管胶圈、轴承挡键等。

（2）紧固：螺栓、螺母等。

（3）恢复：闸瓦插销、下锁销组成不正位等。

（4）修复：制动梁安全链、人力制动机拉杆吊架脱落等。

（五）临时整修

列检作业场发现需要摘车临修的故障，经鉴定不能安全运行至站修作业场的，应摘车送临时整修线路进行整修，整修后应按规定办理回送手续，并承担相应的回送安全责任。对列车队中因处理故障影响车站解体作业或正点发车的铁路货车，可摘车送临时整修线路进行修理。

（六）其　他

列检作业场所在车站发现棚车漏雨、透光以及调车、装卸作业、停运列车等发生铁路货车配件损坏、丢失故障时，应及时通知列检作业场按规定处置。

列检作业场进行人机分工或人工检查发现因货物超载、偏载、偏重、集重引起铁路货车技术状态异常的，列检值班员通知车站值班员，由车站通知货运部门进行现车确认和处理，处理后，车站值班员须通知列检值班员，安排对上述铁路货车进行技术检查，符合铁路货车运用标准后方可挂运，双方应做好记录备查。

二、铁路货车故障处理标准

（一）不摘车修故障维修标准

接续管更换　　圆销、螺栓及开口销安装

（1）圆销、螺栓或拉杆、杠杆上组装的圆开口销须为新品，双向劈开角度不小于60°；钩尾销螺栓、钩尾销安全吊架螺栓、钩托梁螺栓、人力制动轴上/下端及制动轴链羊眼螺栓的圆开口销和下拉杆、中拉杆等扁开口销安装后须劈开卷起。

（2）扁孔圆销长度允许在上下两个规格范围内调整，组装后扁孔圆销的窜动量为 2～10 mm。

（3）斜向或竖向安装的圆销应由上向下装入，横向安装的圆销应以车体纵向中心线为准，由里（左）向外（右）装入（无安装空间者及有特殊要求的除外）；车轮附近的直立式杠杆圆销，由车轮侧由外向里装入；横向安装的圆销应在开口销与被连接件之间装平垫圈。

（4）各阀和风缸吊架安装螺栓应由上向下装入（无安装空间者除外），在长圆孔侧加平垫圈；制动阀防盗罩螺栓须紧固。各螺栓组装紧固后，螺杆上的螺纹须露出螺母1扣以上，但不能超过1个螺母厚度（U形管吊卡和风缸吊卡除外）。使用4个螺栓连接紧固的配件，须对角进行紧固；处理螺母丢失的故障时，填补基本母紧固后须加装备母（防松螺母及有弹簧垫圈者除外）。

（5）处理制动管故障时，管系螺纹处须使用聚四氟乙烯薄膜缠绕或涂抹黑铅粉油，缠绕不得超过螺纹端部，连接处紧固后须外露1扣以上的完整螺纹，旋入部分不得少于4扣；主管端接管（辅助管）长度为250～400 mm；分解管系时，橡胶密封件须更换新品，橡胶密封圈须使用E型密封圈。

（6）橡胶密封圈、接头体、法兰体组装时，螺栓应均匀紧固，不得发生泄漏。

（7）更换折角塞门时，折角塞门体中

心线与主管垂直中心夹角为30°；更换制动软管时，软管连接器连接平面与车体中心夹角为45°；有特殊要求的除外。

（8）更换远心集尘器或组合式集尘器时，集尘器体的安装箭头方向须符合安装要求；更换的集尘器下体在组装时胶垫正位，密封线须向上，止尘伞位置正确，螺栓均匀紧固。更换的制动阀在组装时安装座胶垫须正位，螺栓须均匀紧固。

（9）更换闸瓦时，须使用有生产资质厂家的良好闸瓦，且闸瓦型号及生产厂家代码标记清晰，禁止高、低摩合成闸瓦互换安装使用。闸瓦插销穿入闸瓦托与瓦背的插销孔内正位入底，闸瓦插销下部环孔需露出，并须安装闸瓦插销环。

（10）更换钩舌及钩腔内部配件时，须使用符合要求的配件，钩舌尾部及钩锁的工作面须涂抹二硫化钼耐磨剂。

（11）更换和补装空重车自动调整装置横跨梁螺栓时，须使用标准专用螺母，并安装圆开口销；安装后，螺栓垂向移动量不小于3～5 mm，开口销须插入螺母的槽口，双向劈开，调整垫圈数量不超过3个。

（12）更换折角塞门、直端塞门、截断塞门、制动阀、制动软管等空气制动配件时，装车前须取卜各通路防护件包装、密封防护物，并确认无异物进入通道。

（13）新安装配件不得与邻近的零部件、管系发生干涉。

（14）装用交叉支撑装置的转向架需要进行滚动轴承转动检查时，侧架顶升高度单侧不得超过70 mm，同轴两侧均不得超过100 mm。

（15）处理空气制动故障后，须进行持续一定时间全部试验。

（16）其他故障处理执行《铁路货车站修规程》临修标准。

（二）货车运用作业场使用和储备的材料配件要求

（1）货车运用作业场使用和储备的材料配件须符合段修标准（闸瓦除外），应按照规定进行储存管理，安装使用前须外观检查，破损、标记不清、使用寿命到期或储存时间过期时不得装车使用。

（2）货车运用作业场储备的材料配件不得露天存放，有防尘要求的管接头、制动阀、制动软管等空气制动配件，须装外套（盖）式或外包式、平罩型防护件进行密封防护，不得使用通道内嵌式防护件。所有材料配件须上架、入箱存放，配件储存期管理如下：

① 各型橡胶密封件自制造完成之日起至使用前的储存期不得超过 6 个月。

② 空气制动阀检修完成后，储存期不得超过 3 个月。

③ 制动软管、塞门、组合式集尘器检修完成后，储存期不得超过 6 个月。

④ 闸瓦自制造完成之日起至装车使用的储存期不得超过 18 个月。

⑤ 钩舌自检修完成后，储存期不得超过 24 个月。

经分解更换、补装的铁路货车配件须满足相应的质量标准，质量保证至现车相应修程。实行寿命管理的配件，当剩余寿命不足现车相应修程时，经检查确认质量状态良好者，可装车使用，并承担超过使用寿命期的责任。

三、列车队中常见故障处理

在列车检修作业中，不仅要正确及时分析、研判出车辆的故障，而且要对车辆故障进行处理，在最短的时间内快速更换配件，保证列车安全、正点运行。下面以某铁路局集团公司列车队中常见的故障处理为例，介绍部分典型故障的作业程序和标准。

（一）更换（补装）闸瓦

1. 作业要点

（1）作业前，应先关闭本车的截断塞门，排净副风缸余风；装卸闸瓦时严禁手指伸入闸瓦与车轮踏面间；安装新闸瓦后，须开启截断塞门。

（2）须使用有生产资质厂家的良好闸瓦，且闸瓦型号及生产厂家代码标记清晰，禁止高、低摩合成闸瓦互换安装使用；闸瓦插销穿入闸瓦托与闸瓦的插销孔内正位入底，闸瓦插销底部环眼孔露出闸瓦托底部，并须安装闸瓦插销环。

（3）闸瓦自制造完成之日起至装车使用的储存期不得超过 18 个月。

（4）更换闸瓦后确认同一制动梁两端闸瓦厚度差不大于 20 mm。

2. 作业程序、标准及示范

作业程序、标准及示范见表 3-14。

闸瓦更换

表 3-14　作业程序、标准及示范

作业工序	作业内容及标准	示　范
1. 作业准备	使用对讲机与列检值班员联系，确认安全防护状态，要求须在列车两端来车方向的左侧钢轨上，设置带有脱轨器的固定或移动信号牌（灯）进行安全防护	
2. 关门排风	（1）关闭故障车截断塞门，使截断塞门手把中心线与支管中心线呈 90° 夹角。 （2）将排风卡具设置于缓解阀拉杆吊架间，排尽副风缸内的压力空气，副风缸不得有余风	

续表

作业工序	作业内容及标准	示范
3. 调整闸调器	若闸瓦托与车轮踏面之间的间隙不足时，可手动（或用活动扳手）转动闸调器外体，使螺杆伸长（一般在更换一块闸瓦时，可不需用人工调整闸调器，当更换两块闸瓦时，转动不大于两圈，当更换三块闸瓦时，转动不大于四圈，以此类推。如转动过多，故障处理完毕后，需倒转回来）	
4. 卸除旧闸瓦	使用撬棍将闸瓦撬离踏面，卸下闸瓦插销环。旧闸瓦插销环不得遗落在作业线内，不准与合格配件混放	
	取出闸瓦插销，卸下旧闸瓦。卸下的闸瓦、闸瓦插销，不得遗落在作业线内，不准与合格配件混放；严禁将手伸入闸瓦与车轮踏面间	
5. 安装闸瓦	将技术状态良好的闸瓦放入闸瓦托与车轮踏面间。严禁将手伸入闸瓦与车轮踏面间。禁止高、低磨合成闸瓦互换安装使用；现场检车员在装车前须确认闸瓦制造年月至装车使用时不超过 18 个月，超过时严禁装车使用	
	将新闸瓦插销穿入闸瓦托与闸瓦的插销孔内正位入底，闸瓦插销底部环孔露出闸瓦托底部，然后安装闸瓦插销环	

续表

作业工序	作业内容及标准	示 范
6. 开启截断塞门	卸下排风卡具，使缓解阀复位；开启截断塞门，使截断塞门手把中心线与支管中心线平行一致	
7. 联系汇报信息记录	使用对讲机向列检值班员联系汇报故障处理信息，并在《检车员工作记录手册》（车统-15A）上记录处理故障信息，含故障车的编挂位置、车种、车型、车号、定检、故障方位、部位、名称、处理方式等。由列检值班员按规定录入 HMIS 运用子系统	
8. 撤除防护信号	将工具材料送回工具材料箱，废旧材料配件回收集中存放入废料箱；撤除安全防护信号	

（二）更换制动软管

列车队中检查发现制动软管发生破损、泄漏等故障时，列检作业场需对故障制动软管进行更换。

1. 作业要点

（1）须使用与故障制动软管同规格、型号的软管，其制造、检修标记清晰、符合要求。

（2）更换制动软管时须将聚四氟乙烯薄膜顺着紧固方向缠绕在制动软管螺纹处，不得超过螺纹端部。

（3）新装制动软管不得发生扭曲、别劲现象。

2. 作业程序、标准及示范

作业程序、标准及示范见表3-15。

表3-15　作业程序、标准及示范

作业工序	作业内容及标准	示 范
1. 作业准备	确认安全防护状态：使用对讲机与列检值班员联系，要求须在列车两端来车方向的左侧钢轨上，设置带有脱轨器的固定或移动信号牌（灯）进行安全防护	
	检查工具、量具和材料：制动软管型号须与车辆规格、型号一致，检修标记清晰，储存日期不超过6个月，技术状态良好	

续表

作业工序	作业内容及标准	示 范
2. 拆卸故障制动软管	关闭本车故障软管所在折角塞门及与故障软管连接的邻车折角塞门，使折角塞门手把中心线与辅助管中心线呈90°夹角。将故障制动软管与相连接的制动软管摘解开	
	将软管吊链从故障制动软管连接器吊链孔内取下。使用管子钳卡住故障制动软管端部螺纹附近，将故障制动软管卸下。故障制动软管须拿出钢轨以外，不得遗落在作业线内，不准与合格配件混放	
3. 安装良好制动软管	取下良好制动软管的外套（盖）式包装及密封防护物，并确认无异物进入通道。检查软管胶圈良好。将聚四氟乙烯薄膜顺着紧固方向缠绕在制动软管螺纹处，不得超过螺纹端部	
	使用管子钳将良好制动软管紧固在折角塞门上。连接处紧固后须外露1扣以上的完整螺纹，旋入部分不得少于4扣，软管连接器连接平面与车体中心线夹角须为45°	
4. 状态确认	4.1 检查确认与更换后软管连接的制动软管及胶圈安装位置正确，技术状态良好。 4.2 连接两制动软管，连接器正位入底。检查确认制动软管无扭曲、别劲。 4.3 先缓慢开启风源侧折角塞门，再开启另一侧折角塞门，检查确认制动软管接头及软管连接处有无泄漏现象，若有泄漏须及时妥善处理。 4.4 将制动软管吊链挂钩装入新装制动软管吊链孔内，禁止交错连接软管吊链	

续表

作业工序	作业内容及标准	示　范
5. 进行持续一定时间全部试验	5.1 按规定设置无线风压监测仪，将其安装在故障车辆后端制动软管连接器上。 5.2 缓慢开启故障车辆前端制动软管折角塞门手把，连接地道风管或机车进行充风，确认无线风压监测仪显示主管压力达到规定压力。 5.3 按规定进行列车放风和充气，确保列车制动和缓解性能良好。 5.4 试验合格后，先关闭无线风压监测仪电源开关，再关闭故障车辆运行方向后端（远离风源端）折角塞门，摘取无线风压监测仪 5.5 连接故障车辆与临车近端的制动软管，缓慢开启故障车辆两端及临车近端的折角塞门，确认手把中心线与辅助管中心线一致	
6. 联系汇报信息记录	工长对更换后的制动软管及连接状态进行质量检查，使用对讲机向列检值班员联系汇报故障处理信息，并在《检车员工作记录手册》（车统-15A）上记录处理故障信息，含故障车的编挂位置、车种、车型、车号、定检、故障方位、部位、名称、处理方式等，由列检值班员按规定录入 HMIS 运用子系统	
7. 撤除防护信号	将工具材料送回工具材料箱，废旧材料配件回收集中存放入废料箱；撤除安全防护信号	

更换球芯折角塞门　　　　　　　　　更换 120 型控制阀主阀、紧急阀

能力自评

能力自评见表 3-18。

表 3-18　能力自评

自评内容	学习效果		
	☺	😐	☹
铁路货车故障处理分类			
铁路货车闸瓦的运用限度要求			
圆开口销双向劈开角度			
简述更换制动软管的作业程序			
简述更换制动闸瓦的作业程序			

任务六 站修作业场

学习目标

1. 知识目标

（1）了解站修作业场内设备设施及劳动组织。

（2）掌握站修作业场修车基本要求。

（3）掌握站修修车作业流程。

2. 能力目标

（1）培养自主学习的习惯和能力。

（2）培养动手能力、空间理解能力、沟通能力和团队协作能力。

（3）培养逻辑思维和处理信息的能力。

3. 素质目标

（1）培养学习者的科学文化和专业素质。

（2）树立学习者良好的职业道德和劳动安全思维。

（3）根植维护铁路运行安全红线意识，培养服务大众出行的责任感和大国工匠精神。

教学建议

（1）建议在实训室和多媒体教室实施理实一体化教学。

（2）建议教学时长 2 学时。

教学资源

站修作业场

学习内容

一、站修作业场分类

站修作业场设在有列检作业场的车场或站区，其位置便于取送铁路货车，根据设置地点、检修范围、检修能力、工装配置等条件，分为特级、一级、二级站修作业场，名称应与所在车场或站区的名称相对应，站区内设有多个站修作业场时，原则上采用站区名加东、西、南或北进行命名。站修作业场布局示意图如图 3-35 所示。

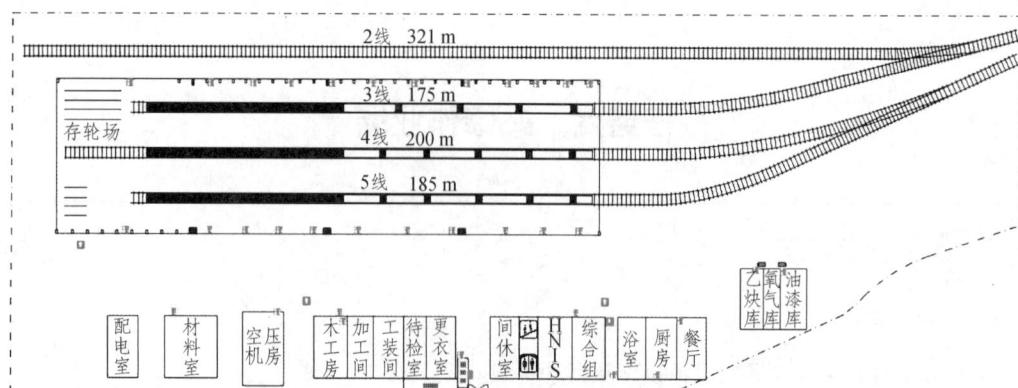

图 3-35　站修作业场布局示意图

特级站修作业场设置在路网性编组站的列检作业场所在地，负责所有铁路货车车种车型的临修、辅修。

一级站修作业场设置在区域性编组站或大量装卸货物车站的列检作业场所在地，负责通用铁路货车的临修、辅修，以及矿石车、毒品车、粮食车、水泥车、液化气罐车、X2K 和 X2H 双层集装箱专用车、X1K 集装箱专用车、双层小汽车运输车、机械冷藏车常见故障的临修。

二级站修作业场设置在列车编组作业量较大编组站、区段站的列检作业场所在地，负责通用铁路货车以及矿石车、毒品车、粮食车、水泥车常见故障的临修。

二、站修作业场设施、设备

（一）生产设施

站修作业场生产设施包括待检修车存放线、轮轴存放线、检修线、修车库（棚）、空压机室、材料库、办公室、资料室，应集中铺设动力电源线、电焊专用回路线、风管路，并有给排水、照明、电话、无线对讲等，同时检修线路与车站相邻线路间距不小于 8 000 mm，距离检修车间较远的站修作业场，可根据特殊情况设置配件检修间。负责罐车检修或整备作业的站修作业场应具备洗罐能力或附近有洗罐站（所）。检修库如图 3-36 所示。

图 3-36　检修库

一级站修作业场还应有检修地沟、存轮库（棚）、料具间、会议室等。

特级站修作业场还应有检修地沟、存轮库（棚）、机加工室、电焊间、料具间、汽车库、值班室、会议室、职工教育室等。

（二）工装设备

站修作业场工装设备的基本配置：桥式起重设备、重车架车机、移动式车体整形设备、微机控制单车试验器、移动式钩缓拆装设备、滚动轴承转动检查装置、移动式侧架立柱磨耗板铆钉机、智能型检查灯具、切割设备、焊接设备、车门拆装设备、高频加热炉、焊条烘干箱及保温桶、专用拉铆设备、叉车、空气压缩机、搬运车、测爆仪、制动管系弯制器、扭矩扳手、AEI（铁路车号识别系统）地面识别装置、便携式车号自动识别标签读出器及标签编程器等，部分设备见图3-37~图3-40。经批准从事货车配件加修的站修作业场，还须配备必要的工装设备。

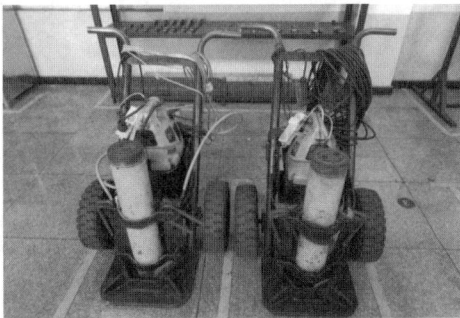

图 3-37　重车架车机

图 3-38　车体整形机

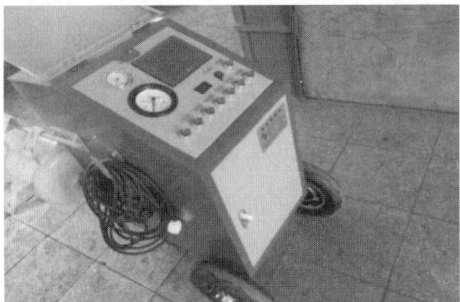

图 3-39　微机控制单车试验器

图 3-40　移动式钩缓拆装机

一级站修作业场还应配置：CO_2 气体保护焊机、交叉支撑装置专用定位胎具、交叉支撑装置正位检测装置、智能扳机等。

特级站修作业场还应配置：大吨位液压架车设备、长大货物车焊缝探伤设备、圆销探伤机、CO_2 气体保护焊机、交叉支撑装置专用定位胎具、交叉支撑装置正位检测装置、智能扳机等。可根据实际情况适当配置牵车设备、不落轮镟修车床、大吨位桥式起重设备等。

三、站修作业场劳动组织

（一）劳动组织原则

站修作业场主要以站修作业场的等级、作业方式、检修范围、任务量、检修台位、距配送中心距离等要素作为人员设置的基本原则。

站修作业场需要设置直接和间接为修车服务的生产班组及后勤保障班组，并配备相应的管理、直接生产和间接生产人员。

（二）人员构成

站修作业场管理人员主要有主任或副主任、工程技术员、生产调度员、安全管理员等；直接生产人员主要有车辆钳工、制动钳工、熔接工、质量检查员、预检员等；间接生产人员主要有天车司机、叉车司机、空压机司机、微机操作员、材料员等。

四、站修作业场修车基本要求

（一）检修车要求

站修作业场主要负责对铁路货车进行辅修和临修，所检修的铁路货车须符合以下要求：

① 站修检修的铁路货车须经列检人员扣修并签发"车辆检修通知单（车统-23）"。

② 修理的辅修车须是空车。

③ 空车临修日期距辅修到期日期在 10 日以内者可转做辅修，并在"货车站修车检修记录单（车统-22D）"备注栏内注明。

④ 装载过易燃、易爆物品的罐车，须经洗刷并有罐车洗刷合格证；站修修理前需用测爆仪进行二次测爆和明火试验，合格后方可修理。

⑤ 装载放射性物质的铁路货车，须经有关部门鉴定、处理，并符合国家有关规定。

⑥ 毒品车须经消毒并有消毒合格证。

铁路货车站修须按照国铁集团批准的站修场所、能力和规定的检修范围开展相应维修工作。中梁、牵引梁、枕梁、端梁变形，车体破损严重及事故车等铁路货车，站修无检修能力时，须按规定程序送至有检修能力的厂（段）修单位修理；厂、段、辅修到期、过期的铁路货车存在危及行车安全的故障，不能保证安全运行到指定的检修地点时，须上报所属铁路局集团公司审批后方可进行临修；本级站修作业场对不具备检修能力的故障铁路货车，须在确保安全的前提下回送至有相应检修能力的站修作业场；装运液化石油气、液氯等化工产品的罐车，检修时不包括罐体及安全附属件部分的修理；装运压缩气体、液化气体、放射性物质及有毒中度危害货物的罐车，不锈钢罐体和铝板制罐体的罐车，罐内装用内衬的罐车，长大货物车，工程专用车辆等的底架、钩缓装置、制动装置、转向架、轮轴、滚动轴承及整车修竣按站修要求检修，罐体、罐体阀类及工程专用车、长大货物车等装用的机电设备、液压系统等须由具有相应设备检修资质的单位按有关行业标准检修。

（二）站修质量保证

铁路货车站修实行质量责任追溯，车辆检修单位及配件生产、检修单位均须承担相应的安全质量责任。

1. 检修质量保证

① 质量保证是指在保证期限内，铁路货车在正常运用中不应发生任何故障，但不包括在定期检修时发现的故障。

② 凡由于运用中不正常冲撞、脱轨、超载、装卸碰撞、偏载、商务错装（车型不符）、过期车、盗窃或人为损坏，存在设计、制造缺陷，或由于操作不良、违规改造改装、擅自拆卸、装车试验的零部件等情况而导致的损坏，均不属质量保证范围。

③ 事故责任的认定按国铁集团《铁路交通事故调查处理规则》办理。

④ 临修车的修理部位质量保证期限为该部位的下次定检到期（包括顺延日期）。

⑤ 临修车非修理部位的质量保证内容和保证期限见表3-19。

⑥ 辅修车的修理部位质量保证期限为该部位的下次定检到期（包括顺延日期），不属于分解检查范围的非修理部位其质量保证期限为一个首次运行期。

表 3-19　临修非修理部位质量保证内容和保证期限

序号	部位	保证内容	保证期限
1	车钩缓冲装置	13号、13A型、13B型上作用式车钩锁铁移动量不大于12 mm，其他型车钩防跳作用不失效	首次运行期
		车钩钩体、钩舌、钩尾框可视部位无旧痕裂损	首次运行期
2	封向架	铸钢摇枕、侧架、一体式构架、交叉支撑装置、弹簧托板及心盘可视部位无旧痕裂损	首次运行期
		摇枕弹簧、斜楔、侧架立柱磨耗板、摇枕斜楔摩擦面磨耗板可视部位无旧痕裂损	首次运行期
3	轮轴	车轮踏面圆周磨耗、轮缘厚度磨耗不超限	首次运行期
		车轮、车轴及轴承外圈无旧痕裂损、缺损，滚动轴承密封罩无脱出	首次运行期
4	制动装置	制动梁梁体、撑杆、支柱、夹扣、闸瓦托、人力制动机轴链可视部位无旧痕裂损	首次运行期
		制动主管、支管无旧痕裂损，制动阀作用良好	首次运行期
5	底体架	枕梁、横梁、中梁、牵引梁、侧梁无旧痕裂纹，底架附属件齐全，无旧痕裂纹	首次运行期
		车体配件齐全、作用良好，罐车卡带无旧痕裂损	

注：① 重车临修底体架部位，因装载物资造成无法达到检修质量标准或未施修的，其质量保证期限为到达货物卸空站。
② 首次运行期：铁路货车修竣后在正常运用中首个装重卸空的完整过程。

2. 配件质量保证

① 在正常使用条件下，凡在制造质量保证期限内（时间统计精确到月）配件发生质量问题时，由配件制造单位承担质量保证责任，装用单位承担装用责任。

② 站修不分解的配件，因内部缺陷造成事故及行车设备故障时由配件制造单位或前次定检单位负责。

③ 站修装用的配件因检修质量不良造成事故及行车设备故障时，由配件检修单位负责。

④ 铁路货车在检修中因设计、制造原因，需改造的项目或零部件在质量保证期内超过站修限度（站修无要求者按段修限度）或产生裂损等影响使用的缺陷，需更换的零部件由铁路货车制造或检修单位无偿以旧换新，铁路货车制造或检修单位继续向配件生产单位进行质量追溯、索赔。

五、站修修车作业程序

站修作业程序分为预检、开工前会检、编制及实施日修车作业计划、完工分析等环节，具体作业流程如图 3-41 所示。

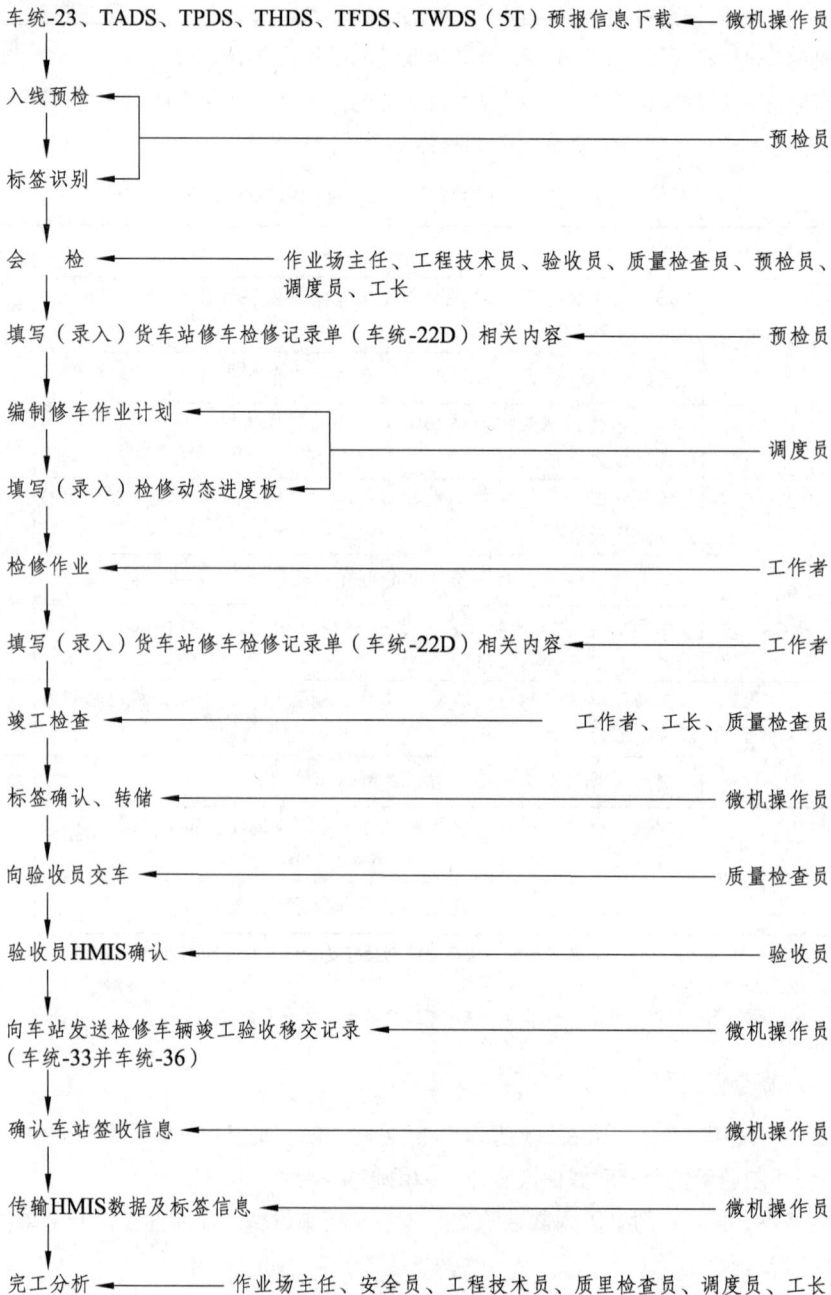

车统-23、TADS、TPDS、THDS、TFDS、TWDS（5T）预报信息下载 ◄── 微机操作员

入线预检 ◄──┐
　　　　　　　├───────────────────────────── 预检员
标签识别 ◄──┘

会　检 ◄─────── 作业场主任、工程技术员、验收员、质量检查员、预检员、调度员、工长

填写（录入）货车站修车检修记录单（车统-22D）相关内容 ◄── 预检员

编制修车作业计划 ◄──┐
　　　　　　　　　　 ├──────────────────── 调度员
填写（录入）检修动态进度板 ◄──┘

检修作业 ◄────────────────── 工作者

填写（录入）货车站修车检修记录单（车统-22D）相关内容 ◄── 工作者

竣工检查 ◄─────── 工作者、工长、质量检查员

标签确认、转储 ◄─────── 微机操作员

向验收员交车 ◄─────── 质量检查员

验收员HMIS确认 ◄─────── 验收员

向车站发送检修车辆竣工验收移交记录（车统-33并车统-36） ◄── 微机操作员

确认车站签收信息 ◄─────── 微机操作员

传输HMIS数据及标签信息 ◄─────── 微机操作员

完工分析 ◄─────── 作业场主任、安全员、工程技术员、质里检查员、调度员、工长

注：TADS 为车辆滚动轴承故障轨边声学诊断系统。
　　TPDS 为车辆运行品质轨边动态监测系统。
　　THDS 为车辆轴温智能探测系统。
　　TFDS 为货车故障轨边图像检测系统。
　　TWDS 为货车轮对尺寸动态检测系统。

图 3-41　站修作业流程示意图

（一）入线预检

预检是站修作业场制订当日修车作业计划的依据，是保证计划修车的重要环节。站修作业场应指派专人从事预检工作。

1. 预检作业要点

（1）使用便携式标签读出器逐辆读取标签内存信息，核对车种、车型、车号和定检标记等信息须与现车一致，同时对超出站修作业场检修范围及能力的车辆进行记录，并通知调度员确认。

（2）核对"车辆检修通知书（车统-23）"列检扣修故障信息，对故障信息与现车不符的车辆进行记录，并通知调度员确认。

（3）按全面检查质量标准对入线检修车辆可视部位进行检查，核查 5T 预报信息，并对检查中发现的故障在车体对应部位进行标识，同时标注故障处理方法：焊修、调修、铆接、紧固、切除、挖补、补强、更换等。

（4）对较大的车辆故障提出修理方案。

（5）将车辆预检发现故障信息填写在"入线车预检记录"和"货车站修车检修记录单（车统-22D）"对应栏内，如表 3-20 和表 3-21 所示。

表 3-20　入线车预检记录

2021 年 03 月 12 日上午

顺号	股道	车型车号	修程	前次定检				主要故障	施修方案
				厂	段	辅	轴		
1	2	C70 1638477	L	10.03 眉厂	14.03 沈苏	—	—	2 位下侧门破损 200 mm×100 mm	更换

表 3-21　货车站修车检修记录单

2. 预检作业流程

预检作业按全面检查质量标准对入线检修车辆可视部位进行检查，并使用摄像手电摄录车型、车号、定检信息等车辆标记、作业全过程，在车体相应位置标识故障信息和标注故障处理方法。

（二）开工前会检

开工前会检是站修作业场完成日常生产任务的重要组成部分，需按表 3-22 填写站修会检记录，会检内容分为两种：

（1）由调度员组织作业场主任、技术员、安全员、预检员，对超出检修范围及能力或列检扣修故障信息与现车不符的车辆进行鉴定，确定处置方案。

（2）开工前由调度员主持，作业场主任、技术员、各工长、安全员、质量检查员、预检员及验收员参加，由预检员提出当日入线车的修程概况和需要会检的车辆，对较大的车辆故障确定修理方案。

表 3-22　站修会检记录

时间			地点				
参见人员	主任：　　　　书记：　　　　副主任：　　　　验收员：　　　　质量检查员： 工长：　　　　调度员：　　　　预检员：　　　　HMIS 操作员：						
入线车数量	辅修数量		临修数量		重车数量		空车数量
会检车情况							
重点故障施修方案							

（三）制订和实施日修车作业计划

1. 制订日修车作业计划

根据入线的临修、辅修车的状况确定修车方案，由调度员负责编制站修车作业计划，作业场主任确认后组织各班组实施，并报车辆段调度。站修修车作业计划表见表 3-23。各工长在开工前应向本班组认真传达当日修车作业计划，分配工作，布置重点故障的修理方法和要求。调度员应全面掌握、及时协调各班组作业进度，发现薄弱环节和关键问题，会同工长及时采取措施解决，保证生产计划兑现。

表 3-23　站修修车作业计划表

单位：　　　　　　　年　　月　　日

股道	顺号	车型车号	修程	空重	主要故障	落成		一次交验是否合格	是否半日出线	未完成计划及原因
						计划	实际			
临修		合计		半日出车辆数				残车辆数		

审批：　　　　　　　　　　　　　　　　　　　　编制：

2. 实施日修车作业计划

工作者按修车作业计划、修程、作业范围及检修要求修理，将铁路货车的修理情况分别填写在"货车站修车检修记录单（车统-22D）"的相应项目栏内，签名或盖章后录入 HMIS 站修子系统。其中，部分站修检修要求如下：

铁路货车站修时须按照原结构检修的原则，除国铁集团另有规定外，不得改变原设计的结构、材质、形状、颜色和位置。

（1）站修作业场应制订均衡的修车计划并及时通知车站，车站须将站修作业场日修车计划纳入车站日班计划。取送检修车的具体办法按车站和车辆段双方签订的有关协议办理。协议内容应包括取送检修车的时间、检修作业时两车辆之间的作业距离、防溜逸工作及责任划分。

（2）铁路货车入线后须全数查询最近不少于一个月的 TFDS、THDS、TADS、TPDS、TWDS 预报信息，充分利用 TFDS、THDS、TADS、TPDS、TWDS 预报和历史信息指导现场检修。摇枕、侧架、交叉支撑装置、承载鞍、常接触式旁承、制动梁、轮轴等部件非正常磨耗、破损、变形以及制动故障关门车和 5T 系统预报故障时，须分析查找故障根源，消除故障隐患。

（3）铁路货车站修时，列检扣修故障与现车故障不符的，站修按实际修理故障填写"货车站修车检修记录单（车统-22D）"，收集实际故障照片及车辆基本信息备查。列检扣修故障经确认无故障时，站修可签发"检修车辆竣工验收移交记录（车统-33 并车统-36）"予以撤销放行，在"货车站修车检修记录单（车统-22D）"上注明该故障列检误扣并录入上传 HMIS，同时承担首次运行期的质量保证责任；站修作业场须定期对存在的问题进行统计、分析、反馈，车辆段须将结果纳入对列检的考核评价。

（4）铁路货车站修时，须按规定对铁路货车及有关零部件的技术状态进行外观检查、分解检修或试验。主要零部件裂纹、磨耗超限、腐蚀超限、作用不良时按规定进行换件修；松动、焊缝开裂、变形、丢失、折损时修理按原结构补装或更换。修理时须满足车辆原结构要求。

（5）除国铁集团批准改造的零部件外，应按铁路货车的原结构检修，装用的零部件须与设计规定一致。配件原设计为高强度钢、不锈钢、铝合金、高分子材料等材质者不得换装为其他材质的配件。

（6）临修、辅修车检查和零部件组装时须符合站修限度。经站修分解检修、调修、更换、补装的车辆配件须齐全，其组装位置正确，作用良好。

（7）经站修分解检修后各零部件组装时，表面须清理，不得有污垢、杂物，其使用的螺栓、圆销、开口销、拉铆销等符合原车设计或改造技术条件，其组装位置正确、作用良好。

（8）车体及底架新截换、挖补、补强部分和加热调修的底架、车体钢结构及铆接配件金属结合面，在组装前均须涂防锈漆或密封胶。除摩擦式减振器、非金属材料及特殊规定的部位外，经分解检修的摩擦、转动部位均须涂润滑油（脂）。

（9）车钩托梁、钩尾框托板、钩尾销、心盘、交叉支撑装置等的组装螺栓螺纹处须涂黑铅粉油，管系螺纹处须使用聚四氟乙烯薄膜或涂抹黑铅粉油。

（10）裂纹或焊缝开裂时须清除裂纹或开裂处原焊波，按规定开坡口焊修。焊接技术要求及质量标准须符合《机车车辆修理焊接技术条件》《机车车辆二氧化碳气体保护焊技术条件》和《机车车辆耐候钢焊接技术条件》等技术要求。低合金高强度材质须使用相应强度等级的低合金钢焊接材料；耐候钢材质须使用相应的耐候钢焊接材料；不锈钢材质须使用相应的不锈钢焊接材料；普碳钢与耐候钢焊接时可使用普碳钢或耐候钢焊接材料；不锈钢与耐候钢焊接时须使用不锈钢焊接材料。

（11）铆接零部件松动或铆钉松动时须更换铆钉。铆接技术要求及质量标准须符合《车辆铆接通用技术条件》或《车辆专用拉铆钉铆接技术条件》的规定；采用拉铆销组装的部位检修或更换配件时，其技术要求须符合《车辆专用拉铆销技术条件》。

（12）微机控制单车试验器等设备，每班开工前须进行性能校验，按规定定期检修；检查用的量具、样板须按规定校对、检定，试验后试验用球按规定收回。

（13）配件防丢失组装符合表3-24需加固零部件及要求的规定。

表3-24 需加固零部件及要求

序号	部件名称	加固部位	加固方式	质量标准	备注
车 体					
1	螺栓组装的车顶走板、端走板	组装螺栓与螺母	点焊	点焊固	
2	下侧门挂环	挂环角部接口	满焊	对接圆周满焊	
3	C70车旧型下侧门搭扣扣铁	组装螺栓与螺母	点焊	点焊固	
4	棚车内墙板、内顶板压条	组装螺栓与螺母	点焊	每根压条上至少2条螺栓点焊固	自锁螺母除外
车钩缓冲装置					
5	13号、13A型钩尾框钩尾销安全吊装置	安全吊螺栓与螺母	点焊	大于1/3周	
6	13B型铸造钩尾框钩尾销安全吊装置	安全吊螺母与防护板	点焊	螺母一个平面	

续表

序号	部件名称	加固部位	加固方式	质量标准	备注
7	13B型锻造钩尾框钩尾销插托	钩尾销插托组装螺栓与螺母	点焊	大于1/3周	
转向架					
8	交叉杆	扣板组装螺栓与螺母	点焊	焊固	
制动装置					
9	空重车限压阀防盗装置	组装螺栓与螺母	点焊	点焊固	
10	制动缸、副风缸、加速缓解风缸、降压气室	组装螺栓与螺母	点焊	点焊固	
落成要求					
11	固定链式人力制动机定滑轮	组装螺栓与螺母	焊固	圆周满焊	
12	人力制动机轴链	眼环螺栓与螺母	焊固	圆周满焊	取消开口销
13	人力制动机滑轮	组装圆销与垫圈	焊固	圆周满焊，垫圈与组装件须有轴向间隙1～3mm	取消开口销
14	人力制动机拉杆、拉杆链	组装圆销与垫圈	焊固	圆周满焊，垫圈与组装件须有轴向间隙1～3mm	取消开口销
15	人力制动机掣子锤	组装圆销与垫圈	焊固	圆周满焊，垫圈与组装件须有轴向间隙1～3mm	取消开口销
16	人力制动机掣子	组装圆销与垫圈	焊固	圆周满焊，垫圈与组装件须有轴向间隙1～3mm	取消开口销
17	折叠式人力制动机	折叠处组装圆销与垫圈	焊固	圆周满焊，垫圈与组装件须有轴向间隙1～3mm	取消开口销
18	折叠式人力制动机	手轮与制动轴	焊固	圆周满焊	
19	脚踏式制动机、NSW型和FSW型人力制动机	安装螺栓与螺母	焊固	点焊	
20	脱轨自动制动装置	安装座的螺栓与螺母	焊固	点焊	
21	制动阀、安全阀防盗罩	安装螺栓与螺母	焊固	点焊	
22	敞车侧开门	下锁销连杆和座，组装圆销与垫圈	焊固	圆周满焊，垫圈与组装件须有轴向间隙1～3mm	取消开口销
23	敞车侧开门、下侧门	组装圆销与垫圈	焊固	焊波长度超过圆周1/2，垫圈与折页座的间隙为3～8mm	取消开口销
24	平车端门、侧门	组装圆销与垫圈	焊固	焊波长度超过圆周1/2，垫圈与折页座的间隙为3～8mm	取消开口销

序号	部件名称	加固部位	加固方式	质量标准	备注
25	钩提杆提钩链	上、下马蹄环组装圆销与垫圈	焊固	焊波长度超过圆周1/2，垫圈与组装件须有轴向间隙 1～3 mm	取消开口销
26	钩提杆座（采用螺栓组装者）	螺栓	安装背母并焊固	点焊	
长大货物车					
27	心盘防脱销	螺栓与螺母	点焊	组装螺栓与螺母紧固后点焊	
28	抗蛇行减振器	螺栓与螺母	点焊	组装螺栓与螺母紧固后点焊	

（14）扁开口销在扁孔圆销上组装后扁开口销须卷起，并超过圆销杆圆周长度的 3/4 圈。扁孔圆销长度允许在上下两个规格范围内调整，组装后扁孔圆销的窜动量为 2～10 mm，不得与邻近的其他零部件、管系发生干涉。在圆销上组装的圆开口销须为新品，从根部双向劈开，角度不小于 60°，除基础制动装置及另有规定外，圆销或螺栓焊固的部位可不安装开口销。

（15）分解检修空气制动装置时，橡胶密封件须更换新品。管系橡胶密封圈须使用 E 型密封圈。

（16）转向架检修时，不得借助交叉杆或弹簧托板吊装、支撑、移动转向架。起降装用交叉支撑装置或弹簧托板的转向架时，同一轮轴两端须同时起降。

（17）无轴箱滚动轴承外观检查有异状或 TFDS、THDS、TADS、TWDS 预报有轴承故障信息的须进行检查。

（18）在型钢翼板倾斜部位组装螺栓时，须安装斜垫。各螺栓组装紧固后，螺杆须露出螺母 1 扣以上且不得影响组装。有紧固力矩要求的须符合相应的规定。

（19）垂下品至钢轨顶面的最小距离：钢轨内侧为 60 mm、外侧为 80 mm，闸瓦插销为 25 mm。

（20）在车号自动识别标签附近焊修、补强、调修、高温洗罐等作业时，须对车号自动识别标签进行防护；拆卸标签时，不得使用火焰切割，不得损伤标签。

（21）装用滚动轴承的车辆电焊作业时，须使用专用电焊回路并就近搭接地线，接地线的材质、直径应与电焊电缆相匹配，禁止用修车线路的钢轨作接地线。

3. 竣工检查验收

站修作业场在对临修车检查施修过程中需执行"三检一验"质量检验制度。即工作者全面检查和维修后在车辆交验标识栏处使用白色粉笔画"人"字标识，向工长交车；工长在现场盯控、检查中见到白色"人"字标识后，对施修部位进行检查确认，无故障后在车辆"人"字标识下方使用黄色粉笔画"一"字标识，向质量检查员交检；质量检查员在作业过程盯控中见到工长的交检标记后，对车辆进行全面检查，无故障后使用蓝色粉笔在工长交验标记下方画"口"字标识，形成"合"字标识，向验收员交验；验收员在质量监督检查中见到质量检查员交验标识后，对车辆进行验收检查，无故障后使用红色粉笔在"合"字标识外画"〇"标识，车辆修竣完毕。

4. 检修标记涂打

（1）零部件检修标记

站修装用的摇枕、侧架、弹簧托板、横跨梁、各型风缸、制动缸、承载鞍、人力制动机、交叉支撑装置及闸调器等零部件，须按要求在非磨耗部位涂打装车标记，如图 3-42 所示。

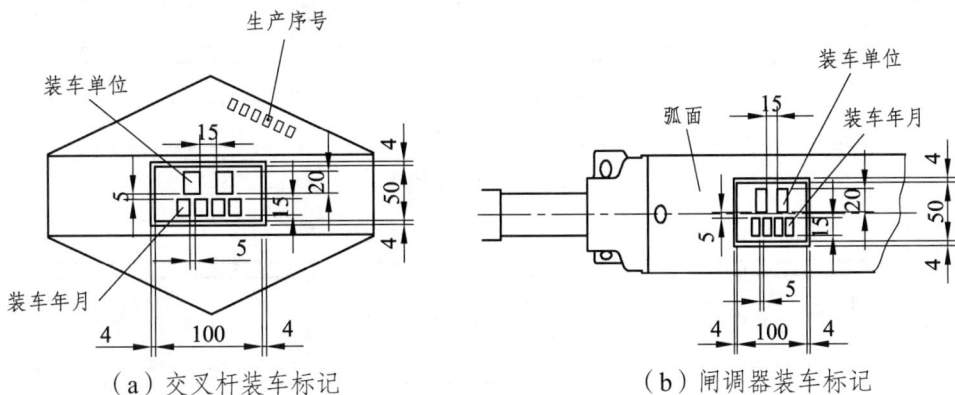

（a）交叉杆装车标记　　　　　　　（b）闸调器装车标记

图 3-42　装车标记

（2）临修、辅修标记

铁路货车技术性能标记和检修标记规格、位置等须符合《铁道车辆标记一般规则》《铁道车辆标记文字与文体》规定及图样要求。装运酸碱类货物罐车及运输危险品专用车辆，按《铁路危险货物运输管理规则》等有关规定涂打标记。铁路货车标记须使用字模涂打，且位置正确、字体规范，并保证定检期内字迹清楚，临修标记须保留到下次段修到期。第一次临修单位须在车体两端端梁右侧按图 3-43 所示涂打临修标记栏，距下端梁上边缘向下 20 mm 处横向涂打，内容包括序号、空重别、临修日期、临修单位。空、重车分别涂打"K"或"Z"，临修日期涂打修理年、月、日，临修单位须涂打站修作业场简称，字号均为 20 号；下次临修单位应在上次临修标记的上方顺序涂打相应的内容；当右侧临修标记栏涂打满后，再次临修单位须在车体两端端梁左侧对应位置附近涂打相同的临修标记栏。

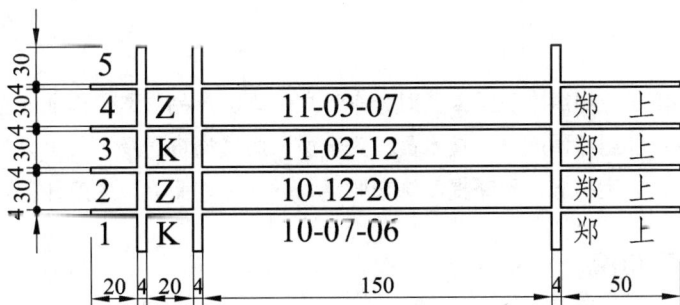

图 3-43　临修标记图例

辅修标记的形式应符合规定。涂打辅修标记时，时间的月、日均为 2 位阿拉伯数字，辅修单位须涂打站修作业场简称，标记字号为 30 号。段修周期为 1 年者按图 3-44 涂打，段修周期为 1.5 年、2 年者应按图 3-45 涂打。

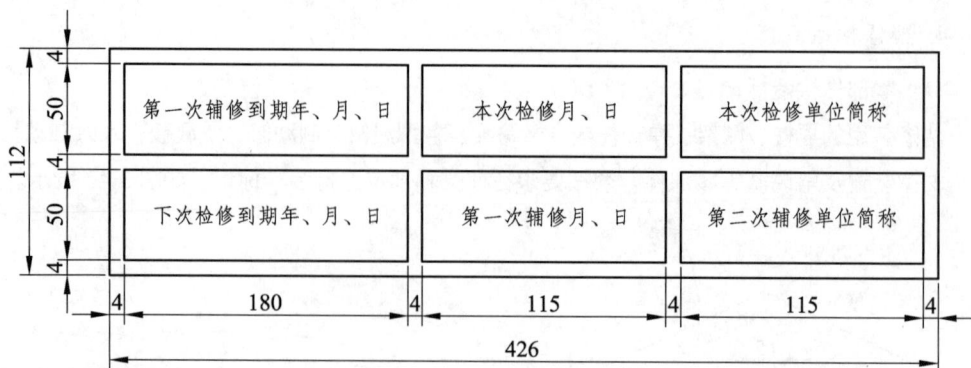

图 3-44　辅修标记

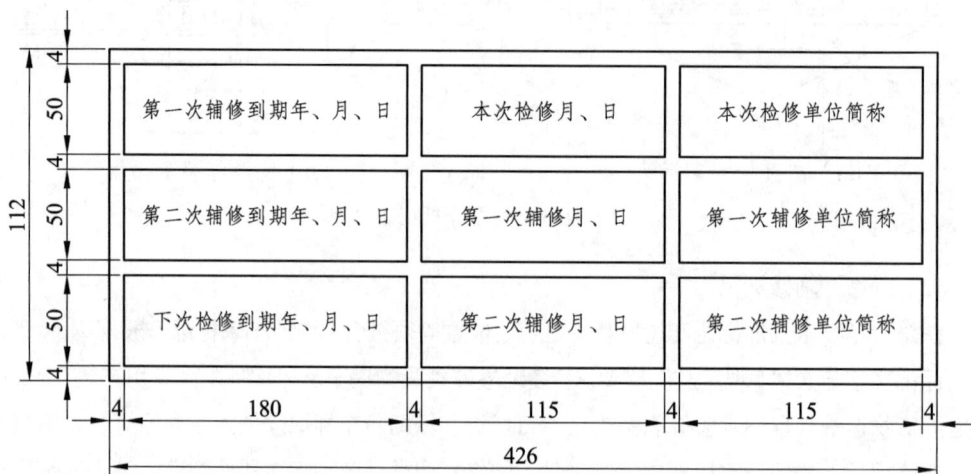

图 3-45　辅修标记

5. HMIS 数据录入

HMIS 数据录入

（四）完工分析

完工后，各工长应组织本班组人员对修车计划兑现、产品质量、作业安全等情况进行总结。站修作业场主任组织调度员、技术员、安全员、质量检查员及工长等人员，分析当日生产计划完成情况，制定措施，不断提高修车质量，并保证均衡完成生产任务。

拓展知识

站修责任事故案例

（一）案例一：基础制动装置配件安装位置错误导致车辆抱闸

事故概况：2013 年 4 月 11 日某货物列车（编组 46 辆）运行至北京局京九线枣强站至大营镇站 K304 + 407 m 处，因机后 8 位 P62NK 3318497 基础制动装置配件安装位置错误导致车辆抱闸，构成铁路交通一般 D 类事故（D10）。

事故原因：该车制动缸推杆组装圆销和闸调器控制杠杆支点组装圆销之间的连接板组装错位，如图 3-53 所示。

图 3-53　连接板组装错位

事故教训：一是段修单位检修工艺标准不落实造成配件错装，质检、验收未及时发现故障；二是临修单位故障处理不到位，漏检配件错装故障；三是列检人员不掌握配件的正确安装位置，现场作业未发现配件错装问题。

（二）案例二：地板破损导致甩车

事故概况：2016 年 4 月 26 日 4 时 02 分，某货物列车（编组 45 辆）运行至乌鲁木齐局南疆线库尔勒站内，因机后 28 位 P70 3800445 地板破损 570 mm×400 mm 甩车处理，构成铁路交通一般 D 类事故（D10）。

事故原因：车辆临修质量不高，临修后仍然有地板破损（见图 3-54）；野蛮装车对地板造成进一步损坏。

图 3-54　地板破损

事故教训：一是临修质量卡控不到位；二是违规野蛮装卸问题突出且造成车辆损坏问题后隐瞒不报；三是车务部门对装车过程未进行监控。

（三）案例三：车钩防跳失效导致列车分离

事故概况：2012 年 2 月 25 日 20 时 57 分，某货物列车（编组 52 辆）运行至西安局襄渝线达州站至双龙间站 K581+576 m 处，因机后 51 位 C62BK 4651089 与机后 52 位 C62BT 46681842 发生车钩分离，构成铁路交通一般 D 类事故（D8）。

事故原因：机后 52 位 C62BT46681842 车钩防跳间隙 13 mm、钩舌锁面磨耗 3.6 mm、锁铁立面等部位均磨耗超过运用限度，防跳失效（见图 3-55）。

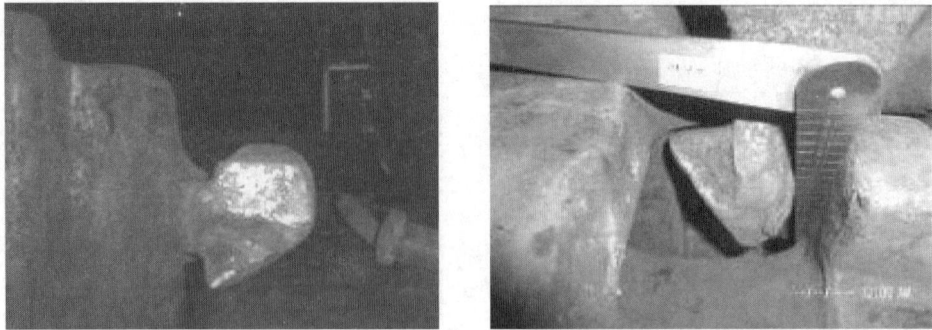

图 3-55 车钩防跳失效

事故教训：一是未严格落实临修时车钩工艺标准及质量要求；二是质检、验收对临修车辆检修质量卡控失效；三是车辆段对临修质量管理不到位。

（四）案例四：车钩高度超限导致列车分离

事故概况：2015 年 12 月 15 日 6 时 54 分，某货物列车（编组 53 辆）行至太原局北同蒲线原平站至唐林岗站 K228＋80 m 处，因机后 17 位 C62BK 4652493 现车 1 位车钩钩高超限，发生列车分离，构成铁路交通一般 D 类事故（D8）。

事故原因：因 C62BK 4652493 现车 1 位车钩中心高超出运用限度，而相邻车 C70 1619573 现车 1 位车钩相对较低，列车在运行中的纵向力在 17 位车辆 2 位车钩与 16 位车辆 1 位车钩形成较大扭矩，并分解成对 C62BK 4652493 车辆 2 位车钩的向上力，和 C70 1619573 1 位车钩的向下力，造成 C62BK 4652493 1 位车钩从 C70 1619573 1 位车钩上方脱出，如图 3-56 所示。

图 3-56 车钩高度超限

事故教训：一是临修更换车钩垫板后未认真测量车钩高度，导致 1 位车钩钩高超出了运用限度；二是临修无相关记录，无法追溯临修车钩高度检测数据。

（五）案例五：车门开放刮坏行车设备

事故概况：2017 年 5 月 27 日 5 时 31 分，某货物列车（编组 53 辆）运行至西安局襄渝线安康东站Ⅲ场 3 道处，因机后 25 位 C62BT 4658342 现车 1 位中门开放刮坏安康东站Ⅲ场 2 道反方向出发信号机，构成铁路交通一般 C 类事故（C16）。

事故原因：该车 1 位中门锁闭杆中部变形，锁闭功能失效，造成列车运行中锁杆手把脱出，锁杆手把脱出后失去对中门锁铁向上窜动的制约作用，由于列车运行中的振动，导致中门锁铁向上窜动，当锁铁向上窜动至一定位置后，由于锁铁的偏心设计且下部为圆弧形，锁铁上部会向外翻转离开门板，此时锁铁因为振动导致锁铁完全翻下造成开锁，如图 3-57 所示。

图 3-57　车门开放刮坏信号机

事故教训：一是检修作业未严格落实临修时的检查、维修工艺标准及质量要求；二是三检一验工作落实不到位，未及时发现中门锁闭杆中部变形存在的安全质量问题。

能力自评

能力自评见表 3-25。

表 3-25　能力自评

自评内容	学习效果		
	☺	😐	☹
站修作业场的主要任务			
站修"三检一验"制度			
简述站修修车作业程序			

任务七　铁路货车运行安全监控系统

学习目标

1. 知识目标

（1）熟知铁路货车 5T 系统功能。

（2）学会使用铁路货车 5T 系统。

（3）掌握铁路货车 5T 系统故障预报处置流程。

2. 能力目标

（1）培养自主学习的习惯和能力。

（2）培养动手能力、空间理解能力、沟通能力和团队协作能力。

（3）培养逻辑思维和处理信息的能力。

3. 素质目标

（1）培养学习者的科学文化和专业素质。

（2）树立学习者良好的职业道德和劳动安全思维。

（3）根植维护铁路运行安全红线意识，培养服务大众出行的责任感和大国工匠精神。

教学建议

（1）建议在实训室和多媒体教室实施理实一体化教学。

（2）建议教学时长 2 学时。

教学资源

车辆轴温智能探测系统

货车故障轨边图像检测系统

学习内容

铁路货车运行安全监控系统按照国铁集团统一规划，不断优化和完善探测站布局，实现探测站、铁路局集团公司、国铁集团三级联网，列检作业场、车辆段、铁路局集团公司三级复示应用，满足点线成网、跟踪运行、局间互控的需求。

货车安全防范系统是车辆运行安全监控系统的重要组成部分，主要由车辆轴温智能探测系统（THDS）、货车故障轨边图像检测系统（TFDS）、车辆运行品质轨边动态监测系统（TPDS）、车辆滚动轴承故障轨边声学诊断系统（TADS）和货车轮对尺寸动态检测系统（TWDS）等组成。

一、车辆轴温智能探测系统（THDS）

THDS 运用红外线辐射探测、计算机和网络通信等技术，具备实时监测运行车辆轴温、智能跟踪和热轴自动报警等基本功能。THDS 探测站沿铁路线路平均距离 30 km 设置，特殊情况不超过 35 km。列检作业场所在车站进站信号机外均须安装，且须具备内、外探测功能。其由探测站、复示终端及通信网络等组成，设备全路联网运行，探测信息全路共享。THDS 探测站轨旁设备如图 3-58 所示。

图 3-58　THDS 探测站轨旁设备

（一）THDS 预报标准

THDS 预报标准分为热轴故障预报和疑似抱闸预报，热轴故障预报按不同程度的热轴故障，由低到高分为微热、强热、激热三个等级；疑似抱闸预报分为一级、二级。

（二）THDS 预报原则

按照"微热跟踪，强热前方车站停车，激热立即停车"的原则，微热由系统自动跟踪。铁路局集团公司红外线调度员负责强热、激热铁路货车的预报，THDS 动态检车员负责本站人机分工、人工检查作业列车的微热预报，疑似抱闸的预报原则由各铁路局集团公司根据实际制定。

（三）THDS 复示终端界面

列车通过后有微热车辆时，系统自动报警。THDS 复示终端界面如图 3-59 所示，THDS 报警信息界面如图 3-60～图 3-62 所示。

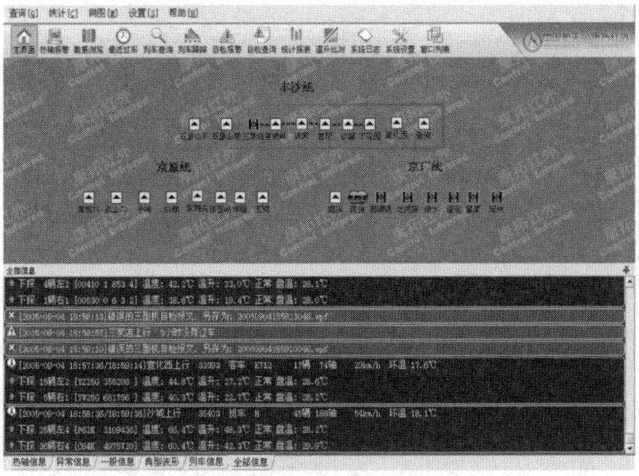

图 3-59　THDS 复示终端界面

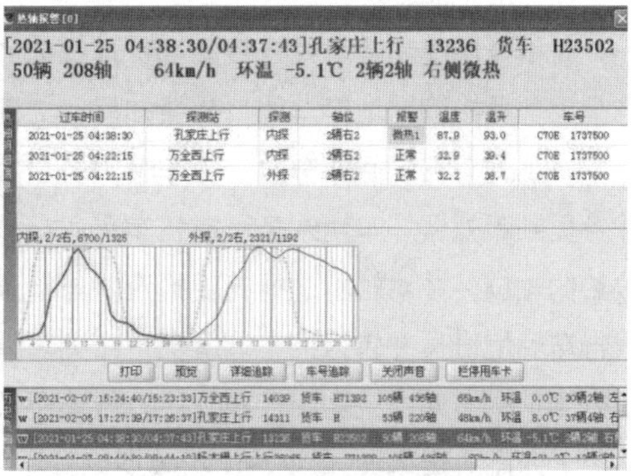

图 3-60　THDS 报警微热界面

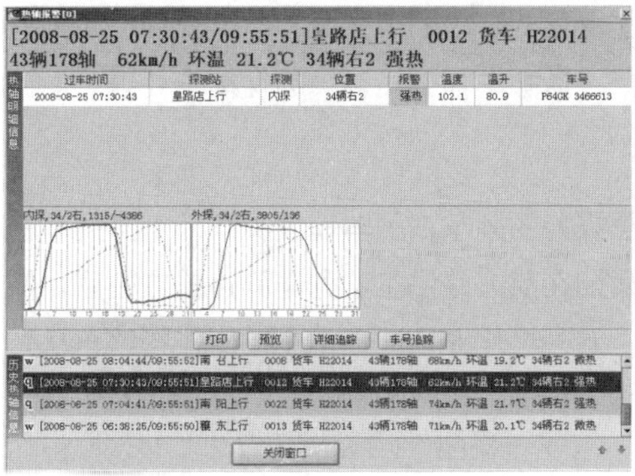

图 3-61　THDS 报警强热界面

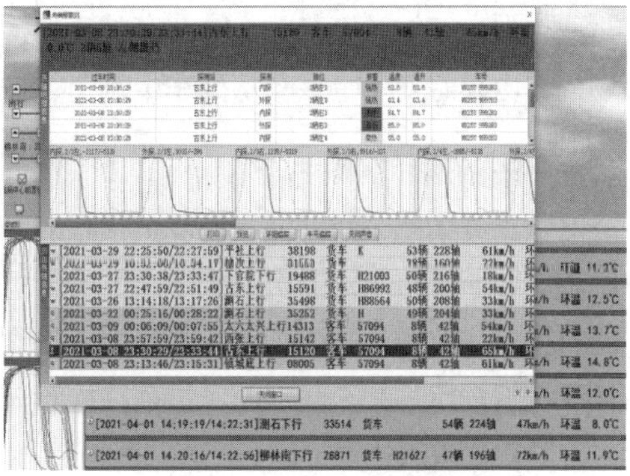

图 3-62　THDS 报警激热界面

（四）THDS 预报程序

1. THDS 强热、激热预报程序

（1）对强热、激热报警信息，铁路局集团公司红外线调度员立即进行分析和确认，经确认的强热、激热信息使用语音记录装置良好的电话按标准用语通知列车调度员，明确处置要求，同时列车调度员在行调复示终端上点击确认，并按处置要求及时进行相应的行车调度指挥。

（2）红外线调度员电话通知列车调度员后，填写《铁路货车运行安全监控系统拦停通知卡》，由列车调度员签字确认。同时，及时将热轴报警后的处置情况通知铁路局集团公司车辆调度员。铁路局集团公司车辆调度员及时安排车辆段按规定处理热轴铁路货车。

（3）报警信息中列车车次和铁路货车车号不清的，由铁路局集团公司红外线调度员联系列车调度员确认车次和车号等信息。

2. THDS 微热预报程序

对采取人工检查或人机分工检查方式进行列检作业的到达、中转列车，THDS 动态检车员将微热报警信息通知列检值班员，由列检值班员通知检车员。

3. 疑似抱闸预报程序

对疑似抱闸预警车辆的预报程序由各铁路局集团公司根据实际制定。

THDS 报警
处理办法

（五）THDS 处置要求

1. THDS 激热处置要求

对铁路局集团公司红外线调度员预报的激热报警的列车，列车调度员立即安排就地停车；机车乘务员接到就地停车的口头通知后，立即停车。

（1）列车在区间停车时，由车辆乘务员负责检查、判断和处置，无车辆乘务员的由机车乘务员判断处置。车辆乘务员或机车乘务员按照激热报警信息确定激热铁路货车编组位置和激热的轴位，并对轴承进行外观检查。当检查确认轴承外观无异状，可以继续运行时，及时报告车站值班员并转报列车调度员，由列车调度员发布调度命令，限速不超过 25 km/h 就近运行到前方车站，或司机按照规定以限速不超过 15 km/h 退行至后方车站。当检查发现轴承变色（变蓝或变红）、冒烟、外圈破损或变形、前盖丢失或变形、外圈存在新圆周磨痕、密封罩脱出等异状时，及时报告车站值班员并转报列车调度员，启动区间激热拦停应急处理预案。

（2）列车在站内停车时，停车车站有列检作业场的，由列检人员检查、处理；无列检作业场的，由车站安排将该车从列车中摘下，按规定通知车辆部门派员前往检查处理。

2. THDS 强热处置要求

对铁路局集团公司红外线调度员预报的强热报警的列车，列车调度员立即安排列车在前方站停车并通知机车乘务员；机车乘务员根据通知在前方站停车。列车到达前方站后，停车车站有列检作业场的，由列检人员检查、处理；无列检作业场的，由车站安排将该车从列车中摘下，按规定通知车辆部门派员前往检查处理。

3. THDS 微热处置要求

检车员对微热报警的轴承进行轴温测量和起轴转动检查，对温升超过规定或转动检查有问题的扣车处理，并将检查处理结果报告列检值班员。

4. 疑似抱闸处置要求

对疑似抱闸预警车辆的处置要求由各铁路局集团公司根据实际制定。

5. 设备故障处置要求

当 THDS 探测站预报微热、下一个 THDS 探测站遇有以下情况时，按强热预报处理。对采取人工检查或人机分工检查方式进行列检作业的到达、中转列车，列检作业场 THDS 探测站遇有以下情况时，安排检车员对未正常探测的铁路货车进行人工轴温检查。

① THDS 发生临时故障。

② THDS 受到干扰出现异常。

③ 列车在 THDS 探测站调速或停车影响探测。

④ 因停电、维修、线路施工及其他因素等造成 THDS 无法探测。

（六）列检作业场人工轴温检查

列检作业场对采取人工检查或人机分工检查作业方式进行列检作业的到达、中转列车中有轴箱滚动轴承和因铁路货车结构轴承底部有遮挡的无轴箱滚动轴承铁路货车进行人工轴温检查。

人工轴温检查使用具备数据存储功能的便携式红外线测温仪，检查部位为：无轴箱滚动轴承为轴承外圈底部、前后排滚子所处外圈相应部位的运行方向后侧；有轴箱滚动轴承为轴箱前盖里侧轴箱体上部。发现轴温异常或外观异状，转动检查。

（七）THDS 信息反馈

对无列检作业场的车站摘下的热轴铁路货车，列检人员及时到达甩车车站进行热轴故障检查和图像采集，并将检查结果报车辆段调度员，车辆段调度员分别向铁路局集团公司红外线调度员、车辆调度员报告；铁路局集团公司红外线调度员在发生时刻起 24 h 内将检查处理结果录入 THDS。

对有列检作业场的车站摘下的热轴铁路货车，列检作业场及时进行热轴故障检查和图像采集，并将检查结果报告车辆段调度员，车辆段调度员分别向铁路局集团公司红外线调度员、车辆调度员报告。铁路局集团公司红外线调度员在发生时刻起 6 h 内将检查结果录入 THDS。

（八）换轮处理要求

对车站摘下的 THDS 预报热轴铁路货车，更换轮轴处理；对不具备更换轮轴条件的车站，车辆段在确保安全的前提下制定铁路货车限速运行方案，运行到就近地点进行更换。

热轴铁路货车更换轮轴后，在规定的时间内将热轴轮轴送车辆段检修车间进行轴承退卸、分解，形成《THDS 热轴轴承故障诊断分析报告》，并妥善保存轴承故障损品。有关退卸和分析结果、故障数码照片自系统预警之日起 10 日内录入 TIIDS。

二、货车故障轨边图像检测系统（TFDS）

TFDS 运用高速数字图像采集、计算机和网络通信等技术，具备在列车运行状态下采集显示货车有关部件图像、自动判别部分货车故障等基本功能。TFDS 由探测站、列检或动态检查作业场复示终端、通信网络等组成。其中，探测站根据动态检查作业的需要设置，布点平均距离为 300 km，距列检作业场不小于 10 km，其轨旁设备如图 3-63 所示。

图 3-63　TFDS 探测站轨旁设备

动态检查作业按照"直通优先、先开优先"的原则安排检查顺序，每列车的动态检查作业由 1 个动态检车组完成。TFDS 作业界面分为菜单区、图片区、基本信息操作区，如图 3-64 所示。

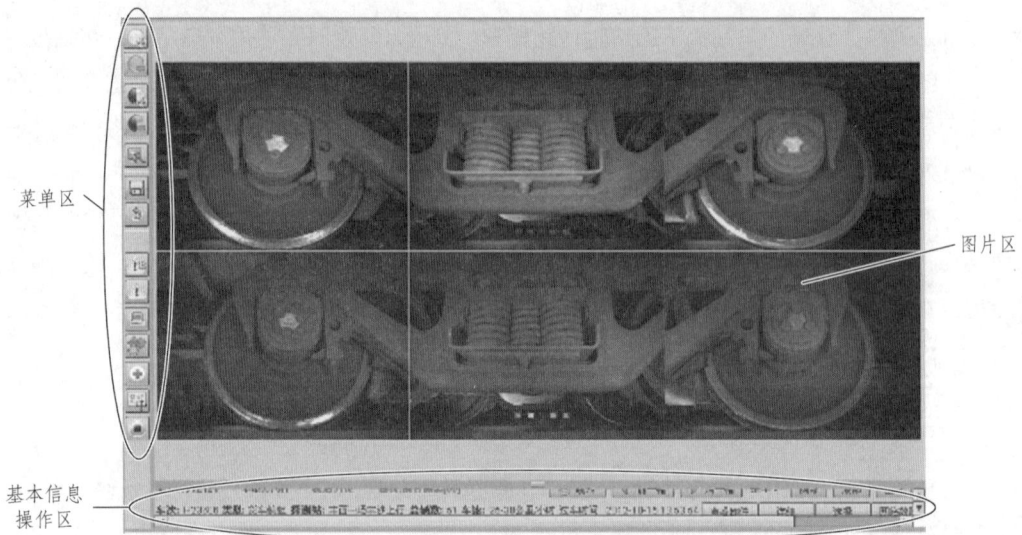

图 3-64　TFDS 作业平台系统界面

（1）菜单区具备调整图像亮度、对比度、参数设置等功能。

（2）图片区占检查终端界面的主要位置，主要显示车辆的图像、轴位信息，具备单张图片全屏、图像局部放大功能。

（3）基本信息操作区包括探测站名称、列车通过时间、车次、编组辆数、编挂位置、车种、车型、车号等内容，并具备前一幅、后一幅、跳转、选择等按钮，前一幅、后一幅按钮用于切换到前一幅或后一幅要检查的部件图片，跳转按钮用于快速切换到同一列车中任意一辆车的某个部件图像，选择按钮用于选择存储的过车信息，可实现按车号、车次查询选择。

（一）TFDS 作业流程

动态检车员利用 TFDS 作业平台对各部件图片进行分析判断，检查部件分为侧架部、制动梁摇枕部、车钩缓冲部、中间部、车体部、互钩差部、中间部侧部。

1. 侧架部

侧架部分为前台侧架部及后台侧架部，主要检查侧架、车轮、轴承、承载鞍、摇枕、摇枕弹簧、交叉杆及端部螺栓、横跨梁及螺栓、挡键、闸瓦及闸瓦插销、人力制动机拉杆及链、地板、防火板等车辆部件。侧架部如图 3-65 所示。

图 3-65　侧架部

2. 制动梁摇枕部

制动梁摇枕部分为前台制动梁摇枕部及后台制动梁摇枕部，主要检查车轮、闸瓦、闸瓦插销及环、安全索、摇枕、摇枕弹簧、交叉杆、交叉杆盖板及螺栓、下心盘及螺栓、制动梁及安全链吊、集成制动装置闸调器、基础制动装置拉杆、杠杆、脱轨自动制动阀拉环及塞门、横跨梁、地板、人力制动拉杆等车辆部件。制动梁摇枕部如图 3-66 所示。

图 3-66　制动梁摇枕部

3. 车钩缓冲部

车钩缓冲部，主要检查车钩、制动软管、防跳插销、折角塞门、钩提杆、钩尾框、钩尾框托板及螺栓、钩尾销、钩托梁、缓冲器、从板、脱轨自动制动装置、横梁、端墙板、地板、车轮、人力制动机、各空气制动管路及法兰、螺栓等车辆部件。车钩缓冲部如图 3-67 所示。

图 3-67　车钩缓冲部

4. 中间部

中间部，主要检查脱轨自动制动装置、车轮、地板、各梁、标签、基础制动装置杠杆、拉杆、空气制动管路及法兰和螺栓、人力制动机拉杆及吊架、各风缸及吊架、阀及吊架、缓解阀拉杆及开口销、闸调器、截断塞门、远心集尘器等车辆部件。中间部如图 3-68 所示。

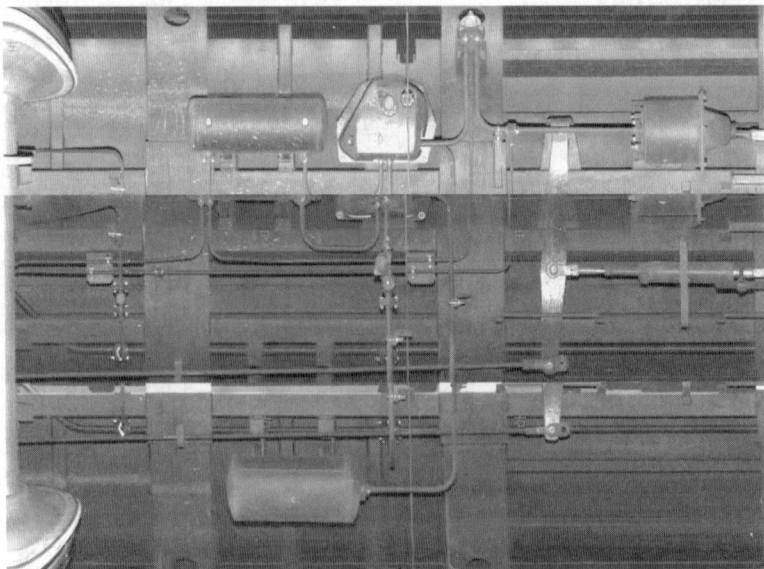

图 3-68　中间部

5. 车体部

TFDS-3 设备具备车体部探测功能，主要检查车门、车窗、车门折页、车门锁闭装置、墙板、门板、罐车卡带、车梯扶手、车门滑道等车辆部件。车体部如图 3-69 所示。

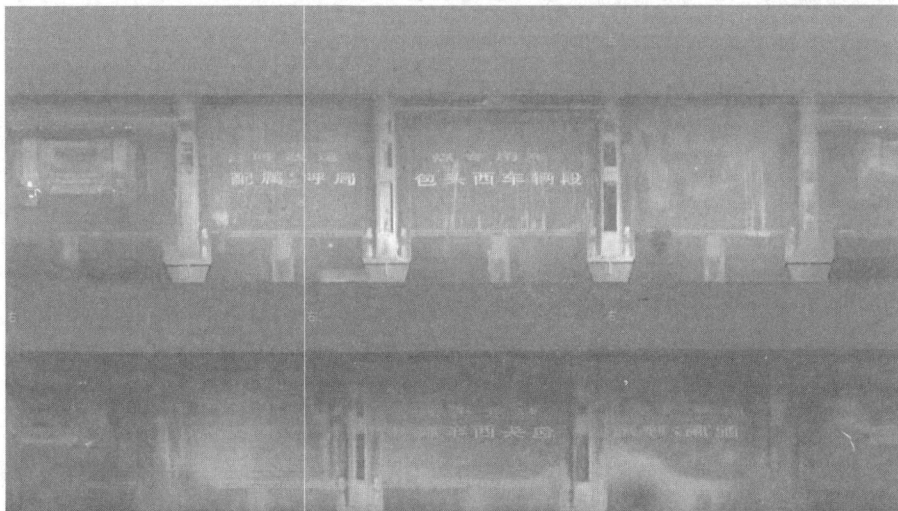

图 3-69　车体部

6. 互钩差部

互钩差部，主要检查车钩及连接状态、钩托梁、端墙板、钩提杆、防跳插销、人力制动机拉杆及链、脚蹬等车辆部件。互钩差部如图 3-70 所示。

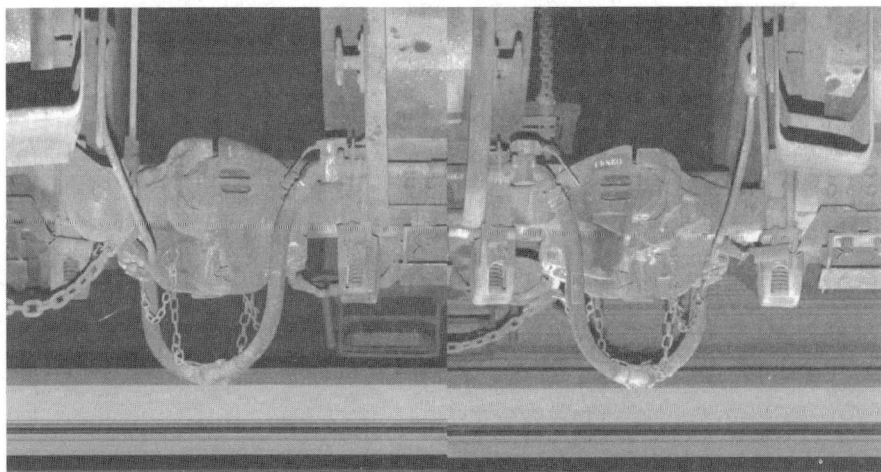

图 3-70　互钩差部

7. 中间部侧部

中间部侧部，主要检查地板、风管路及法兰和螺母、各风缸及吊架、各阀等车辆部件。中间部侧部如图 3-71 所示。

图 3-71　中间部侧部

（二）TFDS 车辆故障预报程序

动态检车员在检查作业时，应将疑似故障局部放大，确认后用红色线条的方形框标出故障部位，按规定选录正确的故障名称，自动将故障图片和列车车次、过车开始时刻、编挂位置、车种、车型、车号、故障名称、故障提交人、故障发现时刻等信息提交到动态检车组长作业终端，动态检车组长对提交的故障进行复核。

1. 拦停故障预报程序

动态检查作业发现"通过作业 TFDS 动态检查范围和质量标准"范围内的故障和其他危及行车安全的故障，按照"先报告后提交"的原则，向铁路局集团公司红外线调度员进行预报拦停，办理拦停手续。

（1）TFDS 动态检车员立即口头报告动态检车组长，由动态检车组长快速判断确认后，立即将需要拦停的车次、故障铁路货车编挂位置和车种、车型、车号、故障等情况通知铁路局集团公司红外线调度员。

（2）铁路局集团公司红外线调度员通知列车调度员立即安排就地停车，同时填写《铁路货车运行安全监控系统拦停通知卡》，送列车调度员签字确认。

（3）列车调度员接到拦停列车的信息后，立即安排列车就地停车。

（4）机车乘务员接到就地停车的口头通知后，立即停车。列车在区间停车时，由车辆乘务员负责确认，无车辆乘务员的由机车乘务员负责确认，按照拦停信息确定故障铁路货车编组位置，并确认能否继续安全运行到车站，可以继续运行的，及时报告车站值班员并转报列车调度员，根据口头指示，运行到前方车站或退行至后方车站；不能继续运行的，铁路局集团公司启动应急处置预案。列车在有列检作业场的车站停车时，由车辆段调度员通知列检作业场确认、处理；无列检作业场的，由车站安排将该故障铁路货车从列车中摘下，车辆段调度员通知列检作业场确认、处理。

（5）列检人员将预报拦停的故障确认、处理结果反馈给列检值班员，列检值班员报车辆段调度员和动态检车组长，动态检车组长将故障处理方式、处理人、处理时间等内容，自故障发生时刻起 24 h 内录入 TFDS，车辆段调度员报铁路局集团公司红外线调度员和车辆调度员。

2. 列检作业场故障预报程序

对到达、中转作业的列车，动态检车组长将每列预报确认的故障信息复核后通知列检值班员。列检值班员以辆为单位向现场预报，检车员确认、处理后，将结果报告列检值班员，列检值班员核对、汇总后反馈给动态检车组长，动态检车组长确认故障处理方式、处理人、处理时间等内容，并录入 TFDS。

（三）设备故障处置要求

TFDS 发生丢图、窜图、曝光等故障及停机、停电、设备检修等无法正常进行动态检查时，实行人机分工检查方式的列车，安排人工补充检查；实行动态检查方式的列车，只对能正常探测的部位进行动态检查。

三、车辆运行品质轨边动态监测系统（TPDS）

TPDS 运用轮轨垂向力和横向力检测分析、计算机和网络通信等技术，具备实时监测运行货车的车轮踏面、运行品质、超偏载状态和自动报警等基本功能。TPDS 由探测站、复示终端及通信网络组成，探测站在进入列检作业场的前方铁路线路设置，布点平均距离为400 km，其轨旁设备如图 3-72 所示。

图 3-72　TPDS 探测站轨旁设备

（一）TPDS 预报标准

TPDS 预警信息由车轮踏面损伤预警、运行品质预警和超偏载预警组成。报警等级使用颜色区分，一级为红色，二级为橙色，三级为黄色。

（1）车轮踏面损伤预警。根据车轮踏面损伤程度由重到轻顺序分为一级、二级、三级。

（2）运行品质预警。根据全路各探测站联网综合评判，达到标准时，即报警为运行品质预警。

（3）超偏载预警。根据超载吨数、偏载尺寸、偏重吨数由重到轻顺序分为一级、二级。

（二）TPDS 复示终端界面

列检复示终端界面分为"TPDS 过车实时监控"与"全路踏面损伤及运行状态预警车辆名单"上下两部分。复示终端界面如图 3-73 所示，轮轴故障如图 3-74 所示。

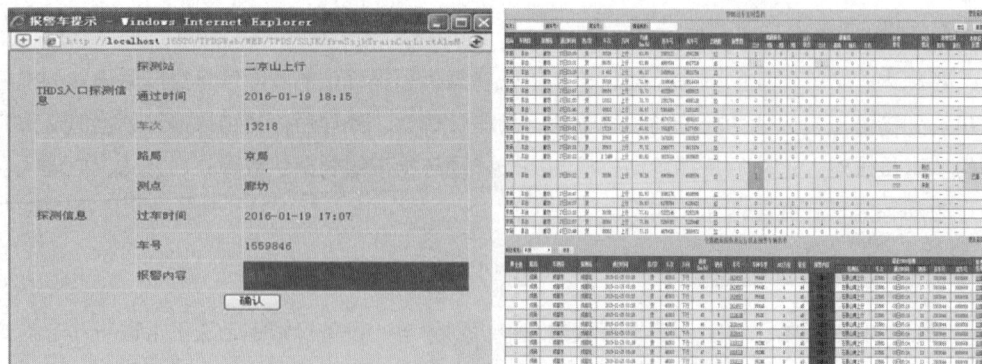

图 3-73　TPDS 复示终端界面

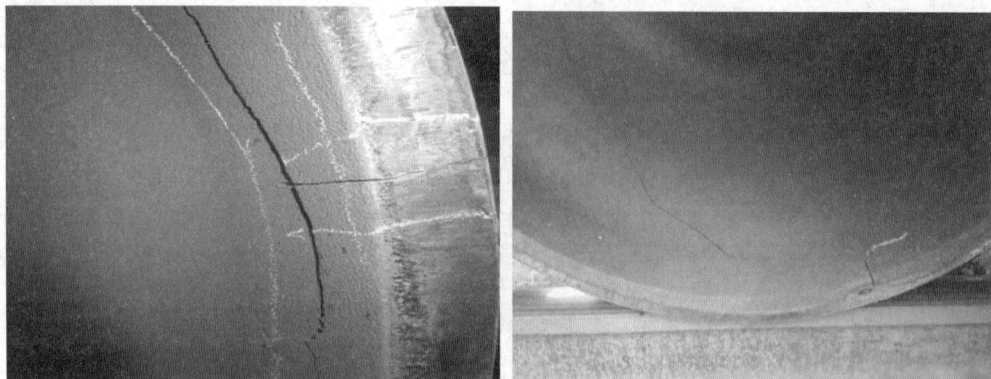

图 3-74　轮轴故障

TPDS 过车实时监控。以列车为单位，显示经过 TPDS 探测站检测并且可能经过本列检作业场的 TPDS 检测信息以及相关处理单位的处理信息。

全路踏面损伤及运行状态预警车辆名单，以轮位为单位，显示经过本列检入口处的 THDS（即可能进入本列检）的、在全路 TPDS 探测站预报踏面损伤报警及运行状态预警且未扣修的车辆信息。

（三）TPDS 预报程序

1. 车轮踏面损伤及运行品质预警预报程序

采取人机分工检查或人工检查方式进行列检作业的到达、中转列车，TPDS 动态检车员查看该列车车轮踏面损伤及运行品质预警信息，将预警信息报文内容通知列检值班员，由列检值班员通知检车员进行处理。对到达列车中踏面损伤一级预警或运行品质预警铁路货车，立即扣车；对其他踏面损伤预警铁路货车车轮进行检查，车轮踏面擦伤、剥离、局部凹下、缺损超限或车轮辐板、轮辋裂损、车轮踏面碾堆的，扣车处理。检车员将检查处理情况报列检值班员，列检值班员核对后通知 TPDS 动态检车员将预警铁路货车的检查和处理结果录入TPDS。

2. 超偏载预报程序

铁路局集团公司红外线调度员对 TPDS 预报超偏载一级预警的铁路货车，在排除设备误报的情况后，立即将车次、编组辆数、预警时间、TPDS 探测站、辆序、车种、车型、车号、预报类别等内容通知列车调度员，并填写《超偏载铁路货车通知卡》送列车调度员，双方签字。列车调度员接到红外线调度员的通知后，按要求立即安排列车在运行前方站停车，并通知有关车站或货运部门；被通知单位对预报的铁路货车按规定程序确认和处理；被通知单位要将处理情况（是否换装整理）通知列车调度员，列车调度员将处理情况反馈红外线调度员；红外线调度员将车次、辆序、车种、车型、车号、预报类别、预报时间、是否甩车换装等内容录入 TPDS。

四、车辆滚动轴承故障轨边声学诊断系统（TADS）

TADS 运用声学诊断、计算机和网络通信等技术，具备实时监测货车滚动轴承早期故障、联网综合评判和自动报警等基本功能。TADS 由探测站、复示终端及通信网络组成，探测站在进入列检作业场的前方铁路线路设置，布点平均距离为 500 km，其轨旁设备如图 3-75 所示。

图 3-75　TADS 探测站轨旁设备

（一）TADS 预报标准

TADS 预警信息包括单次预警信息和联网预警信息。

1. 单次预警

根据轴承故障的严重程度由重到轻顺序分为一级、二级、三级，报警等级使用颜色区分，一级为红色，二级为橙色，三级为黄色。

2. 联网预警

全路联网综合报警达到规定标准时，终端自动显示报警信息。

（二）TADS 复示终端界面

列检复示终端界面分为最近过车、联网综合报警和单次 1 级报警、全路 TADS 报警轴承信息、探测站监测网络图、设备状态五部分。复示终端界面如图 3-76 所示，轴承故障如图 3-77 所示。

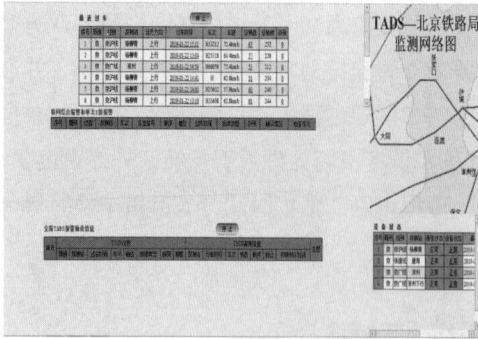

图 3-76 TADS 复示终端界面

图 3-77 轴承故障

（1）最近过车。显示最近通过的正常列车信息。

（2）联网综合报警和单次 1 级报警。显示经过 TADS 探测站的 TADS 联网综合报警和单次 1 级报警信息。

（3）全路 TADS 报警轴承信息。显示 TADS 网络化预报推送给本列检单位 10 h 内的轴承信息。

（4）探测站监测网络图。显示 TADS 探测站的安装位置，并能够实时动态显示过车信息。

（5）设备状态。显示 TADS 探测站的运行状况，包括通信状态和设备状态。

（三）TADS 预报程序

对采取人机分工或人工检查方式进行列检作业的到达、中转列车，TADS 动态检车员查看该列车 TADS 预警信息，将一级预警或联网预警信息报文内容通知列检值班员，由列检值班员通知检车员进行处理。对到达列车中一级预警或联网预警铁路货车立即扣车；对其他列车中一级预警或联网预警铁路货车的预警轴承进行转动检查，确认有故障时应扣车处理。检车员将检查处理情况报列检值班员，列检值班员核对后通知 TADS 动态检车员将预警铁路货车的检查和处理结果录入 TADS。

（四）TADS 轴承故障分解

1. 轮轴退卸、鉴定

故障铁路货车送站修作业场更换轮轴后，及时将故障轮轴送至车辆段对故障轴承进行退卸、鉴定分析，形成《TADS 预警轴承故障诊断分析报告》，并妥善保存轴承故障损品。

2. 退卸、鉴定信息反馈

有关退卸和分析结果、故障照片自系统预警之日起 10 日内录入 TADS。

五、货车轮对尺寸动态检测系统（TWDS）

TWDS 是采用基于 CCD（电荷耦合元件）的激光断面探测技术和高精度二维激光位置检测技术，具备在列车运行状态下测量铁路货车轮缘厚度、轮缘高度、车轮直径、轮对内侧距、轮辋厚度、踏面圆周磨耗、轮缘垂直磨耗功能。TWDS 由探测站、复示终端及通信网络组成。探测站在进入列检作业场的前方铁路线路设置，布点平均距离为 400 km，其轨旁设备如图 3-78 所示。

图 3-78　TWDS 探测站轨旁设备

（一）TWDS 预警内容

TWDS 预警信息包括轮缘垂直磨耗预警、踏面圆周磨耗预警、轮缘厚度预警、轮辋厚度预警等。

（二）复示终端界面

行车报表位于中间明显位置，可以显示过车时间、探测站、行车方向、速度、辆数、轴数、运行状态、报警数目等，如图 3-79 所示。

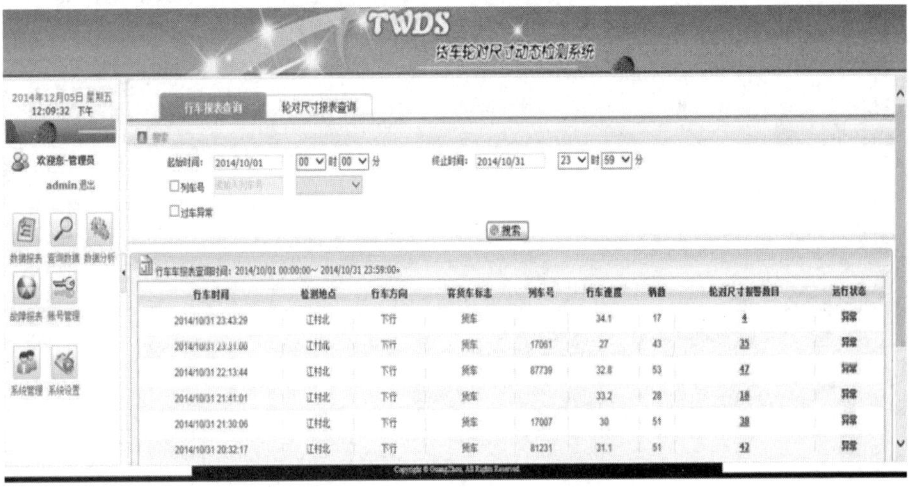

图 3-79　TWDS 复示终端界面

（三）TWDS 预报程序

TWDS 动态检车员对采取人机分工检查或人工检查方式进行列检作业的到达、中转列车，查看每列车的 TWDS 预警信息，将预警信息报文内容通知列检值班员，由列检值班员通知检车员进行处理。检车员对预警铁路货车车轮进行检查，车轮轮缘垂直磨耗、踏面圆周磨耗深度、轮缘厚度、轮辋厚度超限的，扣车处理。检车员将检查处理情况报列检值班员，列检值班员核对后通知 TWDS 动态检车员将预警铁路货车的检查和处理结果录入 TWDS。

拓展知识

HMIS 运用子系统

能力自评

能力自评见表 3-26。

表 3-26 能力自评

自 评 内 容	学 习 效 果		
	☺	☻	☹
铁路货车运行安全监控系统包含哪些子系统			
简述货车 5T 系统的作用			
THDS 预报内容及要求有哪些			
TFDS 主要检查车辆上哪些部位			

实操一　货车单车技术检查作业

🎯 学习目标

1. 知识目标

（1）熟知铁路货车运用限度。

（2）掌握列检作业责任划分原则。

（3）学会货车单车技术检查作业方法。

（4）能准确叙述出车辆故障名称及部位。

2. 能力目标

（1）培养自主学习的习惯和能力。

（2）培养动手能力、空间理解能力、沟通能力和团队协作能力。

（3）培养逻辑思维和处理信息的能力。

3. 素质目标

（1）培养学习者的科学文化和专业素质。

（2）树立学习者良好的职业道德和劳动安全思维。

（3）根植维护铁路运行安全红线意识，培养服务大众出行的责任感和大国工匠精神。

🔧 教学建议

（1）建议在实训室和多媒体教室实施理实一体化教学。

（2）建议教学时长 6 学时，其中实践操作 4 学时。

📚 教学资源

货车单车技术检查作业

✏️ 学习内容

铁路货车单车技术检查是铁路货车检车员必须具备的基本功，要求检车员必须熟练掌握货车单车技术检查的步骤、方法和作业内容，熟知相关运用限度，以保证铁路运输安全。

一、工装设备及检测器具

带反光带的黄蓝色长袖上衣、蓝色长裤、带反光带的黄色工作帽、臂章、劳保鞋、带反光条分体式雨衣、长筒雨鞋、活动扳手、检查锤、检车灯、磁性防护红旗、频闪式防护红灯、对讲机、便携式红外线测温仪、车统-15A、车轮检查器、卷尺、作业记录仪等，如图 3-94 所示。

图 3-94　工装设备及检测器具

二、铁路货车运用限度

（一）铁路货车车体运用限度表（见表 3-27）

表 3-27　铁路货车车体运用限度　　　　　　单位：mm

序号	名　　称		限　　度	备　　注
1	侧梁下垂	空车	≤40	在两枕梁之间测量
		重车	≤80	
2	敞车车体外胀	空车	≤80	
		重车	≤150	
3	车体倾斜		≤75	
4	端墙板、侧墙板、地板、门板、浴盆板破损或腐蚀穿孔		≤50×50	
5	棚车、平车非金属地板破损		≤100×100	

（二）铁路货车转向架运用限度表（见表 3-28）

表 3-28　铁路货车转向架运用限度　　　　　　单位：mm

序号	名　　称		限　　度	备　　注
1	间隙旁承同一转向架左右旁承间隙之和		2～20	铁路货车任何一侧旁承间隙须大于0，载重280 t及以上铁路长大货物车须大于2 mm
	双作用弹性上下旁承间隙		0	
2	双作用弹性旁承滚子或旁承尼龙支承板与上旁承间隙		>0	
3	各垂下品与轨面水平线垂直距离	钢轨内侧	≥60	钢轨上部垂下品不得小于25 mm
		钢轨外侧	≥80	

（三）铁路货车轮对运用限度表（见表 3-29）

测量轮缘厚度、踏面
擦伤深度、轮辋厚度

表 3-29　铁路货车轮对运用限度　　　　　　　　单位：mm

序号	名　称		限　度	备　注
1	车轮轮辋厚度	无辐板孔	≥23	
		有辐板孔	≥24	
2	车轮轮缘厚度	棚车、集装箱平车、平车-集装箱共用车、小汽车运输专用车及 120 km/h 货物列车中的铁路货车	≥25	
		其他	≥23	3 轴及多轴转向架的中间轮对轮缘厚度列检可不掌握
3	车轮轮缘垂直磨耗（接触位置）高度		≤15	
4	车轮轮缘内侧缺损	长度	≤30	
		宽度	≤10	
5	车轮踏面圆周磨耗深度		≤8	
6	车轮踏面擦伤及局部凹下深度		≤1	
7	车轮踏面剥离长度	一处	≤50	（1）沿圆周方向测量。 （2）测量时规定如下： ① 两端宽度不足 10 mm 的，不计算在内。 ② 长条状剥离其最宽处不足 20 mm 的，不计算在内。 ③ 两块剥离边缘相距小于 75 mm 时，每处长不得超过 35 mm；多处小于 35 mm 的剥离，其连续剥离总长度不得超过 350 mm。 ④ 剥离前期未脱落部分，可不计算在内
		二处（每一处均）	≤40	
8	车轮踏面缺损	相对轮缘外侧至缺损部位边缘的距离	≥1 508	从缺损部内侧边缘起测量
		缺损部位的长度	≤150	沿车轮踏面圆周方向测量
9	车轮辐板孔边缘周向裂纹		≤30	
10	滚动轴承温升		≤55 ℃	

（四）铁路货车制动运用限度表（见表 3-30）

测量制动缸活塞行程

表 3-30　铁路货车制动运用限度　　　　　　　　　单位：mm

序号	名　称				限　度	备　注	
1	制动缸活塞行程	装有闸调器的单式闸瓦	356×254 制动缸	空车位	115～135	未装闸调器	85～135
				重车位	125～160		110～160
			305×254 制动缸	空车位	145～165		
				重车位	145～195		
			254×254 制动缸	空车位	145～165		
				重车位	145～195		
			203×254 制动缸	空车位	115～145		
				重车位	125～160		
		装有闸调器的复式闸瓦	B_{21}、$B_{22\text{-}1}$ 型车	空车位	120～130		
				重车位	150～160		
			B_{19}、$B_{22\text{-}2}$、B_{23} 型车		130～150		
		集成制动装置	BAB 系列		行程指示器在制动标志孔内		
			DAB 系列		行程指示器在行程标志环带内		
2	高、低摩合成闸瓦磨耗剩余厚度				≥20		
3	C_{100} 型敞车二、三位转向架闸瓦磨耗剩余厚度				≥25		
4	同一制动梁两端闸瓦厚度差				≤20		
5	C_{100} 型敞车二、三位转向架同一制动梁两端闸瓦厚度差				≤10	更换闸瓦后确认	

（五）铁路货车车钩运用限度表（见表 3-31）

测量车钩闭锁位

表 3-31　铁路货车车钩运用限度　　　　　　　　　单位：mm

序号	名称		限度	备注
1	13 号钩舌与钩腕内侧距离	闭锁位置	≤135	
		全开位置	≤250	
2	13A、13B 型钩舌与钩腕内侧距离	闭锁位置	≤132	
		全开位置	≤247	
3	16、17 型钩舌与钩腕内侧距离	闭锁位置	≤100	
		全开位置	≥219	
4	钩提杆链松余量		40～55	
5	两连接车钩中心水平线高度差		≤75	
6	车钩中心高度	最高	≤890	
		最低　空车	≥835	
		最低　重车	≥815	

三、列检作业责任划分

列检作业场按到达、中转和始发列车的作业性质，对一辆铁路货车进行技术检查作业时，以铁路货车纵向中心线为界，实行分面检查作业分工。为防止一辆作业过程发生漏检现象，对易混淆部位界限进行了划分：

➢ 车钩连接状态、首尾车钩三态作用、钩提杆及链、车钩防跳插销及吊链、下锁销组成，均由钩提杆所在侧检车员负责；车钩高度、两连接车钩高度差，两侧检车员共同负责；车钩上部、冲击座纵向中心线处破损，由非钩提杆所在侧检车员负责。

➢ 钩体底面（下锁销孔）、钩锁锁腿、车钩托梁、车钩支撑座、车钩支撑座含油尼龙磨耗板、钩尾销及安全吊架螺栓、制动软管吊链，均由跨轨检查的检车员负责。

➢ 转向架旁承、心盘、摇枕、内侧枕簧（不含减振弹簧）、制动梁体及支柱夹扣螺栓、交叉杆、横跨梁及安全链（索）、空重车调整阀，均由跨轨检查的检车员负责。

➢ 转向架内外侧以轮缘顶点划分。

➢ 制动缸连通管泄漏由负责制动机试验的检车员负责。

➢ 转向架内、外端固定及游动杠杆、上拉杆、固定杠杆支点及座、固定杠杆支点链蹄环及圆销、开口销（拉铆销套），均由所在侧检车员负责。

四、中转列车人机分工人工检查一辆作业

（一）一辆作业过程采取"一跨、一俯、三探"分面检查方法

一跨：制动软管所在侧端转向架外端跨轨检查。

一俯：底架中部车下悬挂配件俯身顺车检查。

三探：制动软管所在侧端转向架内端及另一转向架内、外端探身检查，如图 3-95 所示。

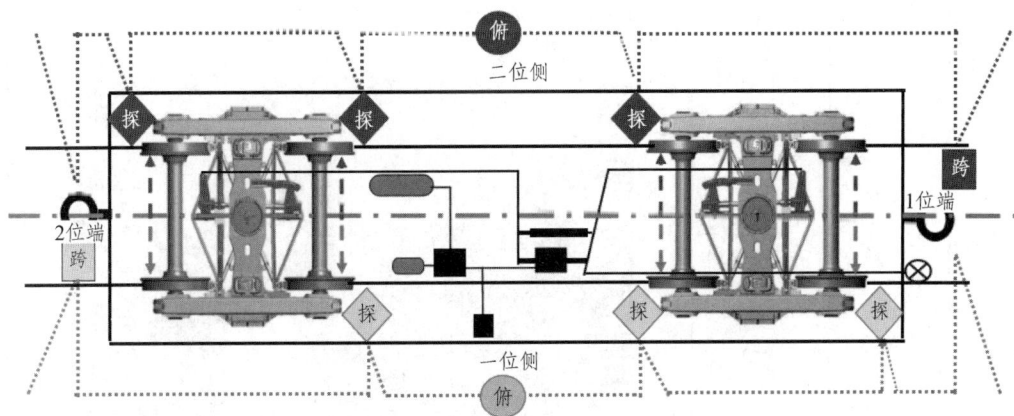

图 3-95 "一跨、一俯、三探"分面检查方法平面示意图

（二）一辆作业人工检查具体内容（见表3-32）

表3-32　一辆作业人工检查具体内容

序号	步伐与姿势	检查内容	质量标准
1	左脚跨进钢轨，目视检查	本侧角柱、端梁，本侧冲击座、钩体，平车端板（渡板）折页及圆销开口销，端部布置空气制动装置，车端护栏等	（1）角柱无裂损，端梁无折断；墙板破损或腐蚀穿孔不超限；车体外胀不超限。 （2）钩体无破损，冲击座无破损，冲击座铆钉无折断、丢失；互钩差不超限。 （3）敞车上端梁无折断，绳栓无折断。 （4）平车端板、渡板折页及座无折断，圆销无丢失；绳栓无折断。 （5）罐车罐体无泄漏；罐体上部走板、防护栏等配件无脱落、窜出。 （6）矿石车、罐车、粮食车、双层集装箱平车（制动缸安装在底架上部车端处），根据底架上部制动装置构造实际检查各部：副风缸、加速缓解风缸、容积风缸、降压风缸缸体无裂损，吊架无折断、螺母无丢失；制动缸吊架无折断、螺母无丢失；制动阀中间体吊架螺母无丢失；制动主管卡子及螺母、法兰螺母无丢失；远心集尘器及组合式集尘器、缓解阀无破损，缓解阀拉杆吊架无裂损；截断塞门无破损 
2	俯身，目视检查	1. 折角塞门、制动软管	折角塞门、直端塞门、制动软管无破损 

序号	步伐与姿势	检查内容	质量标准
2	俯身，目视检查	2. 各梁、从板座铆钉、制动主管卡子	（1）侧梁、端梁、枕梁、横梁及牵引梁无折断；从板座铆钉无折断、丢失。 （2）制动主管卡子及螺母、法兰螺母无丢失
		3. 脱轨自动制动装置、旁承、枕簧	（1）脱轨自动制动装置调节杆无折断，拉环与车轴无接触，拉环圆销无丢失。 （2）旁承体无破损、丢失，双作用弹性旁承上旁承与下旁承尼龙磨耗板无间隙，旁承滚子或旁承尼龙支承板与上旁承磨耗板不得接触，间隙旁承间隙不超限。 （3）装有弹簧托板的转向架摇枕、上心盘铆钉无折断；副构架与连接杆连接用螺母及开口销无丢失。 （4）装有弹簧托板的转向架内侧摇枕弹簧、减振弹簧无折断、窜出、丢失
		4. 基础制动	（1）制动梁吊无裂损，圆销及开口销无折断、丢失，转K3型转向架制动梁端头与闸瓦托组装开口销无折断、丢失；制动梁安装位置正确。 （2）朝向本侧的基础制动装置的固定杠杆支点座、固定杠杆支点、固定杠杆支点链蹄环、上拉杆及圆销、开口销无折断、丢失，拉铆销套环无丢失

序号	步伐与姿势	检查内容	质量标准
2	俯身，目视检查	4. 基础制动	
		5. 集成制动装置	集成制动装置制动缸连接软管无破损，制动缸推杆及β型插销无丢失，制动缸活塞行程指示器、标志牌无丢失
		6. 车轮	车轮轮缘内侧缺损不超限，辐板孔边缘径向无裂纹，周向裂纹不超限

续表

序号	步伐与姿势	检查内容	质量标准
3	自由步跨出，站于定检标记相对处，目视检查	车体、侧梁、定检标记	（1）侧梁无折断；敞车上侧梁无折断；侧梁下垂、车体倾斜或外胀不超限。 （2）空车定检不过期（回送检修车除外）
4	自由步，俯身，目视检查	1. 车轮、轴承、承载鞍	（1）车轮轮缘垂直磨耗不超限；踏面无碾堆，踏面擦伤、剥离、局部凹下、缺损、圆周磨耗不超限；轮缘厚度、轮辋厚度不超限；辐板孔边缘径向无裂纹，周向裂纹不超限；轮辋无破损。 （2）滚动轴承外圈、承载鞍无破损，轴端螺栓无松动、脱出，转K2型转向架承载鞍顶面无金属碾出；侧架导框、副构架导框纵向与滚动轴承外圈无接触
		2. 车轮、闸瓦托	（1）侧架立柱磨耗板折头螺栓、铆钉无折断、丢失。 （2）车轮轮缘垂直磨耗不超限；踏面无碾堆，踏面擦伤、剥离、局部凹下、缺损、圆周磨耗不超限；轮缘厚度、轮辋厚度不超限；辐板孔边缘径向无裂纹，周向裂纹不超限；轮辋无破损。 （3）闸瓦上部无折断，闸瓦插销无折断、丢失，闸瓦磨耗不超限、无碾出金属镶嵌物。 （4）制动梁闸瓦托铆钉无丢失；制动梁吊无裂损，圆销及开口销无折断、丢失，转K3型转向架制动梁端头与闸瓦托组装开口销无折断、丢失；制动梁安装位置正确。 （5）交叉杆端部螺栓无松动、脱出

序号	步伐与姿势	检查内容	质量标准
4	自由步，俯身，目视检查	2. 车轮、闸瓦托	
5	站立，目视检查	车体	（1）侧柱无裂损；敞车上侧梁无折断；侧梁下垂、车体倾斜或外胀不超限。 （2）车门、车窗无脱落、丢失；墙板、门板破损或腐蚀穿孔不超限；车门锁闭装置配件无破损、丢失；车门折页及座无折断，圆销无丢失。 （3）绳栓无折断；柱插无破损；集装箱锁头、门挡无破损、折断、丢失；罐体及阀无泄漏，罐车卡带无折断，紧固螺母及锁紧螺母无松动，圆销及开口销无丢失，罐体上部走板、防护栏无脱落、窜出
6	自由步，俯身，目视检查	1. 立柱磨耗板、斜楔	（1）侧架立柱磨耗板、斜楔及主摩擦板无破损、窜出、丢失。 （2）摇枕斜楔摩擦面磨耗板无窜出；摇枕斜面磨耗板折头螺栓无丢失

序号	步伐与姿势	检查内容	质量标准
6	自由步，俯身，目视检查	2. 车轮、闸瓦托	同第 4 项第 2 小项
		3. 车轮、轴承、承载鞍	同第 4 项第 1 小项
7	探身，目视检查	1. 各梁、制动主管	（1）中梁、侧梁、枕梁、横梁无折断。 （2）制动主管卡子及螺母、法兰螺母无丢失
		2. 制动梁、空重车自动调整装置	（1）制动梁吊无裂损，圆销及开口销无折断、丢失，转 K3 型转向架制动梁端头与闸瓦托组装开口销无折断、丢失；制动梁安装位置正确。 （2）装有弹簧托板的转向架摇枕、上心盘铆钉无折断；副构架与连接杆连接用螺母及开口销无丢失。 （3）空重车自动调整装置传感阀无破损

序号	步伐与姿势	检查内容	质量标准
7	探身，目视检查	2. 制动梁、空重车自动调整装置	
		3. 脱轨自动制动装置基础制动各圆销	（1）脱轨自动制动装置调节杆无折断，拉环与车轴无接触，拉环圆销无丢失。 （2）朝向本侧的基础制动装置的固定杠杆支点座、固定杠杆支点、固定杠杆支点链蹄环、上拉杆及圆销、开口销无折断、丢失，拉铆销套环无丢失
		4. 对侧轮缘内侧、旁承、枕簧	（1）旁承体无破损、丢失，双作用弹性旁承上旁承与下旁承尼龙磨耗板无间隙，旁承滚子或旁承尼龙支承板与上旁承磨耗板不得接触，间隙旁承间隙不超限。 （2）装有弹簧托板的转向架内侧摇枕弹簧、减振弹簧无折断、窜出、丢失。 （3）车轮轮缘内侧缺损不超限

序号	步伐与姿势	检查内容	质量标准
8	自由步，目视检查	车体	（1）侧柱无裂损；敞车上侧梁无折断；侧梁下垂、车体倾斜或外胀不超限。 （2）车门滑动轨道无折断，车门滑轮无脱出轨道，车门、车窗无脱落、丢失；墙板、门板破损或腐蚀穿孔不超限；车门锁闭装置配件无破损、丢失；车门折页及座无折断，圆销无丢失。 （3）绳栓无折断；柱插无破损；集装箱锁头、门挡无破损、折断、丢失；罐体及阀无泄漏，人孔盖及安全阀无丢失，下卸式排油管、加热管及盖无脱落，罐体上部走板、防护栏无脱落、窜出
9	自由步，俯身，目视检查	1. 中梁、侧梁、横梁	中梁、侧梁、横梁无折断；底开门转轴开口销无折断、丢失
		2. 基础制动	制动缸后杠杆支点及圆销、开口销无折断、丢失，拉铆销套环无丢失

142

序号	步伐与姿势	检查内容	质量标准
9	自由步，俯身，目视检查	3. 人力制动机	人力制动机附加杠杆座及圆销、开口销无丢失
		4. 空气制动	副风缸、加速缓解风缸、容积风缸、降压风缸缸体无裂损，吊架无折断，螺母无丢失；制动缸吊架无折断，螺母无丢失；制动阀中间体吊架螺母无丢失；制动主管卡子及螺母、法兰螺母无丢失；空重车自动调整装置限压阀、调整阀无破损；远心集尘器及组合式集尘器、缓解阀无破损，缓解阀拉杆、空重车调整杆吊架无裂损，手动空重车位调整正确；截断塞门无破损
10	探身，目视检查	1. 各梁、主管卡子	同第7项第1小项

序号	步伐与姿势	检查内容	质量标准
10	探身，目视检查	2. 脱轨自动制动装置、基础制动各圆销	同第7项第3小项
		3. 对侧轮缘内侧、旁承、枕簧	同第7项第4小项
11	自由步，俯身，目视检查	1. 车轮、轴承、承载鞍	同第4项第1小项

144

序号	步伐与姿势	检查内容	质量标准
11	自由步，俯身，目视	2. 车轮、闸瓦托	同第4项第2小项
12	站立，目视检查	车体	同第5项
13	自由步，俯身，目视检查	1. 立柱磨耗板、斜楔	同第6项第1小项

序号	步伐与姿势	检查内容	质量标准
13	自由步，俯身，目视检查	2. 车轮、闸瓦托	同第 4 项第 2 小项
		3. 车轮、轴承、承载鞍	同第 4 项第 1 小项
14	探身，目视检查	1. 各梁、从板座铆钉	（1）侧梁、端梁、枕梁、横梁及牵引梁无折断。 （2）从板座铆钉无折断、丢失

序号	步伐与姿势	检查内容	质量标准
14	探身，目视检查	2. 脱轨自动制动装置、基础制动各圆销	同第 7 项第 3 小项
15	站立，目视检查	1. 脚蹬、车梯扶手及车端护栏	脚蹬、车梯扶手及车端护栏无破损、折断、丢失，脚蹬、车梯扶手弯曲不超出车辆限界
		2. 车体	角柱无裂损，端梁无折断；墙板破损或腐蚀穿孔不超限；车体外胀不超限；敞车上端梁无折断；平车端板、渡板折页及座无折断，圆销无丢失；绳栓无折断

序号	步伐与姿势	检查内容	质量标准
15	站立，目视检查	3. 人力制动机	折叠式人力制动机轴折页无折断，圆销及开口销无丢失，托架无折断
16	自由步，目视检查	1. 提钩杆座及链、互钩差	钩提杆座无裂损，螺母无丢失，钩提杆链松余量符合规定；互钩差不超限
		2. 本侧冲击座、钩体	钩体无破损，冲击座无破损，冲击座铆钉无折断、丢失

续表

序号	步伐与姿势	检查内容	质量标准
16	自由步，目视检查	3. 车列首尾端部车钩三态作用试验	车列首尾端部车钩钩舌 S 面无裂损、三态作用试验良好 
17	同第1～16项	同第1～16项	同第1～16项

始发、到达列车人工检查一辆作业

能力自评

能力自评见表 3-35。

表 3-35 能力自评

自评内容	学习效果		
	☺	😐	☹
简述铁路货车运用限度			
一辆铁路货车技术检查作业责任划分			
中转列车人机分工人工检查一辆作业内容及质量标准			

实操二　始发货物列车制动机试验

◎ 学习目标

1. 知识目标

（1）熟知货物列车制动机试验程序。

（2）掌握货物列车制动机试验信号传递方法。

（3）学会判定列车制动机试验合格与否。

2. 能力目标

（1）培养自主学习的习惯和能力。

（2）培养动手能力、空间理解能力、沟通能力和团队协作能力。

（3）培养逻辑思维和处理信息的能力。

3. 素质目标

（1）培养学习者的科学文化和专业素质。

（2）树立学习者良好的职业道德和劳动安全思维。

（3）根植维护铁路运行安全红线意识，培养服务大众出行的责任感和大国工匠精神。

✕ 教学建议

（1）建议在实训室和多媒体教室实施理实一体化教学。

（2）建议教学时长 4 学时，其中实践操作 2 学时。

✎ 教学资源

始发货物列车制动机试验

✎ 学习内容

列车制动机试验由现场检车员在列车运行方向左侧，按照分摊的辆数跑动检查，目视确认制动机制动、缓解状态。对 X3K、X4K 型集装箱平车，KF 型矿石车等因车辆结构影响现场检车员确认制动缸状态的车辆，整列编组时，现场作业组可调整为两个小组同时在列车两侧进行制动机试验；零星编入列车中的车辆，须向列检工长报告（由列检工长或列检工长指定专人在列车另一侧确认制动机性能）。在列车两侧进行制动机试验时，以列车运行方向左侧检车员为主，右侧检车员仅确认本侧制动机性能，并在每个试验项目结束后向同段左侧检车员报告。

一、持续一定时间的全部试验（机车供风）

其作业流程为：到达试风位置—感度保压试验—安定试验—试验结束—返回作业位置。以某铁路局集团公司为例，持续一定时间的全部试验作业标准如下：

（一）到达试风位置

1. 到达试风起始位置

现场检车员到达各自试风起始位置，按照列车制动机试验走行示意图进行列车制动机试验，如图 3-98 所示。

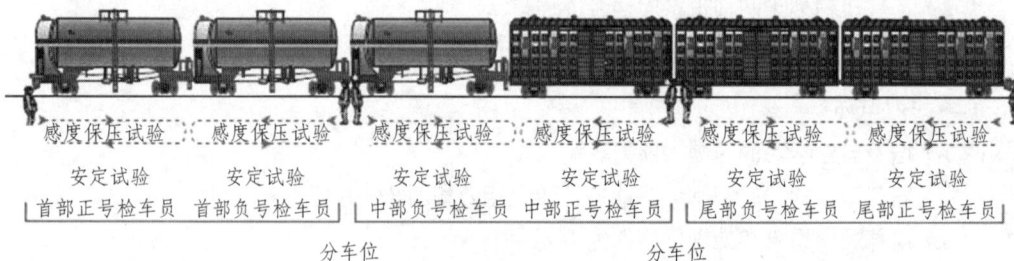

图 3-98　列车制动机试验走行示意图

2. 试风起始位置

首部正号检车员：列车运行方向左侧、机后一位车辆前端。

首部负号检车员：列车运行方向左侧、本段作业结束位置。

中部正号检车员：列车运行方向左侧、与尾段的分车位。

中部负号检车员：列车运行方向左侧、本段作业结束位置。

尾部正号检车员：列车运行方向左侧、尾部最后一辆车后端。

尾部负号检车员：列车运行方向左侧、本段作业结束位置。

3. 试风碰头位置

各段正、负号检车员的试风碰头位置均为列车运行方向的左侧、本段作业辆数的中间位置。

（二）感度保压试验

1. 确认主管压力

方式 1：尾部正号检车员目视确认无线风压监测仪显示的主管压力达到规定压力。

方式 2：尾部正号检车员使用对讲机与列检值班员联系，确认主管压力达到规定压力（标准用语："请确认×道×次风压"）。列检值班员在系统主界面，依据"压力"数值据实回复（标准用语："×道×次风压××kPa"）；若达到主管定压，回复"×道×次风压××kPa，符合要求"。

2. 传递制动信号

（1）制动信号：昼间能见度能满足要求的须使用检查锤高举头上，夜间或昼间能见度不能满足要求的须使用白色灯光的检车灯高举。

（2）恶劣天气、曲线线路可同时用对讲机辅助传递制动信号，标准用语：

传递人："×道×段（或接收人姓名），制动"；

接收人："×道×段（或传递人姓名），收到"。

（3）制动信号须依次逐段显示传递，不准越传、漏传、错传、代传，严禁臆测判断。

（4）禁止使用红旗（红灯）代替检查锤（检车灯）显示传递。

（5）制动信号传递程序和标准：

① 尾部正号检车员站立于试风起始位置，面向列车首部，向中部正号、尾部负号检车员传递"制动信号"，确认对方不少于2次接收后停止显示。

② 尾部负号检车员与中部正号检车员列队站立于试风起始位置，面向列车尾部，当尾部正号检车员传递"制动信号"时，不少于2次接收"制动信号"；转身180°，面向列车首部，尾部负号检车员与中部正号检车员共同向中部负号、首部负号检车员传递"制动信号"，确认对方不少于2次接收后停止显示。

③ 中部负号检车员与首部负号检车员列队站立于试风起始位置，面向列车尾部，当中部正号、尾部负号检车员传递"制动信号"时，不少于2次接收"制动信号"；转身180°，面向列车首部，中部负号检车员与首部负号检车员共同向首部正号检车员传递"制动信号"，确认对方不少于2次接收后停止显示。

④ 首部正号检车员站立于试风起始位置，面向列车尾部；当中部负号、首部负号检车员面向自己传递"制动信号"时，不少于2次接收"制动信号"。转身180°向司机显示"制动信号"，通知本务机车司机置常用制动位进行感度保压试验减压。允许用对讲机通知司机制动，标准用语："×道×次感度保压试验，请减压50（70）kPa"。

3. 确认感度保压试验减压量

方式1：尾部正号检车员实时观察无线风压监测仪显示的主管压力，确认感度保压试验减压量符合规定。

方式2：尾部正号检车员使用对讲机与列检值班员联控确认感度试验减压量（标准用语："请确认×道×次感度保压试验减压量"），列检值班员确认系统终端显示的感度保压试验减压量后向现场作业联系（标准用语："×道×次感度保压试验减压量××kPa"）。

4. 确认泄漏量

列检值班员实时观察"试风窗口"界面下方"感度保压试验"项目中显示的"保压"数值达到60 s、"泄漏"数值不大于20 kPa，使用车载台（或对讲机）通知现场作业人员（标准用语："×道×次泄漏量×kPa"）。

安全风险提示：⚠车辆漏风故障未处理，会造成不良信息。

控制措施：列检值班员发现泄漏量超标或偏大时（大于10 kPa），须通知现场检车员对各自责任范围内的车辆管系进行检查确认，查明泄漏原因，发现连接器漏风时，须摘解制动软管后确认连接器和胶圈技术状态，确保软管胶圈无漏装、反装、破损、卷起、翘起、老化，禁止使用击打、摇动等方式临时消除漏风迹象。泄漏量超标时，须重新进行感度保压试验。

5. 监控试风曲线

列检值班员实时观察系统终端显示的尾部风压曲线和提示信息，确认感度保压试验结果显示"合格"后,向现场进行作业联系(标准用语:"×道×次感度保压时间到")。

安全风险提示:⚠试验不合格放行列车。

控制措施:列检值班员发现试验项目未完成、试验不合格、试风数据中断等情况,通知现场检车员查清原因、处理后重新进行感度保压试验。

6. 确认制动性能

(1)接到列检值班员通知的感度保压时间到后(保压 3 min),从试风起始位置开始,按照分摊的辆数跑动检查至试风碰头位置,逐辆弯腰探身,昼间用检查锤指(夜间用检车灯照)检查确认责任范围内的车辆自动制动机仍处于制动位置且制动缸活塞行程无异常,3 min 内未发生自然缓解。

BAB-2 型集成制动装置制动性能确认方法:蹲在制动缸对应的侧架三角孔处,目视确认三角形行程指示器的长竖直边应在行程标志牌的制动标志孔范围内,如图 3-99 所示。

DAB-1 型集成制动装置制动性能确认方法:蹲在制动缸对应的侧架三角孔处,目视确认外套筒上的黄色行程指示器尾端应在伸缩杆上的红色(第三道凸环)、绿色(第二道凸环)行程标志环带内,如图 3-100 所示。

安全风险提示:⚠未发现集成制动装置制动性能不良。

控制措施:严格落实作业标准,按规定确认集成制动装置制动性能。

图 3-99　BAB-2 型集成制动装置　　　　图 3-100　DAB-1 型集成制动装置

(2)部分车型制动缸在背侧确认位置及动作:

JSQ6 型双层小汽车运输专用车(装用非集成制动装置):在 4 位或 9 位车窗(采光窗)下方、"禁止溜放"标记处,头低过侧梁,锤指(灯照)、目视确认对侧制动缸活塞制动。

N17、NX17、NX70、X1、X6 系列的平车、平集共用车、集装箱平车:在限压阀(调整阀)相对位置,头低过侧梁,锤指(灯照)、目视确认制动缸活塞制动。

X70 型集装箱平车:在靠近副风缸的大横梁相对位置,头低过侧梁,锤指(灯照)、目视确认制动缸活塞制动。

X2K、X2H 型双层集装箱平车,K13、KZ70 型矿石车,L18、L70 型粮食车等制动缸在车体端部的铁路货车:在制动缸一端的车体外侧,自由调整身体姿势,锤指(灯照)、目视确认制动缸活塞制动。

X3K、X4K 型集装箱平车,KF 型矿石车:到车辆另一侧制动缸相对处,锤指(灯照)、目视确认制动缸活塞制动。X3K、X4K 型集装箱平车确认时须头低过侧梁。

7. 传递缓解信号

（1）缓解信号：昼间能见度能满足要求的须使用检查锤，夜间或昼间能见度不能满足要求的须使用白色灯光的检车灯，在下部左右摆动。

（2）恶劣天气、曲线线路可同时用对讲机辅助传递缓解信号，标准用语：

传递人："×道×段（或接收人姓名），缓解"。

接收人："×道×段（或传递人姓名），收到"。

（3）缓解信号须依次逐段显示传递，不准越传、漏传、错传、代传，严禁臆测判断。

（4）禁止使用红旗（红灯）代替检查锤（检车灯）显示传递。

（5）缓解信号传递程序和标准：

① 尾部正号检车员与尾部负号检车员列队站在试风碰头位置，面向列车首部，向中部正号检车员、中部负号检车员传递"缓解信号"，确认对方不少于2次接收后停止显示。

② 中部正号检车员与中部负号检车员列队站在试风碰头位置，面向列车尾部，当尾部正号检车员与尾部负号检车员传递"缓解信号"时，不少于2次接收"缓解信号"；转身180°，面向列车首部，中部正号检车员与中部负号检车员共同向首部正号检车员、首部负号检车员传递"缓解信号"，确认对方不少于2次接收后停止显示。

③ 首部正号检车员与首部负号检车员列队站在试风碰头位置，面向列车尾部，当中部正号检车员、中部负号检车员面向自己传递"缓解信号"时，不少于2次接收"缓解信号"；转身180°，首部正号检车员与首部负号检车员共同向司机显示"缓解信号"，通知本务机车司机充风缓解。允许用对讲机通知司机缓解。标准用语："×道×次缓解"。

8. 确认缓解性能

（1）列车充风后，现场检车员从试风碰头位置开始，按照分摊的辆数跑动检查返回试风起始位置，逐辆弯腰探身，昼间用检查锤指（夜间用检车灯照）检查，确认责任范围内的车辆须在1 min内缓解完毕，人力制动机拉杆链处于松弛状态。

BAB-2型集成制动装置缓解性能确认方法：蹲在制动缸对应的侧架三角孔处，目视确认三角形行程指示器部分或全部遮挡行程标志牌的缓解标志孔，如图3-101所示。

DAB-1型集成制动装置缓解性能确认方法：蹲在制动缸对应的侧架三角孔处，目视确认黄色行程指示器尾端应在伸缩杆上的白色缓解标志环带（第一道凸环）内，如图3-102所示。

安全风险提示：⚠ 未发现集成制动装置缓解性能不良。

控制措施：严格落实作业标准，按规定确认集成制动装置缓解性能，并涂打"制动缸活塞行程检查标记"。

图 3-101　BAB-2 型集成制动装置缓解性能确认　　图 3-102　DAB-1 型集成制动装置缓解性能确认

（2）部分车型制动缸在背侧确认位置及动作：

JSQ6 型双层小汽车运输专用车（装用非集成制动装置）：在 4 位或 9 位车窗（采光窗）下方、"禁止溜放"标记处，头低过侧梁，锤指（灯照）、目视确认对侧制动缸活塞缓解。

N17、NX17、NX70、X1、X6 系列的平车、平集共用车、集装箱平车：在限压阀（调整阀）相对位置，头低过侧梁，锤指（灯照）、目视确认制动缸活塞缓解。

X70 型集装箱平车：在靠近副风缸的大横梁相对位置，头低过侧梁，锤指（灯照）、目视确认制动缸活塞缓解。

X2K、X2H 型双层集装箱平车，K13、KZ70 型矿石车，L18、L70 型粮食车等制动缸在车体端部的铁路货车：在制动缸一端的车体外侧，自由调整身体姿势，锤指（灯照）、目视确认制动缸活塞缓解。

X3K、X4K 型集装箱平车，KF 型矿石车：到车辆另一侧制动缸相对处，锤指（灯照）、目视确认制动缸活塞缓解。X3K、X4K 型集装箱平车确认时须头低过侧梁。

9. 涂打制动缸活塞行程检查标记

（1）现场检车员确认自动制动机缓解、基础制动装置缓解（人力制动机拉链处于松弛状态），按规定涂打"制动缸活塞行程检查标记"。

（2）制动缸活塞行程检查标记：逐辆在制动缸前盖、活塞筒上用粉笔画连线，长度不少于 100 mm；制动缸在车辆另一侧时，确认缓解后，逐辆在制动缸相对处的上拉杆头部用粉笔画连线。集成制动装置在制动缸对应的三角孔上方的侧架上画直线，长度不少于 100 mm，如图 3-103 所示。

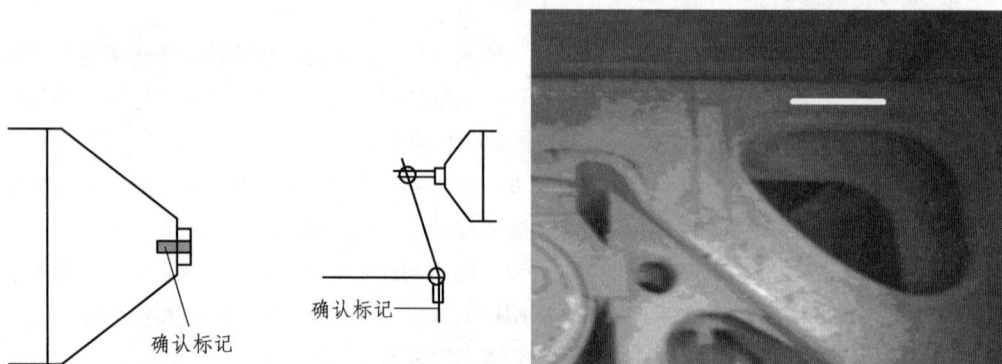

图 3-103　制动缸活塞行程检查标记

（3）部分车型制动缸在背侧活塞行程检查标记涂打：

JSQ6 型双层小汽车运输专用车（装用非集成制动装置）：在 4 位或 9 位车窗（采光窗）下方、"禁止溜放"标记处的侧梁下平面画横线，长度不少于 100 mm。

N17、NX17、NX70、X1、X6 系列的平车、平集共用车、集装箱平车：在限压阀（调整阀）相对位置的侧梁下平面画横线，长度不少于 100 mm。

X70 型集装箱平车：在靠近副风缸的相对位置的大横梁下平面画横线，长度不少于 100 mm。

X2K、X2H 型双层集装箱平车，K13、KZ70 型矿石车，L18、L70 型粮食车等制动缸在车体端部的铁路货车：在制动缸相对处的侧梁上平面画横线，长度不少于 100 mm。

X3K、X4K 型集装箱平车，KF 型矿石车：在制动缸前盖、活塞筒上用粉笔画连线，长度不少于 100 mm。

安全风险提示：⚠制动缸活塞行程异常，会造成列车运行中抱闸、不制动或制动力减弱、失效。

控制措施：现场检车员发现制动缸活塞行程异常时，须立即向列检工长汇报，在安定试验时，由列检工长和现场检车员共同确认异常车辆的制动缸活塞行程是否符合规定，并妥善处置。

（三）安定试验

1. 确认主管压力

方式 1：尾部正号检车员目视确认无线风压监测仪显示的主管压力达到规定压力。

方式 2：尾部正号检车员使用对讲机与列检值班员联系，确认主管压力达到规定压力（标准用语："请确认×道×次风压"）。列检值班员在系统主界面，依据"压力"数值据实回复（标准用语："×道×次风压××kPa"）；若达到主管定压，回复"×道×次风压××kPa，符合要求"。

2. 传递制动信号

（1）制动信号：昼间能见度能满足要求的须使用检查锤高举头上，夜间或昼间能见度不能满足要求的须使用白色灯光的检车灯高举。

（2）恶劣天气、曲线线路可同时用对讲机辅助传递制动信号，标准用语：

传递人："×道×段（或接收人姓名），制动"。

接收人："×道×段（或传递人姓名），收到"。

（3）制动信号须依次逐段显示传递，不准越传、漏传、错传、代传，严禁臆测判断。

（4）禁止使用红旗（红灯）代替检查锤（检车灯）显示传递。

（5）制动信号传递程序和标准：

① 尾部正号检车员站于试风起始位置，面向列车首部，向中部正号、尾部负号检车员传递"制动信号"，确认对方不少于 2 次接收后停止显示。

② 尾部负号检车员与中部正号检车员列队站立于试风起始位置，面向列车尾部，当尾部正号检车员传递"制动信号"时，不少于 2 次接收"制动信号"；转身 180°，面向列车首部，尾部负号检车员与中部正号检车员共同向中部负号、首部负号检车员传递"制动信号"，确认对方不少于 2 次接收后停止显示。

③ 中部负号检车员与首部负号检车员列队站立于试风起始位置，面向列车尾部，当中部正号、尾部负号检车员传递"制动信号"时，不少于 2 次接收"制动信号"；转身 180°，面向列车首部，中部负号检车员与首部负号检车员共同向首部正号检车员传递"制动信号"，确认对方不少于 2 次接收后停止显示。

④ 首部正号检车员站于试风起始位置，面向列车尾部；当中部负号、首部负号检车员面向自己传递"制动信号"时，不少于 2 次接收"制动信号"；转身 180°向司机显示"制动信号"，通知本务机车司机置常用制动位进行安定保压试验减压。允许用对讲机通知司机制动。标准用语："×道×次安定试验，请减压 140（170）kPa 后保压。"

3. 确认安定试验减压量

方式 1：尾部正号检车员实时观察无线风压监测仪显示的主管压力，确认安定试验减压量符合规定。

方式 2：尾部正号检车员使用对讲机与列检值班员联控确认安定试验减压量（标准用语："请确认×道×次安定试验减压量"），列检值班员确认系统终端显示的安定试验减压量后向现场作业联系（标准用语："×道×次安定试验减压量×kPa"）。

列检值班员通过列车车辆制动机试验监测装置终端确认列车管减压 140 kPa（列车主管压力为 600 kPa 时减压 170 kPa）。"压力曲线图"相对缓慢下降，试风曲线呈弧线下降，并逐步至规定压力，而后相对保持恒定，试风曲线呈水平状延伸。若列车管减压至规定压力后，尾部风压突然继续急速下降，则为列车发生紧急制动；此时须通知现场检车员确认，并查清原因、处理后重新施行列车制动机试验。

若现场检车员联系列车发生紧急制动（标准用语："×道×次起非常"），须及时查看相应股道的"压力曲线图"界面，确认试风曲线，并组织现场检车员查清原因、处理后重新施行列车制动机试验。

4. 确认感度保压试验时异常车辆

列检工长与现场检车员共同确认感度保压试验时发现异常的制动缸活塞行程是否符合规定，不符合规定时应扣修处理。

5. 监控试风曲线

列检值班员实时观察系统"压力曲线图"界面，安定试验结果显示"合格"后，向现场进行作业联系（标准用语："×道×次试验合格"）。

安全风险提示：⚠试验不合格放行列车。

控制措施：列检值班员发现试验项目未完成、试验不合格、试风数据中断等情况，通知现场检车员查清原因、处理后重新进行安定试验。

6. 确认首尾车辆制动状态

首、尾部检车员分别确认机后一位车辆和最后一位车辆制动机处于制动状态，并使用作业记录仪摄录。

安全风险提示：⚠机车车辆溜逸风险。

控制措施：① 安定试验确认制动缓解性能或发生临时扣车时，首部检车员须通知机车司机进行减压制动（列车主管压力为 500 kPa 时减压 140 kPa；列车主管压力为 600 kPa 时减压 170 kPa），使全列车处于制动状态，首、尾部检车员分别确认机后一位车辆和最后一位车辆制动机处于制动状态，并使用作业记录仪摄录；列检值班员在试风系统须保存该曲线。甩车后须重新进行列车制动机试验。② 落实段安全风险库规定的风险管控措施。

（四）试验结束

1. 摘除无线风压监测仪

（1）尾部正号检车员按下无线风压监测仪控制面板上的"关"键，关闭电源，如图 3-104 所示。

（2）尾部正号检车员关闭列车尾部车辆后端的折角塞门，使折角塞门手把中心线与辅助管中心线呈 90°夹角（折角塞门开通线与辅助管中心线呈 90°夹角），如图 3-105 所示。

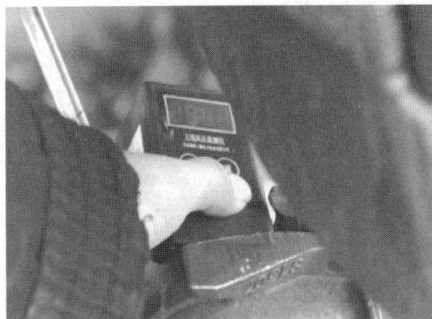

图 3-104　关闭无线风压检测仪

图 3-105　关闭折角塞门

（3）尾部正号检车员缓慢向风压监测仪反方向扳动手柄（发射天线），排除尾部制动软管内的压力空气，如图 3-106 所示。

（4）待无线风压监测仪挂钩离开软管连接器后，取下无线风压监测仪，如图 3-107 所示。

图 3-106　排风

图 3-107　拆卸无线风压监测仪

2. 确认列车尾部标志

（1）使用不低于 12 号镀锌铁线将最后一位车辆后端的制动软管吊至车钩下方，使软管连接器与车钩下平面之间的距离不大于 200 mm。尾车制动软管已吊起时，须确认捆绑牢固，符合要求，如图 3-108 所示。

图 3-108　确认列尾装置

（2）捆绑标准。

① 车钩部位：13 型上作用车钩一端捆绑在车钩底部锁铁脚孔后部小横梁处（或车钩下

部吊耳孔），捆绑绕线不少于 3 圈；13 型下作用车钩及 16、17 型车钩一端捆绑在吊耳孔（车钩吊链孔），捆绑绕线不少于 3 圈。

② 软管部位：制动软管连接器孔处，捆绑绕线不少于 3 圈。

3. 保存试验结果

方式 1：列检值班员使用鼠标右键点击"压力曲线图"，在弹出的对话框中使用鼠标单击"保存试验结果"，保存"压力曲线图"。

方式 2：现场检车员关闭无线风压监测仪后，"压力曲线图"自动保存。

4. 查看试风曲线

列检值班员点击"查询"按钮，在弹出的窗口中单击相应车次，查看试风曲线，发现系统提示"不合格"或空白、试风项目不齐全、试风曲线不完整、试风曲线不规范等问题时，通知现场检车员查清原因、处理后重新施行列车制动机试验，如图 3-109 所示。

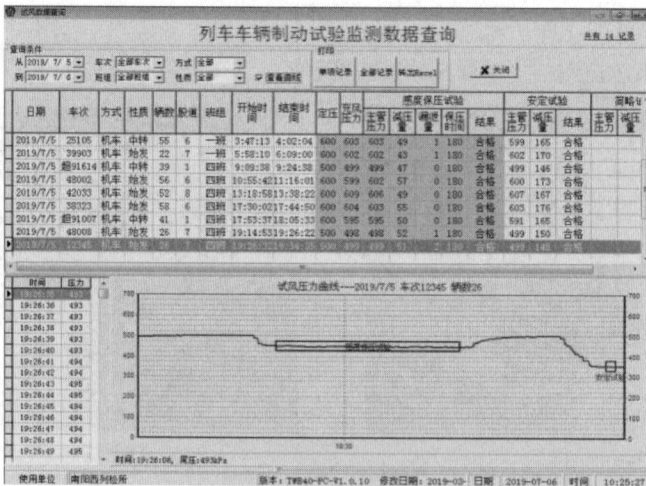

图 3-109　试风曲线

5. 填发《制动效能证明书》

对货物列车中的铁路长大货物车截断塞门关闭的，以及车站值班员通知发出的列车运行前方途经长大下坡道区间的或编入列车的关门车数超过 6% 时，现场检车员须确认本人责任范围内车辆轴重、空重别、关门车数量等，使用对讲机逐段向首部检车员汇报，首部检车员负责统计填写《制动效能统计表》。牵引吨位由本务司机（或车站）提供，按规定计算换算闸瓦压力（普通货物列车最高速度为 90 km/h 时，每百吨列车重量按高摩合成闸瓦换算闸瓦压力不得低于 150 kN；普通货物列车最高速度为 120 km/h 时，每百吨列车重量按高摩合成闸瓦换算闸瓦压力不得低于 150 kN；快速货物班列最高速度为 120 km/h 时，每百吨列车重量按高摩合成闸瓦换算闸瓦压力不得低于 175 kN），填发《制动效能证明书》交本务机车司机签认，一份自存，一份交本务机车司机。

计算方式：每百吨平均高摩合成闸瓦压力 = 换算高摩合成闸瓦压力/牵引重量 × 100。

安全风险提示：⚠ 未按规定填发《制动效能证明书》。

控制措施：严格落实制动故障关门车检查处置标准，按规定计算闸瓦压力，填发《制动效能证明书》。列车甩挂车辆后须重新检查确认列车甩挂后制动故障关门车数量和编挂位置，确保调车作业后列车中关门车数量不超标、编挂位置符合规定。调车作业前已进行列车制动机试验时须重新试验，已计算《制动效能证明书》时，须根据列车甩挂后编组情况，重新统计车辆轴重、空重别、关门车数，填写《制动效能统计表》，并重新填发《制动效能证明书》。《铁路技术管理规程》规定以外的客车、城市轨道客车自重及换算闸瓦压力，由车辆押运人员、车辆乘务员或车辆技术人员提供；未公布的自轮运转特种设备自重和闸瓦压力由随车人员提供。

6. 传递试风完了信号

（1）试风完了信号：昼间能见度能满足要求的须使用检查锤，夜间或昼间能见度不能满足要求的须使用白色灯光的检车灯，由上部向车列方向做圆形转动。

（2）确认信号：昼间能见度能满足要求的须使用检查锤朝向列车方向45°斜行，夜间或昼间能见度不能满足要求的须使用白色灯光的检车灯朝向列车方向45°斜行。

（3）恶劣天气、曲线线路可同时用对讲机辅助传递缓解信号，标准用语：

传递试风完了信号："×道×段（或接收人姓名），信号划过去了。"

接收试风完了信号："×道×段（或传递人姓名），收到。"

传递确认信号："×道×段（或接收人姓名），信号返过去了。"

接收确认信号："×道×段（或传递人姓名），收到。"

（4）信号须依次逐段显示传递，不准越传、漏传、错传、代传，严禁臆测判断。

（5）禁止使用红旗（红灯）代替检查锤（检车灯）显示传递。

（6）试风完了信号传递程序和标准：

① 尾部正号检车员站立于试风起始位置，面向列车首部，向中部正号、尾部负号检车员传递"试风完了信号"，确认对方不少于 2 次接收后停止显示。

② 尾部负号检车员与中部正号检车员列队站立于试风起始位置，面向列车尾部，当尾部正号检车员传递"试风完了信号"时，不少于 2 次接收"制动信号"；转身 180°，面向列车首部，尾部负号检车员与中部正号检车员共同向中部负号、首部负号检车员传递"试风完了信号"，确认对方显示接收"试风完了信号"不少于 2 次后停止传递。

③ 中部负号检车员与首部负号检车员列队站立于试风起始位置，面向列车尾部，当中部正号、尾部负号检车员传递"试风完了信号"时，不少于 2 次接收"试风完了信号"；转身 180°，面向列车首部，中部负号检车员与首部负号检车员共同向首部正号检车员传递"试风完了信号"，确认对方不少于 2 次接收后停止显示。

④ 首部正号检车员站立于试风起始位置，面向列车尾部；当中部负号、首部负号检车员面向自己传递"试风完了信号"时，不少于 2 次接收"试风完了信号"。向中部负号检车员、首部负号检车员传递"确认信号"，确认对方接收不少于 2 次后停止显示。

⑤ 中部负号检车员与首部负号检车员列队站立于试风起始位置，面向列车首部，当首部正号检车员面向自己传递"确认信号"时，不少于 2 次接收"确认信号"；中部负号检车员与首部负号检车员转身 180°，面向列车尾部；中部负号检车员与首部负号检车员共同向中部正号检车员、尾部负号检车员传递"确认信号"，确认对方不少于 2 次接收后停止显示。

⑥ 中部正号检车员与尾部负号检车员列队站立于试风起始位置，面向列车首部，当首部负号检车员、中部负号检车员返回"确认信号"后，不少于 2 次接收"确认信号"；转身 180°，

面向列车尾部；中部正号检车员与尾部负号检车员共同向尾部正号检车员返回"确认信号"，确认对方不少于 2 次接收后停止显示。

⑦ 尾部正号检车员面向列车首部，当中部正号检车员、尾部负号检车员面向自己传递"确认信号"时，不少于 2 次接收"确认信号"。

7. 撤除停车信号

（1）首部正号检车员撤除机后一位车辆前端列车运行方向左侧车体上的停车信号，向列检值班员汇报，列检值班员复诵确认。防护红旗撤除后卷起，防护红灯撤除后关闭，并随身携带。标准用语：

首部正号检车员："×道×头，红旗（红灯）撤除。"

列检值班员："×道×头，红旗（红灯）撤除。"

（2）尾部正号检车员撤除尾部最后一辆车端列车运行方向左侧车体上的停车信号，向列检值班员汇报，列检值班员复诵确认。防护红旗撤除后卷起，防护红灯撤除后关闭，并随身携带。标准用语：

尾部正号检车员："×道×头，红旗（红灯）、风表撤除、软管吊起。"

列检值班员："×道×头，红旗（红灯）、风表撤除、软管吊起。"

（五）返回作业位置

现场检车员返回各自作业起始位置。

二、简略试验

其作业流程为：确认主管压力—传递制动信号—确认制动性能—监控试风曲线—传递缓解信号—确认缓解性能—试验结束。

（一）确认主管压力

方式 1：尾部检车员目视确认无线风压监测仪显示的主管压力达到规定压力。

方式 2：尾部检车员使用对讲机与列检值班员联系，确认主管压力达到规定压力（标准用语："请确认×道×次风压"）。列检值班员在系统主界面，依据"压力"数值据实回复（标准用语："×道×次风压××kPa"）；若达到主管定压，回复"×道×次风压××kPa，符合要求"。

（二）传递制动信号

（1）尾部检车员站立于尾部最后一辆车后端列车运行方向的左侧，使用对讲机通知首部检车员简略试验"制动"。

标准用语："×道×头（或接收人姓名），简略试验制动。"

（2）首部检车员站立于机后一位车辆前端列车运行方向的左侧，使用对讲机接收尾部检车员简略试验"制动"通知。

标准用语："×道×头（或传递人姓名），收到。"

（3）首部检车员向本务机车司机显示制动信号，通知本务机车司机置常用制动位进行简略试验减压（标准用语："×道×次简略试验，请减压 100 kPa"）。

制动信号：昼间能见度能满足要求的须使用检查锤高举头上，夜间或昼间能见度不能满足要求的须使用白色灯光的检车灯高举。

（三）确认制动性能

列车减压后，尾部检车员弯腰探身，昼间用检查锤指（夜间用检车灯照）检查确认最后一辆车制动缸活塞发生制动作用，并使用作业记录仪进行摄录。

BAB-2 型集成制动装置制动性能确认方法：蹲在制动缸对应的侧架三角孔处，目视确认白色"制动缸活塞指示牌"到达黄色标牌上的"活塞行程显示孔"位置。

DAB-1 型集成制动装置制动性能确认方法：蹲在制动缸对应的侧架三角孔处，目视确认"黄色行程指示器"尾端到达伸缩杆上的绿色、红色行程标志环带内。

安全风险提示：⚠ 最后一辆车未发生制动作用。

控制措施：尾部检车员须立即使用对讲机向列检值班员和列检工长报告，进行检查处理。

（四）监控试风曲线

列检值班员实时观察系统终端显示的尾部风压曲线和提示信息，确认列车管减压 100 kPa，试风曲线呈弧线下降至规定压力，试风曲线呈水平状延伸，而后相对保持恒定。确认简略试验结果显示"合格"。

安全风险提示：⚠ 试验不合格放行列车。

控制措施：列检值班员发现试验项目未完成、试验不合格、试风数据中断等情况，通知现场检车员查清原因、处理后重新进行简略试验。

（五）传递缓解信号

（1）尾部检车员使用对讲机通知首部检车员简略试验"缓解"。

标准用语："×道×头（或接收人姓名），简略试验缓解。"

（2）首部检车员使用对讲机接收尾部检车员简略试验"缓解"通知。

标准用语："×道×头（或传递人姓名），收到。"

（3）首部检车员向本务机车司机显示缓解信号，通知本务机车司机充风缓解（标准用语："×道×次缓解"）。

缓解信号：昼间能见度能满足要求的须使用检查锤，夜间或昼间能见度不能满足要求的须使用白色灯光的检车灯，在下部左右摆动。

（六）确认缓解性能

列车充风后，尾部检车员弯腰探身，昼间用检查锤指（夜间用检车灯照）检查确认最后一辆车缓解，使用作业记录仪进行摄录，并在制动缸前盖外侧用粉笔涂打"检车员责任代号"。

DAB-1 型集成制动装置缓解性能确认方法：蹲在制动缸对应的侧架三角孔处，目视确认"黄色行程指示器"尾端到达伸缩杆上的白色缓解标志环带内。

BAB-2 型集成制动装置缓解性能确认方法：蹲在制动缸对应的侧架三角孔处，目视确认白色"制动缸活塞指示牌"退回，"活塞行程显示孔"全部露出。

安全风险提示：⚠最后一辆车缓解性能异常。

控制措施：尾部检车员须立即使用对讲机向列检值班员和列检工长报告，进行检查处理。发生临时扣车时，首部检车员须通知机车司机进行减压制动（列车主管压力为 500 kPa 时减压 140 kPa；列车主管压力为 600 kPa 时减压 170 kPa），使全列车处于制动状态，首、尾部检车员分别确认机后一位车辆和最后一位车辆制动机处于制动状态，并使用作业记录仪摄录；列检值班员在试风系统须保存该曲线。甩车后须重新进行列车制动机试验。

（七）试验结束

1. 确认主管压力

方式 1：尾部检车员目视确认无线风压监测仪显示的主管压力达到规定压力。

方式 2：尾部检车员使用对讲机与列检值班员联系，确认主管压力达到规定压力（标准用语："请确认×道×次风压"）。列检值班员在系统主界面，依据"压力"数值据实回复（标准用语："×道×次风压××kPa"）；若达到主管定压，回复"×道×次风压××kPa，符合要求"。

2. 摘除无线风压监测仪

（1）尾部检车员按下无线风压监测仪控制面板上的"关"键，关闭电源。

（2）关闭列车尾部车辆后端的折角塞门，使折角塞门手把中心线与辅助管中心线呈 90°夹角（折角塞门开通线与辅助管中心线呈 90°夹角）。

（3）缓慢向风压监测仪反方向扳动手柄（发射天线），排除尾部制动软管内的压力空气。

（4）待无线风压监测仪挂钩离开软管连接器后，取下无线风压监测仪。

（5）确认列车尾部标志：

① 取下无线风压监测仪后，须确认尾车制动软管吊起符合要求。未吊起时，使用不低于 12 号镀锌铁线将最后一位车辆后端的制动软管吊至车钩下方，使软管连接器与车钩下平面之间的距离不大于 200 mm。尾车制动软管已吊起时，须确认捆绑牢固，符合要求。

② 捆绑标准：

a. 车钩部位：13 型上作用车钩一端捆绑在车钩底部锁铁脚孔后部小横梁处（或车钩下部吊耳孔），捆绑绕线不少于 3 圈；13 型下作用车钩及 16、17 型车钩一端捆绑在吊耳孔（车钩吊链孔），捆绑绕线不少于 3 圈。

b. 软管部位：制动软管连接器孔处，捆绑绕线不少于 3 圈。

3. 传递试风完了信号

（1）尾部检车员站立于尾部最后一辆车后端列车运行方向的左侧，使用对讲机向首部检车员传递"试风完了信号"。

标准用语："×道×头（或接收人姓名），信号划过去了。"

（2）首部检车员站立于机后一位车辆前端列车运行方向的左侧，使用对讲机接收尾部检车员传递的"试风完了信号"。

标准用语："×道×头（或传递人姓名），收到。"

（3）首部检车员站立于机后一位车辆前端列车运行方向的左侧，使用对讲机向尾部检车员传递"确认信号"。

标准用语："×道×头（或接收人姓名），信号返过去了。"

（4）尾部检车员站立于尾部最后一辆车后端列车运行方向的左侧，使用对讲机接收首部检车员传递的"确认信号"。

标准用语："×道×头（或传递人姓名），收到。"

4. 撤除停车信号

（1）尾部检车员撤除尾部最后一辆车端列车运行方向左侧车体上的停车信号，向列检值班员汇报，列检值班员复诵确认。防护红旗撤除后卷起，防护红灯撤除后关闭，并随身携带。
标准用语：

尾部检车员："×道×头，红旗（红灯）、风表撤除、软管吊起。"

列检值班员："×道×头，红旗（红灯）、风表撤除、软管吊起。"

（2）首部检车员撤除机后一位车辆前端列车运行方向左侧车体上的停车信号，向列检值班员汇报，列检值班员复诵确认。防护红旗撤除后卷起，防护红灯撤除后关闭，并随身携带。
标准用语：

首部检车员："×道×头，红旗（红灯）撤除。"

列检值班员："×道×头，红旗（红灯）撤除。"

5. 联系汇报

列检值班员使用集中式直通电话或录音电话向车站值班员汇报简略试验结束，联系开车时间，合理安排送车。

标准用语："×道×次试风完毕。"

能力自评

能力自评见表 3-36。

表 3-36　能力自评

自 评 内 容	学 习 效 果		
	☺	😐	☹
简述货物列车制动机试验程序			
列车制动机试验手信号分类及表示方式			
货物列车制动机试验手信号传递方法			
简略试验适用场所			

项目四　客车运用维修

项目导读

铁路客车是铁路旅客运输的重要运载工具，运用维修工作是铁路运输的重要组成部分，维修质量直接关系到旅客生命财产安全。提供良好设备，保证行车安全，为旅客运输服务，是铁路客车运用维修工作的基本任务。

客车实行固定配属管理，其运用维修工作包括客车车辆管理、运用维修管理及运用安全管理等工作，主要由客车技术整备所（库检）、旅客列车检修所和客车乘务负责，客车所属的铁路局、车辆段是客车运用安全、质量的责任主体。客车运用维修工作应贯彻养修并重、状态监测、预防为主的方针，持续强化运用基础，不断完善管理机制，实现"管理规范、作业标准、队伍专业、装备先进、质量达标、安全可靠"的客车运用工作目标。

全路技术能手钟杏坤，2002 年从郑州铁路职业技术学院铁道车辆专业毕业分配到广州铁路（集团）公司广梅汕车辆段龙川客列检所工作。2005 年在首届全国铁道行业职业技能竞赛中，取得客车检车员第一名，被授予全路技术能手、全国技术能手称号，同时获得火车头奖章。

钟杏坤所在的检修所每天担负着 52 列旅客列车的站检和"不摘车维修"任务。由于安检工作是列车安全行驶的重中之重，这就要求检车员必须在列车停靠车站的短短几分钟之内，对客车出现的走行、钩缓、制动等部位的故障，做出准确判断和快速处理。钟杏坤把列车作为学习的最佳场所，从检点锤的一敲一击开始学起。每查一次，他都要对查出了几个故障、还有多少故障没查出来、为什么没查出来等几个问题进行逐项分析查找原因。功夫不负有心人，钟杏坤单车检查的成绩次次在车间名列第一。

在实践中学习，在学习中实践。学习和提高技能成为钟杏坤工作和生活的主题。每当遇到客车检修的难题，他不是向老师傅请教，就是抱着书本找答案。工作之余，他还常常给自己安排一大堆学习任务，上练功车练习基本功，下股道观察车辆各部件的运转，找工友比业务技巧，总是不闲着。

钟杏坤把自己的青春年华奉献在列车的安检工作上，长年累月风雨无阻，经过无数次的敲敲击击，终于练就一身过硬本领，成为首届全国铁道行业职业技能竞赛客车检车员状元。钟杏坤并不满足，他说，铁路跨越式发展要实现技术装备技术水平的快速提高，车辆的检修技术必须跟上时代发展的步伐。

任务一　客车车辆管理

🎯 学习目标

1. 知识目标

（1）了解铁路客车配属和转属原则。

（2）了解铁路客车借用和代管办法。

（3）掌握客车报废条件和办理流程。

2. 能力目标

（1）培养自主学习的习惯和能力。

（2）培养动手能力、空间理解能力、沟通能力和团队协作能力。

（3）培养逻辑思维和处理信息的能力。

3. 素质目标

（1）培养学习者的科学文化和专业素质。

（2）树立学习者良好的职业道德和劳动安全思维。

（3）根植维护铁路运行安全红线意识，培养服务大众出行的责任感和大国工匠精神。

🔧 教学建议

（1）建议在实训室和多媒体教室实施理实一体化教学。

（2）建议教学时长 1 学时。

🖐 教学资源

客车车辆管理

✍ 学习内容

客车车辆管理包括国铁客车的配属、转属、借用和报废等管理工作，地方客车、邮政车、自备客车的代管和属地管理工作，以及客车运用、检修、备用状态的管理工作。

国家铁路（含股改上市公司）所属的客车称为国铁客车；合资及地方铁路公司所属（以下简称地方铁路）的客车称为地方客车；中国邮政集团公司所属的用于运送邮件、包裹的客车称为邮政车；其他企业和部队等单位所属的客车称为自备客车。

国铁客车中由国铁集团统一管理车号的路用客车称为国铁路用车，由铁路局自行管理车号的路用客车称为局管路用车，国铁集团专运机构配属的客车称为专运客车，承担跨国运营任务的客车称为国际联运客车。

一、客车配属

客车配属工作由车辆部门负责。车辆部门应根据列车运行图、旅客列车编组表、季节性运输需求、维修生产需求、客车技术构造类别，以及集中管理、维修方便的原则做好配属管理工作。根据技术状态和用途不同，配属客车分为运用车、检修车、备用车（包括临修备用车和高峰备用车）。检修率最高不超过7%，临修备用率（以段为单位）最高不超过4%。

在国铁线路上运行（不含一次性过轨）的客车车号由国铁集团统一配发，具有唯一性，客车须按规定安装电子标签。新造客车出厂前，由制造工厂通过铁路客车管理信息系统（以下简称KMIS）向国铁集团申请客车车号，并填报客车技术卡片。

二、客车转属

（1）客车转属时，转出段应负责整备，转出的客车必须达到"运用客车出库质量标准"。

（2）转入段应派人到转出段接车并办理车辆技术交接，客车交接时，轴驱发电机、蓄电池、电扇、柴油发电机组、电气连接线等电气设备、消防器材、电气化厨房设备及移动备品应随车交接。

（3）本年度内厂修到期的客车原则上不得转属。

三、客车借用

（1）客车跨局间借用由国铁集团批准，局管内借用由铁路局批准。铁路局与地方铁路之间的客车借用，需签订借用协议，并履行客车借用相关规定；铁路局借出客车时须报国铁集团备案。

（2）接到客车借用命令后，借出单位应整备车辆并达到"运用客车出库质量标准"，借用单位应派人到借出单位接车并办理车辆技术状态交接。客车借用期间的技术履历信息由借用单位负责维护。

（3）客车借用时，借出单位应保证借用客车在借用期间厂、段修不过期；若长期借用，车辆的定期检修由双方协商解决。客车借用期间，借用客车及随车车辆乘务人员由借用单位按照本属管理，承担运用安全及管理责任。随车车辆乘务人员及借用客车的清算标准，按总公司财务结算有关规定执行，清算时间以调度命令为准。铁路局与地方铁路之间的客车借用费用按借用协议办理。

（4）客车借用结束时，借用单位应整备车辆，达到"运用客车出库质量标准"，并在规定的时间内与借出单位办理交接。

四、客车代管

（1）按照就近管理的原则，邮政车和非铁路局配属的国铁客车，经国铁集团批准后指定铁路局代管（实行代管的铁路局、车辆段简称代管局、代管段），进入国铁线路运营的地方客车由产权单位委托铁路局代管，有特殊用途的自备客车也应实行代管。

（2）与铁路局无隶属关系的代管客车由产权单位与代管局（段）签订代管协议。客车代管期间，代管局（段）承担客车运用安全及管理责任。国铁路用车、地方客车产权单位变更时，由新产权单位通过代管局向国铁集团报备。邮政车转属前，配属单位应与新代管局签订代管协议之后，由中国邮政集团公司向国铁集团提出代管变更申请。

五、客车报废

（一）报废条件

客车实行寿命管理，达到设计使用寿命的国铁客车必须强制报废。属于淘汰车型的客车由国铁集团根据既有存量、检修运用需求及费用等因素，提出报废指导计划。

在设计使用寿命期内，凡自然耗损过限、腐蚀或事故破损严重，经鉴定符合下列条件之一者，可申请报废：

（1）使用时间超过 20 年，且接近厂修到期，状态较差的客车；

（2）车体外墙、顶板需全部分解，并须更换铁立柱达 2/3 的客车；

（3）需要更换中梁的客车；

（4）中侧梁垂直弯曲超过 200 mm 或横向弯曲超过 100 mm 的客车；

（5）车底架扭曲，其倾斜度在车底架 1 m 以内超过 70 mm 或全部车底架超过 300 mm 的客车；

⑥ 破损严重，无修复价值的客车。

（二）报废手续

国铁客车报废时，由配属段（车在工厂时由工厂，事故车由事故发生地的铁路局）组织鉴定，符合报废条件时，填写《客车报废记录单》（车统-10），须附照片显示破损部位，报客车配属或代管局。超过设计使用寿命，须强制报废的客车，可不组织鉴定。

铁路局拟报废的客车经国铁集团初审合格后，填写《客车报废核准表》和《客车报废汇总统计表》一式两份加盖公章报国铁集团，国铁集团核准并加盖核准章后，一份返回，同时下发核准电报，取消客车配属。

铁路局接到国铁集团核准电报后，通知原申请单位。原申请段（厂）接到通知后，应抹消路徽、车号等标记，并在报废车两侧用油漆写上核准报废的命令号及日期。自核准之日起取消配属，并在 2 个月内解体完毕。

客车配属、转属、借用、代管、报废时，铁路局、车辆段（厂）均须按照 KMIS 使用维护管理规定，在 KMIS 中进行操作。

能力自评

能力自评见表 4-1。

表 4-1　能力自评

自 评 内 容	学 习 效 果		
	☺	😐	☹
简述铁路客车报废条件			
如何办理铁路客车报废手续			

任务二　客车技术整备所

学习目标

1. 知识目标

（1）了解客车技术整备所内生产生活设施。

（2）熟知客车技术整备所日常检修车下、库电技术检查作业过程。

（3）掌握运用客车出库质量标准。

（4）掌握客车辅（A1）修质量标准。

2. 能力目标

（1）培养自主学习的习惯和能力。

（2）培养动手能力、空间理解能力、沟通能力和团队协作能力。

（3）培养逻辑思维和处理信息的能力。

3. 素质目标

（1）培养学习者的科学文化和专业素质。

（2）树立学习者良好的职业道德和劳动安全思维。

（3）根植维护铁路运行安全红线意识，培养服务大众出行的责任感和大国工匠精神。

教学建议

（1）建议在实训室和多媒体教室实施理实一体化教学。

（2）建议教学时长 5 学时。

铁路客车

教学资源

运用客车出库质量标准　客整所车下技术检查作业　客整所库电作业　客车辅（A1）修质量标准及作业

学习内容

客车技术整备所，简称客整所，又称库列检，具有列车的辅修、A1 级检修、入库检查和客车整修和等功能。其职责如下：

（1）负责本、外属入库旅客列车的日常检修和加油、供电、吸污等工作。

（2）对本属旅客列车进行专项检修、临客整备、客车整修及客车辅（A1）修等。

（3）负责新造及厂、段修客车的接送和技术状态、备品的交接，负责回送、借用客车的整修、交接工作。

库列检对检修后的本属旅客列车，须保证在下次本属入库检修前不发生责任行车设备故障；对外属旅客列车实施折返检修，对经检查的项目承担返程安全责任，对车辆乘务人员交修的故障须积极处理，保证返程不发生责任行车设备故障。

一、客整所主要设施

客整所是客车运用维修保养的重要基地，应设置相应的整备线（库）、存车线、临修线（库）、站场照明、列车供电、车辆排污、污水处理、风水电路、配件材料存放、消防设施及运输通道等生产设施。

（一）线　路

客整所内的线路应平直，确因地形困难，线路纵断面的坡度不得超过 1.5‰。

1. 检修线

检修线是对客车车底进行车辆技术检查、整修的线路。

（1）检修线的数量应按始发、终到列车整修数选配。

（2）检修线应为平直线路，其长度不得小于整修车底的全长加安全距离（10 m）及调车机作业连挂长度（20 m）。其中 1~2 条检修线应增加拉钩检查距离（10 m）。

（3）整修车底的全长按列车编挂辆数乘以客车计算长度计算。

2. 存车线

存车线是存放非运用客车（如备用车、专用车、检修回送车等）的线路。

存车线的总长度（有效长）应按需要存放的非运用车辆数乘以客车计算长度计算确定。尽头式布置时，每股道增加安全距离（10 m）。线路间距一般为 5 m。

需要存放的非运用车辆数，一般按运用客车的 22%~25%计算。

3. 临修线

临修线是专供客车进行摘车临修的线路。

（二）客整所其他设备设施

客整所须配备起重、运输、换轮、充电、试风、车顶作业等检修设施和作业安全防护设施、通信装备等，检修设备及工装应满足客车检修需要，部分客整所典型设备如图 4-1 所示。

图 4-1　客整所

客车不落轮数控镟床的设置数量和位置须满足运用客车轮对临修及踏面定期修形的需要，如图 4-2 所示。

图 4-2　客车不落轮数控镟床

客整所应配备 TCDS（客车运行监控系统）、KLW（列尾装置）、轴温检测、绝缘监测等车载检测数据地面分析系统和 TPDS、TADS、TVDS（客车故障轨边图像检测系统）、微控试风等动态检测数据分析系统。

客整所应设置办公室、值班室、待检室、待班室、学习室、材料室、食堂、浴室、洗手间等生活设施。设置的乘务员休息场所，须满足本、外属车辆乘务人员食宿需求。

二、客整所列车日常检修

跨局旅客列车每运行一个往返、管内旅客列车每运行 4 000 km 必须安排入库实施日常检修。本属列车日常检修的库内技术作业时间应满足甩挂作业、例行检查和专项检修时间，须不少于 6 h，由于列车晚点等特殊原因无法满足时，应加强运输生产组织，确保安全质量。

单程运行距离在 2 000 km 及以上的旅客列车，折返铁路局须安排入库进行折返检修作业，技术作业时间应满足甩挂作业、例行检查和故障处理时间，须不少于 4 h；无法安排入库检修的，须采用动态检查技术进行补充作业，承担入库折返检修作业的安全质量责任。下面以某铁路局集团公司的 DC 600 V 空调客车为例介绍客整所日常检修作业流程。

（一）客整所车下技术检查作业过程

作业工序：作业准备→设置防护信号及作业标识→车列充风→车列技术检查→车辆故障修复→车辆故障复查→客车列车尾部装置（KLW）例行检查→列车制动机试验→风源撤除→撤除作业标识及防护信号→回所并填写台账

安全注意事项：① 在线路上检修、整备车辆的作业前后，应按规定设置、撤除安全防护信号。② 必须按规定穿戴好工作服、安全帽等防护用品，禁止穿拖鞋、凉鞋、高跟鞋作业。③ 钻越车底应防头碰配件，处理制动故障时应关门排风，严禁手指深入圆销孔内。④ 作业时要作业到位，程序不漏。站场作业须集中思想，执行"一站、二看、三确认、四通过"规定，作业时须注意避让邻线车列。⑤ 上下地沟注意安全，严禁跳越。

1. 作业准备

（1）由库检（库电）班组长到值班室与值班员进行作业信息确认。

① 确认作业车次、股道、作业时间。

② 确认车辆摘挂、专项检修、摘车临修、客车辅修、专项整治等变化。

③ 对 5T 系统、轴温报警、"车统-181""三乘联检"交修故障信息进行记录。故障记录要清晰准确，重点故障与车辆乘务员当面交接。

（2）班组长布置作业分工及作业重点。

① 将作业车次、股道、作业时间、车辆摘挂、专项检修、摘车临修、客车辅修、专项整治等变化向工作者进行传达。

② 将 5T 系统、轴温报警、"车统-181""三乘联检"交修故障及修复要求向工作者进行布置。

③ 对于本次作业，本组工作者按各自负责检修的范围（车号）进行分配。

（3）按规定着装，作业前工具、材料准备。

① 统一穿着工作服、戴工作帽（插拔电力连接器人员要佩戴绝缘手套、穿绝缘鞋）。着装不准袒胸露怀；不准戴无耳孔棉帽；不准穿棉大衣、长身雨衣；不准穿拖鞋、凉鞋及易滑鞋，不准穿不过膝的短裤。

② 库检作业前准备工具、材料。各量具状态良好，定检不过期。

（4）班组长组织本组作业人员列队，集体到达指定作业地点，如图 4-3 所示。按规定线路行走，过平交道口时严格执行"一停、二看、三确认、四通过"制度；严禁无号志钻车。

图 4-3 列队出发

2. 设置防护信号及作业标识

（1）通过手持机或者到一体化值班室了解作业股道状况，向当班值班员了解当班列车出入库时间和换挂、临修情况。与值班员确认作业股道具备作业条件后开始作业。

（2）到达作业股道开始作业。

① 在来车方向的左侧钢轨上设置脱轨器进行防护，脱轨器防护距离应大于 20 m，脱轨器具有良好的脱轨作用，必须插设安全销。脱轨器插设要求两人作业，一人防护，一人插设，如图 4-4 所示。

② 在手持机上确认脱轨器上轨状态（脱轨器标示牌指示灯亮红色灯光），使用对讲机将脱轨器上轨情况向一体化值班室反馈。

③ 将作业标识插在脱轨器作业号志固定槽内，如图 4-5 所示。

图 4-4　设置防护信号

图 4-5　设置作业标识

3. 车列充风

（1）检查列车试验器及软管状态，如图 4-6 所示。

① 列车制动试验系统执行器与列车制动管间的连接，应与列车制动管内径相匹配，使用内径 $\phi32$ mm 的胶管，长度不得超过 20 m。

② 列车制动试验系统执行器与列车总风管间的连接，应与列车总风管内径相匹配，使用内径 $\phi25$ mm 的胶管，长度不得超过 20 m。

③ 连接软管前须检查首尾制动、总风软管有无异物，胶垫破损时更换。

（2）操纵列车试验器充风对软管吹尘、排水，如图 4-7 所示。连接风管后继续充风，待后部来风后打开尾部折角塞门吹尘、排水。吹尘、排水时间须在 3 s 以上，不得有水雾排出。

图 4-6　检查列车试验器及软管状态

图 4-7　制动软管吹尘、排水

（3）关闭尾部折角塞门，连接尾部记录仪后打开折角塞门，观察尾车风表显示风压，如图 4-8 所示，分别与列车试验器、尾部记录仪显示风压进行校对，压力差不得超过 20 kPa。连接尾部记录仪前须检查首尾制动、总风软管有无异物，胶垫破损时更换。

图 4-8　检查列车尾车风表压力

4. 车列技术检查

从车底两端向中部检查，2 人 1 对，4 人平行作业，呼唤应答。发现故障，应在故障部位或明显处（但不得写在车皮上）用粉笔写明，并记于"车统-15"内。

（1）带地沟作业：检查人员进行技术检查作业，列车技术检查作业时为地面双人平行作业，地沟内包车作业。

① 地沟与地面作业以轮缘尖峰线为界，轮缘尖峰线内侧车底板及底板以下各部件为地沟包车检车员负责，外侧车底板及底板以下各部件为地上分边检车员负责，端墙外侧连接部分由地面人员负责。

② 车列两端车钩由钩提杆侧负责检查，试验车钩三态，测量车钩全开、闭锁位及钩高尺寸。

③ 车钩、软管、车钩防跳装置状态，由钩提杆侧检车员负责，钩舌销、螺母及上下开口销由另一侧负责。车体倾斜、定检标记等共同负责。软管、风挡的连接状态共同负责。

④ 密接车钩的解钩手柄及解钩风缸、定位销、开口销为地面作业，钩体、缓冲器、连接螺栓、防尘胶皮、吊挂系统、支撑弹簧盒、复原弹簧盒、钩尾销及螺母为地沟作业。

（2）非地沟作业：检查人员进行技术检查作业，列车技术检查作业时为双人平行作业。

① 以车体纵向中心线为界，车体纵向中心线上的各部配件、装置共同负责。

② 车列两端车钩由钩提杆侧负责检查、试验车钩三态，测量车钩全开、闭锁位及钩高尺寸。

③ 车钩、制动软管连接状态、闸瓦厚度差、旁承间隙、车体倾斜、定检标记等共同负责。

（3）在技术检查和制动机性能试验中发现的故障，用粉笔明显标出，并记入"车统-15"。

5. 修复车辆故障

修理人员先处理《旅客列车技术状态交接簿》（车统-181）回乘乘务员交修的故障，然后跟随检车员按规定的质量标准依次逐辆处理检车员标画的故障。处理后，在原标记处画"√"。对需要施焊者，配合电焊工一起焊修。需要摘车修时，由工长确认后通知值班员。需要换轮对时，及时联系有关班组做好换轮准备工作，并向值班员提出送车计划。

6. 车辆故障复查

检车员对车底全部技检作业完毕后，要回头对修理人员处理的故障进行复查。合格者抹去标记；不合格者，通知修理人员再行处理。

7. KLW 例行检查

（1）外观检查

① 将微控列车制动机试验器与车列制动软管连接，如图 4-9 所示，在车列另一端制动软管安装制动试验风表。充风至 600 kPa 保压 1 min，全列泄漏不超标，《铁路客车空气制动装置检修规则》规定列车制动管泄漏不得超过 20 kPa，局定风险控制措施全列制动管系泄漏量不得超过 8 kPa，风管延长管无泄漏、安装牢固，堵帽齐全、作用良好，胶管无龟裂、老化。

② 检查 KLW 主机风管连接良好，连接管、连接头外观无裂损、无漏风情况。

③ 检查专用 DC 48 V 电源插座无松动、破损，电源电压不低于 44 V，馈线固定、连接良好，无破损情况。

④ 检查 KLW 主机挂接牢固，馈线及电源线连接可靠，如图 4-10 所示。打开球芯截断塞门，闭合主机电源开关后，主机正常显示 KLW 的 ID 号。

⑤ 检查 KLW 主机月检测、年检测定检不过期。

图 4-9　KLW 主机风管连接

图 4-10　KLW 装机实景

（2）客列尾连接试验

① 车列充风至 600 kPa 并稳定后，检查客列尾便携库检仪状态良好，如图 4-11 所示，接通 KLW 主机电源，打开球芯截断塞门。

② 车列前部作业人员确认客列尾便携库检仪处于作业模式 1 下，核实客列尾便携库检仪模拟的机车号：9999XXXX，如图 4-12 和图 4-13 所示。

③ 车列前部作业人员使用对讲机核实车列后部客列尾 ID：XXXXXX。

图 4-11　客列尾便携库检仪

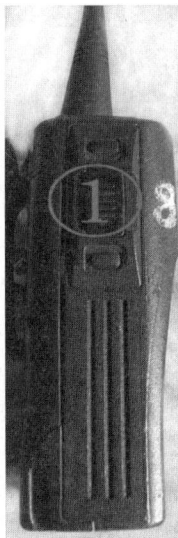

图 4-12　客列尾便携库检仪查询键　　　　图 4-13　客列尾便携库检仪作业模式 1

（3）客列尾风压检测

方式 1：手动风压查询。列车制动管达到定压 600 kPa 后，在保压状态下，车列前作业人员确认客列尾便携库检仪处于作业模式 1 时，便携库检仪收到的风压值与制动试验风表风压差值不应大于 20 kPa。

方式 2：自动风压提示。车列前部作业人员确认客列尾便携库检仪处于作业模式 1 下，客车列车制动管达到定压 600 kPa，作业人员使用微控试风手持机减压 100 kPa 后保压，减压至 555～565 kPa 时车列前部作业人员确认客列尾便携库检仪应接收到客列尾主机的风压欠压自动提示。确认便携库检仪收到的风压值与制动试验风表风压差值不应大于 20 kPa。

（4）辅助排风

车列前作业人员按客列尾便携库检仪顶部黄色键，客列尾便携库检仪发出辅助排风命令，触发车列紧急制动，车列制动管风压降为 0 kPa。客列尾主机一次排风时间为 30 s，在此期间客列尾便携库检仪作业人员不得再向客列尾主机发送任何数据（包括销号）。

（5）销号

车列前部作业人员确认客列尾便携库检仪处于作业模式 1 下，且客列尾连接成功。按侧面下键，便携库检仪便发出销号命令，实现销号。销号完毕后，车列后部作业人员关闭客列尾主机球芯截断塞门，断开客列尾主机电源开关。

8. 列车制动机试验

列车制动机试验包括泄漏试验、制动缓解感度试验、安定试验、持续一定时间的保压试验、总风管泄漏试验。

列车全部检修完后，4 名检车员，按规定的试验要求进行列车制动机持续一定时间的全部试验。对装有空气弹簧等装置的列车应同时检查两路总风管管系的泄漏。发现故障（除活塞行程不合适者外）通知修理人员处理后再复试。对更换分配阀的车辆应先进行单车试验，确认良好后，再进行列车制动机持续一定时间的全部试验。经检修车辆，应达到客车出库质量标准。

进行制动机性能全部试验作业时，由专人掌握列车试验器，尾部接好校对风表，首尾客车风表与校对风表（车底前部为试验器风表）的压力差不大于 20 kPa；进行列车制动机性能全部试验，确认车列制动机性能。地沟作业时全体检车员在地沟试风作业，按地沟包车作业过程依次传递并确认每辆车制动机的性能试验号志，非地沟作业时全体检车员应位于列车同一侧，确认列车中每一辆车的制动机性能，修理人员负责调整活塞行程。

尾部检车员确认列车主管压力达到 600 kPa 后，核查尾部车辆压力表压力，压差不大于 20 kPa，由专人进行微控列车试验器操作试验。

（1）列车管泄漏试验：确认列车管压力达到 600 kPa 时，保压 1 min，列车管压力下降不得超过 10 kPa。

（2）制动缓解感度试验：列车管压力达到 600 kPa 时，减压 50 kPa，检车员应按规定辆数检查确认全列车发生制动作用，保压 1 min 内不得发生自然缓解。充风缓解时检车员按规定辆数检查确认制动机 1 min 内缓解完毕，制动缓解指示器显示正确，如图 4-14 所示。

图 4-14　制动缓解指示器

（3）制动安定试验：在风压达到 600 kPa 时，减压 170 kPa，检车员按规定辆数检查确认全列车不得发生紧急制动，制动缸活塞行程符合规定。

（4）制动保压试验：在风压达到 600 kPa 时，减压 170 kPa，在制动状态下保压 1 min，制动主管压力空气泄漏量不大于 10 kPa。

（5）持续一定时间的保压试验：减压 100 kPa，在制动保压状态下保压 5 min，每辆车均不得发生自然缓解，泄漏量每分钟不超过 10 kPa。

（6）总风管泄漏试验：在风压达到 600 kPa 时，确认首尾车辆总风管风表压力，与列车试验器、记录仪风压校对，压力差不大于 20 kPa，1 min 内总风管压力下降不得超过 20 kPa。

9. 撤除风源

（1）车列下部作业及制动机试验全部结束，确认集便、塞拉门等相关用风作业全部结束。

（2）检车员确认车列处于制动保压状态，总风系统达到定压后，用列车试验器排除列车管、总风管内余风，然后关闭两端列车管、总风管折角塞门，如图 4-15 所示。

（3）摘解前部连接软管并收起，如图 4-16 所示，卸下风压记录仪，前、后部检车员均须将制动、总风软管加装风管堵并吊起。

图 4-15　关闭列车管、总风管折角塞门

图 4-16　摘解供风软管

10. 撤除作业标识及防护信号

作业完毕后，按规定撤除作业标识（见图 4-17），撤除脱轨器（见图 4-18），用手持机确认脱轨器下轨状态，并用对讲机向值班室反馈脱轨器下轨情况。

图 4-17　撤除作业标识

图 4-18　撤除防护信号

11. 回所并填写台账

列队归所，通知值班室作业完毕。由工班长汇总检修情况，填写车统-181，并递交至值班员。

（二）客整所库电技术检查作业过程

作业工序：作业准备→设置防护信号及作业标识→车列干线绝缘检测→技术检查→故障修复→车列卸载断电→撤除作业标识及防护信号→回所并填写台账

安全注意事项：① 按规定插设、撤除安全防护信号，集中思想，作业时须注意避让邻线车列；顺检修线路行走和车下作业时，防止碰、蹭、刮伤。② 作业时按规定统一穿戴作业服、作业帽，穿绝缘鞋，登高作业须佩戴安全带。③ 使用兆欧表检测绝缘前，须确认所测线路断电，确保设备和人身安全；使用校灯检测绝缘时应防校灯短路打火而烧伤手。④禁止带电处理故障，必须带电作业时，须一人防护、一人作业。

1. 作业准备

① 由库检（库电）班组长到值班室与值班员进行作业信息确认。工（组）长与到达包乘组联系，了解列车运行途中情况，并将"车统-181"填写的车电故障列为施修重点。

② 配齐工具、仪表，并进行必要的校验，确认作用良好，指示无误后，带上常用材料、配件，在工（组）长带领下前往指定线路。

2. 设置防护信号及作业标识

严格遵守各项安全制度和客整所挂牌作业制度，由专人负责插设防护信号。脱轨器安置在列车来车方向左侧钢轨上，防护距离不少于 20 m，防护号志设在脱轨器同侧的列车端部，白天为红旗，夜间为红灯。各作业班组必须分别插上各自的防护信号。插设好防护信号及作业标识后，开始作业。

3. 车列干线绝缘检测

（1）检测工具：普通客车使用 48 V/8 W 钨丝灯，AC 380 V 供电客车使用 500 V 兆欧表，DC 600 V 及 DC 600 V/AC 380 V 兼容供电客车使用 1 000 V 兆欧表。

（2）列车干线绝缘测试标准。

使用绝缘检测工具对运用列车和运用单车测试其干线绝缘值时，其值应满足表 4-2 所示的标准值。

表 4-2　列车干线绝缘测试标准

单位：MΩ

线　别	DC 600 V 及 DC 600 V/AC 380 V 兼容供电				AC 380 V 供电			
类别	运用列车		运用单车		运用列车		运用单车	
湿度	线间	线地间	线间	线地间	线间	线地间	线间	线地间
≤60%	≥2	≥1	4	2	2	1	4	2
61%	1.95	0.98	3.88	1.94	1.94	0.97	3.88	1.94
62%	1.9	0.95	3.76	1.88	1.88	0.94	3.76	1.88
63%	1.84	0.92	3.64	1.82	1.81	0.91	3.64	1.82
64%	1.78	0.89	3.52	1.76	1.75	0.88	3.52	1.76
65%	1.72	0.86	3.4	1.7	1.68	0.85	3.4	1.7
66%	1.67	0.84	3.28	1.64	1.62	0.82	3.28	1.64
67%	1.61	0.81	3.16	1.58	1.55	0.79	3.16	1.58
68%	1.56	0.78	3.04	1.52	1.49	0.76	3.04	1.52
69%	1.5	0.75	2.92	1.46	1.42	0.72	2.92	1.46
70%	1.44	0.72	2.8	1.4	1.36	0.69	2.8	1.4
71%	1.39	0.7	2.68	1.34	1.29	0.66	2.68	1.34
72%	1.33	0.67	2.56	1.28	1.23	0.63	2.56	1.28
73%	1.28	0.64	2.44	1.22	1.16	0.6	2.44	1.22
74%	1.22	0.61	2.32	1.16	1.1	0.57	2.32	1.16

线 别	DC 600 V 及 DC 600 V/AC 380 V 兼容供电				AC 380 V 供电			
类别	运用列车		运用单车		运用列车		运用单车	
湿度	线间	线地间	线间	线地间	线间	线地间	线间	线地间
75%	1.16	0.58	2.2	1.1	1.03	0.54	2.2	1.1
76%	1.11	0.56	2.08	1.04	0.97	0.51	2.08	1.04
77%	1.05	0.53	1.96	0.98	0.9	0.47	1.96	0.98
78%	1	0.5	1.84	0.92	0.84	0.44	1.84	0.92
79%	0.94	0.47	1.72	0.86	0.77	0.41	1.72	0.86
80%	0.88	0.44	1.6	0.8	0.71	0.38	1.6	0.8
81%	0.83	0.42	1.48	0.74	0.64	0.35	1.48	0.74
82%	0.77	0.39	1.36	0.68	0.58	0.32	1.36	0.68
83%	0.72	0.36	1.24	0.62	0.51	0.29	1.24	0.62
84%	0.66	0.33	1.12	0.56	0.45	0.26	1.12	0.56
≥85%	0.6	0.3	1	0.5	0.38	0.22	1	0.5

备注：运用客车 DC 110 V、DC 48 V 绝缘检测按下列要求执行。
　① 安装 DC 110 V 车列漏电检测装置的运用客车，车列绝缘以漏电检测装置无报警为合格。
　② 安装 DC 48 V 漏电检测装置的运用客车，车列绝缘以无单车漏电检测装置报警为合格。
　③ 未安装 DC 48 V 漏电检测装置的运用客车，需进行 DC 48 V 绝缘测试时，使用搭灯法进行检测：
　　用 48 V/8 W 灯泡测试时，正负极对地以灯泡钨丝不红为准（漏电流应不大于 30 mA），雨天和
　　寒冷地区冬季入整备库房时，以灯泡不亮为准（漏电流应不大于 60 mA）。

4. 技术检查

在车电作业过程中，严格执行"先接线，后通电，先断电，后撤线"原则，绝对禁止带电插拔电力连接器；严格执行地面电源设备操作规程；沿车体巡视到列车尾部，确认两侧电力连接线连接良好，确认第一辆客车上无"禁止供电"标识；供电前，无电作业人员在供电电源处集合确认全部人员到齐后才可进行供电作业。其作业内容及质量标准见表 4-3。

表 4-3　库检车电作业内容及质量标准

工序	检查部位	作业内容及质量标准	作业示范
车端连接器技术检查作业	通信连接器	（1）目视检查连接器外观。 ① 通信连接器标记清晰、正确。 ② 连接器表面油漆齐全，无鼓泡，无脱落。 ③ 通信连接器螺栓、螺母、弹簧垫、平垫片齐全，无缺失，压接紧固（防松标记不移位或弹簧垫压平）。 ④ 通信连接器与固定底座间密封良好，密封胶垫无缺失；连接器主体无裂损。 ⑤ 连接器上部左右两个定位销无缺失，无松动，无变形。 ⑥ 防护盖无裂损	 通信连接器

180

工序	检查部位	作业内容及质量标准	作业示范
车端连接器技术检查作业	通信连接器	（2）打开防护盖，目视检查连接器端面。 ① 导柱表面润滑，不变形；左右拉钩无裂损。 ② 摇臂及压杆等不锈钢件不变形，摇臂各连接处平垫片及卡簧齐全，连接处活动灵活。 ③ 防护盖簧作用良好。 ④ 连接器插孔内端子表面清洁，无烧损，无氧化变色，插孔内无异物。 ⑤ 连接器绝缘板无裂损，无变色。 ⑥ 连接器密封圈不老化、开裂	（图）通信连接器
	DC 110 V 电力连接器	（1）目视检查连接器外观，向上轻推压杆，观察保险钩状态。 ① DC 110 V 电力连接器标记清晰、正确。 ② 连接器表面油漆齐全，无鼓泡，无脱落。 ③ DC 110 V 电力连接器固定螺栓、螺母、弹簧垫、平垫片齐全，无缺失，压接紧固（防松标记不移位或弹簧垫压平）。 ④ DC 110 V 电力连接器与固定底座间密封良好，密封胶垫无缺失；连接器主体无裂损。 ⑤ 连接器上部左右两个定位销无缺失，无松动，无变形。 ⑥ 防护盖无裂损。 ⑦ 保险钩锁闭良好	（图）DC110V 电力连接器
		（2）打开防护盖，目视检查连接器端面。 ① 导柱表面润滑，不变形；左右拉钩无裂损。 ② 摇臂及压杆等不锈钢件不变形，摇臂各连接处平垫片及卡簧齐全，连接处活动灵活；保险钩能正常开闭。 ③ 防护盖簧作用良好。 ④ 连接器正负端子表面清洁，无烧损，无氧化变色，插孔内无异物。 ⑤ 连接器绝缘板无裂损，无变色。 ⑥ 连接器密封圈不老化、开裂	（图）DC110V 电力连接器
	DC 600 V 电力连接器	（1）目视检查连接器外观。 ① DC 600 V 电力连接器标记清晰，正确。 ② 连接器表面油漆齐全，无鼓泡，无脱落。 ③ DC 600 V 电力连接器固定螺栓、螺母、弹簧垫、平垫片齐全，无缺失，压接紧固（防松标记不移位或弹簧垫压平） ④ DC 600 V 电力连接器与固定底座间密封良好，密封胶垫无缺失；连接器主体无裂损。 ⑤ 防护盖无裂损	（图）DC600V 电力连接器

工序	检查部位	作业内容及质量标准	作业示范
车端连接器技术检查作业	DC 600 V 电力连接器	（2）打开防护盖，目视检查连接器端面。 ① 导柱表面润滑，不变形；左右拉钩无裂损；防尘堵齐全。 ② 防护盖簧作用良好。 ③ 摇臂及压杆等不锈钢件不变形；摇臂各连接处平垫片及开口销齐全，连接处活动灵活；保险钩能够正常开闭。 ④ 连接器端子表面清洁、无烧损、无氧化变色，插孔内无异物。 ⑤ 连接器绝缘板无裂损、变色；绝缘板固定螺栓、弹簧垫、平垫片齐全，固定良好（弹簧垫压平）。 ⑥ 连接器密封圈不老化、开裂	
	DC 600 V 电力连接器空座	（1）目视检查连接器空座外观，向上轻推压杆，观察保险钩状态。 ① DC 600 V 电力连接器空座标记清晰、正确。 ② 连接器表面油漆齐全，无鼓泡，无脱落。 ③ DC 600 V 电力连接器空座固定螺栓、螺母、弹簧垫、平垫片齐全，无缺失，压接紧固（防松标记不移位或弹簧垫压平） ④ DC 600 V 电力连接器空座与固定底座间密封良好，密封胶垫无缺失；连接器主体无裂损。 ⑤ 防护盖无裂损。 ⑥ 保险钩锁闭良好	
		（2）打开防护盖，目视检查连接器空座端面。 ① 导柱表面润滑，不变形；左右拉钩无裂损；防尘堵齐全。 ② 摇臂及压杆等不锈钢件不变形；摇臂各连接处平垫片及开口销齐全，连接处活动灵活；保险钩能正常开闭。 ③ 防护盖簧作用良好。 ④ 连接器绝缘板无裂损，无变色；绝缘板固定螺栓、弹簧垫、平垫片齐全，固定良好（弹簧垫压平）。 ⑤ 连接器空座密封圈不老化、开裂	
	通信连接器空座	（1）目视检查连接器空座外观。 ① 通信连接器空座标记清晰、正确。 ② 连接器表面油漆齐全，无鼓泡，无脱落。 ③ 通信连接器固定螺栓、螺母、弹簧垫、平垫片齐全，无缺失，压接紧固（防松标记不移位或弹簧垫压平）。 ④ 通信连接器空座与固定底座间密封良好，密封胶垫无缺失；连接器空座无裂损。 ⑤ 防护盖无裂损	

182

工序	检查部位	作业内容及质量标准	作业示范
车端连接器技术检查作业	通信连接器空座	（2）打开防护盖，目视检查连接器端面。 ① 摇臂及压杆等不锈钢件不变形；摇臂各连接处固定良好，活动灵活。 ② 防护盖簧作用良好。 ③ 连接器密封圈无老化、开裂	 通信连接器空座
	邻车供电连接器	（1）目视检查邻车供电连接器外观，向上轻推压杆，观察保险钩状态。 ① 邻车供电连接器标记清晰、正确。 ② 连接器表面油漆齐全，无鼓泡，无脱落。 ③ 邻车供电连接器固定螺栓、螺母、弹簧垫、平垫片齐全，无缺失，压接紧固（防松标记不移位或弹簧垫压平）。 ④ 邻车供电连接器与车体间密封良好，密封胶垫无缺失；连接器主体无裂损。 ⑤ 防护盖无破损。 ⑥ 保险钩锁闭良好	 邻车供电
		（2）打开防护盖，目视检查连接器空座端面。 ① 连接器中部两个定位销无缺失，无松动，无变形。 ② 导柱表面润滑，不变形；左右拉钩无裂纹，破损。 ③ 防护盖簧作用良好。 ④ 摇臂及压杆等不锈钢件不变形，摇臂各连接处平垫片及卡簧齐全，连接处活动灵活；保险钩能正常开闭。 ⑤ 连接器 R1、S2、T3、N 四个插孔内清洁，无异物，无烧损，无氧化变色。 ⑥ 连接器绝缘板无裂损，无变色。 ⑦ 连接器密封圈不老化、开裂	 邻车供电
	侧灯插座	（1）目视检查侧灯插座外观。 ① 侧灯插座表面油漆齐全，无鼓泡，无脱落。 ② 侧灯插座固定螺栓、螺母、弹簧垫、平垫片齐全，无缺失，压接紧固（防松标记不移位或弹簧垫压平）。 ③ 侧灯插座与固定底座间密封良好，密封胶垫无缺失；插座主体无裂损。 ④ 防护盖无裂损	

工序	检查部位	作业内容及质量标准	作业示范
车端连接器技术检查作业	侧灯插座	（2）打开防护盖，目视检查侧灯插座端面。 ① 防护盖簧作用良好。 ② 侧灯插座内部清洁，无异物；正负极柱表面清洁，无氧化烧损，无变形，无折断、无缺损脱落。 ③ 插座内绝缘板无裂损，无变色；插座内部卡簧作用良好，绝缘板固定良好。 ④ 列车首尾车侧灯插座应用侧灯试验作用良好	
	两车连接处各连接器状态	（1）目视检查 DC 600 V 电力连接器连接处状态。 ① 电力连接器插头对无脱漆，无变形；紧固螺栓无松动（弹簧垫压平）。 ② 连接器电源线护套无裂损；防尘波纹管无裂损，喉箍紧固无松动。 ③ 电力连接器插头对与车体连接器配合良好，电力连接器插头无倾斜，防跳卡凸起部位落入摇臂卡槽内（用手向上轻推压杆，防跳卡不脱出），防护盖自然下垂接触插头对。 ④ 电力连接器插头对检修标识内容齐全、字迹清晰、固定良好、检修标记不过期；连接器插座检修铭牌内容齐全、字迹清晰、固定良好。 ⑤ 连接器插头对的专用线三角标识牌悬挂良好，检修不过期（仅首尾车与机车连接端有，每季度更换一次）	
		（2）目视检查 DC 110 V 电力连接器连接处状态。 ① DC 110 V 电力连接器插头对无脱漆，无变形；紧固螺栓无松动（弹簧垫压平）。 ② 连接器电源线护套无裂损。 ③ 防护盖在弹簧作用下弹起成水平状。 ④ DC 110 V 电力连接器插头对与车体连接器配合良好，电力连接器插头无倾斜，保险钩卡闭到位（用手向上轻推压杆，保险钩不脱出）	
		（3）目视检查通信连接器连接处状态。 ① 通信连接器插头对无脱漆，无变形；紧固螺栓无松动（弹簧垫压平）。 ② 连接器电源线护套无裂损。 ③ 防护盖在弹簧作用下弹起成水平状。 ④ 通信连接器插头对与车体连接器配合良好，通信连接器插头无倾斜。 ⑤ 连接器插头对检修标识内容齐全、字迹清晰、固定良好、检修标记不过期；连接器插座检修铭牌内容齐全、字迹清晰、固定良好	

工序	检查部位	作业内容及质量标准	作业示范
接地装置技术检查作业	接地体固定螺栓	使用手电筒照射并锤敲检查接地体固定螺栓安装状态。 ① 轴端接地装置固定螺栓无松动、丢失。 ② 如螺栓丢失或松动，使用扭矩扳手进行安装紧固（M10 螺栓紧固力矩为 45 N·m）。 ③ 发生接触网掉线等事故后，必须对与接触网相接触车的接地装置进行更换	
	接地回流装置检查孔盖	使用手电筒照射，目视检查接地回流装置检查孔盖安装状态。 ① 检查孔盖无裂损。 ② 检查孔盖安装螺钉（4 颗）无松动、丢失	
	接地线与接地体、构架的固定螺栓	使用检点锤敲击检查接地与线接地体、构架间的固定螺栓状态，固定螺栓无松动、丢失，螺栓连接处导电良好且无锈蚀；如螺栓丢失或松动，使用扭矩扳手进行安装紧固（M12 螺栓紧固力矩为 55 N·m）	
	接地线	手摸检查接地装置与构架、构架与车体之间铜编织线状态。 ① 铜编织线导电面积不小于 35 mm^2。 ② 铜编织线长度为从设备接地点到就近的车体钢结构梁柱接地紧固件（接线端子）的距离加 50~100 mm	
车下分线盒、配线槽/管技术检查作业	配线槽及其吊带	① 配线槽连接部无腐蚀、缺损、变形；连接部各螺栓、螺母、平垫片、弹簧垫圈齐全、无缺失，螺母压接紧固（目视检查弹簧垫圈压平）；连接部位接口处密封良好，密封胶密封良好。 ② 配线槽吊带无腐蚀、裂损、变形，各螺栓、螺母、平垫片、弹簧垫圈齐全，无缺失，安装紧固（目视检查防松标记不移位或弹簧垫圈压平）	

工序	检查部位	作业内容及质量标准	作业示范
车下分线盒、配线槽/管技术检查作业	过线波纹管	① 各波纹管及管箍无腐蚀、老化、裂损、变形。 ② 波纹管与模块线槽连接部位无松动、管箍紧固（顺时针手旋管箍检查紧固状态）	
	过线盒	过线盒无腐蚀、裂损、变形；过线盒密封胶皮完整、无缺损，各固定螺栓、平垫片、弹簧垫圈齐全，无缺失，安装紧固（目视观察弹簧垫圈压平）	
电源装置静、动态技术检查作业	电源箱悬吊装置	① 悬吊焊接牢固，无变形、裂纹、开焊、锈蚀。重点检查弯角处。 ② 悬吊装置固定螺栓无松动，吊耳无裂纹、开焊。固定螺栓、螺母及防松件齐全，无锈蚀，安装紧固。每个螺母须用检点锤敲击检查，注意检查中部螺母。 ③ 电源箱背部通风散热口通畅无堵塞	
	电源箱体	① 箱体、散热器、散热风扇外罩表面无杂物；散热器、散热风扇外罩固定螺栓无松动；散热器无大面积变形、损伤，散热良好。 ② 箱体表面油漆无大面积脱落，箱体无破损，外观无变形。接地保护线齐全、安装牢固。生产厂家标牌、出厂铭牌及安全警示牌安装牢固，表面清洁，字迹符号清晰	
	电源箱附属装置	① 箱锁、搭扣、折页齐全，焊接牢固，无开焊、锈死现象，作用良好。折页轴良好，无磨损、折断，端部开口销须完全包裹。 ② 各引线套管连接良好，外观无破损。 ③ 防脱装置各配件齐全，固定件紧固铆接良好；端部开口销无折断，开口角度大于60°	
	动态（通电）作业	（1）打开电气综合控制柜，依次闭合 Q20、Q30、Q19、Q35、Q36 空气开关，输入 DC 110 V 电源。 ① 散热风机工作正常。 ② 系统自检正常。 各空气开关对应控制关系： Q20：母线 DC 110 V 电源空气开关； Q30：本车 DC 110 V 电源空气开关； Q19：本车供电试验空气开关； Q35：逆变器控制空气开关； Q36：充电机控制空气开关	

工序	检查部位	作业内容及质量标准	作业示范
电源装置静、动态技术检查作业	动态（通电）作业	（2）依次闭合 Q1、Q2、Q3 空气开关，输入 DC 600 V 电源，进行空载试验。 ① 逆变器、充电机正常启动开始工作，散热风扇工作正常，通风顺畅。 ② 充电机、逆变器与电气综合控制柜通信正常，电气综合控制柜上触摸屏、PLC 主控器工作正常，车下电源指示灯显示绿色，触摸屏上显示为正常信息代码"00"。 ③ 逆变器输出电压：AC 380×（1±5%）V；频率：（50±1）Hz；单相逆变器输出电压：AC 220×（1±5%）V；频率：（50±1）Hz；充电机输出电压：DC 118～123 V	
		置电气综合控制柜工况于通风位，进行轻载试验。逆变电源工作正常，通风机启动运行，逆变电源输出三相电压平衡。 置电气综合控制柜工况于全冷（暖）位，进行负载试验。逆变电源能工作正常，空调机组启动运行，逆变电源输出三相电压平衡，电流值正常，各状态指示灯指示正确（春秋季视外温做该项试验）	
		检查本车直流漏电电流，直流漏电电流值不得大于 100 mA	
		打开 DC 110 V 用电负载，进行充电试验。充电机工作正常，充电限制流值为（25±1）A，最大整流电流输出不大于 69 A	
DC110V 蓄电池及箱静、动态技术检查作业	蓄电池箱体吊架	使用检点锤敲击蓄电池箱体固定螺丝及吊架、接地线。吊架零部件齐全，安装螺栓紧固无松动，接地线无松动、抗磨	
	蓄电池箱体	目视检查电池箱外观。 ① 门、锁、搭扣、合页齐全，作用良好。 ② 各引线套管连接良好，外观无破损。 ③ 箱体表面清洁、无腐蚀破损，接地保护线作用良好。 ④ 定检标记容量、检修时间等正确、清晰，无破损，安装良好	

续表

工序	检查部位	作业内容及质量标准	作业示范
DC110V 蓄电池及箱静、动态技术检查作业	蓄电池箱体	检查排水排气孔作用良好，无堵塞	
	动态检查	打开电气综合控制柜，打开本车电池开关，检查本车蓄电池空载电压，整车空载电压不低于额定值	
		依次打开照明、集便等 110 V 控制负载开关，检测蓄电池放电电压、放电电流。负载电压 DC 110 V 蓄电池组不低于 92 V	
		检查完毕后，断开控制柜负载电池开关，确认各箱体门锁闭良好	
电气综合控制柜静、动态检查作业	电气综合控制柜（静态检查）	表面平整、涂层光滑、无明显色差，无锈蚀、脱漆；柜门开关灵活无卡滞，开度不小于90°，关闭严密，锁闭装置良好，折页、插销安装牢固，作用良好；指示灯灯罩无裂损，安装牢固无松动；触摸屏、轴温报警仪外观干净整洁，无破损，安装牢固；各转换开关、空气开关安装牢固，作用正常，位置处于正常位。下柜门黄色警示牌齐全，粘贴牢固；柜体安装牢固，无腐蚀、破损、变形	
		（1）电气综合控制柜内电气元件位置图及电气原理图。 电气元件位置图及电气原理图清晰、齐全、干净整洁，粘贴良好，各电气元件接线与其相符	

工序	检查部位	作业内容及质量标准	作业示范
电气综合控制柜静、动态检查作业	电气综合控制柜（静态检查）	（2）控制柜内从上到下依次检查柜内柜顶穿线孔配线防护，各线排、线槽、电气元件。 ① 柜顶穿线孔处配线余量适当，线束、线管包扎良好；配线穿越金属板孔（或管）时须加绝缘护套，护套无老化、破损；线槽、穿线管出线口等处无磨、卡、压现象；配线绝缘层无老化、烧焦、局部硬伤。 ② 配线感温贴粘贴齐全、良好，无变色、翘起，感温贴变色时必须查明原因并及时处理，处理完毕后再次通电试验，确保感温贴不再变色。 ③ 各接线排固定良好，检查笼式端子压接良好。短接板接插到位。 ④ 线槽导线整齐，扣接牢固，盖板齐全；电气元件标识齐全、清晰，粘贴牢固，与图纸相符。线槽外的导线绑扎结实，整齐美观，用线卡固定在箱体或骨架上。 ⑤ 网关、代理节点安装牢固，接线无松动、老化、变色。 ⑥ 熔断器座安装牢固，熔断器作用良好，容量符合要求。 ⑦ 网络转换开关作用良好，指示正确（正常编组和全列统一，反挂车相反）。 ⑧ SB2 供电试验开关作用良好，定期进行试验。 ⑨ 各接触器、欠压保护器、空气开关安装牢固，接线无松动，限位挡座齐全、牢固。电气元件定检不过期。各空气开关型号标识和参数齐全、清晰，装用须符合选型要求。 ⑩ 安全记录仪安装牢固，配线紧固、齐全。 ⑪ 各电源模块接线良好，安装牢固。 ⑫ 首尾车干线在线绝缘监测装置触摸屏及 PLC 主机固定牢固，接插件插接紧固、无松动 （1）检查电气综合控制柜内电气元件位置图及电气原理图。 电气元件位置图及电气原理图清晰、齐全、干净整洁，粘贴良好，各电气元件接线与其相符	 配线检查 网关检查

续表

工序	检查部位	作业内容及质量标准	作业示范
电气综合控制柜静、动态检查作业	电气综合控制柜（静态检查）	（2）控制柜内从上到下依次检查各接线排、线槽、配线、电气元件。 ① DC 600 V 电采暖空气隔离开关接线良好，外表无电弧烧痕，采暖期处于闭合位，其他时期处于断开位，并用 ϕ1.5 mm 钢丝固定（隔离开关严禁带载操作）。 ② PLC 及扩展板配件齐全，接线良好，各插接件固定螺丝紧固，无变色。 ③ 各熔断器座安装牢固，容量符合要求，无烧损。 ④ 各中间继电器安装牢固，固定卡簧齐全良好，指示正确。 ⑤ 主开关 Q1、Q2、Q3 接线牢固。 ⑥ 各电热熔断器作用良好，主电路接触器安装牢固。 ⑦ 空调控制空气开关接线良好，接线无松动、变色；通风机、冷凝风机、压缩机接触器、热继电器作用良好，整定值符合规定。 ⑧ 配线、线槽及接线排质量标准执行上柜标准。 ⑨ 电气元件定检不过期。各空气开关型号标识和参数齐全、清晰，装用须符合选型要求	
	电气综合控制柜（动态检查）	（1）打开综合电气控制柜，依次闭合 Q20、Q30、Q19、Q35、Q36、Q1、Q2、Q3 空气开关。其中：Q1 为 Ⅰ 路供电空气开关，Q2 为 Ⅱ 路供电空气开关，Q3 为车下电源箱空气开关。 ① 闭合空气开关时，同步目视检查空气开关状态，确保其无拉弧、跳闸故障，无卡滞等现象。 ② 检查代理节点、网关状态，"电源"灯常亮，"LSV"灯常灭。 ③ 各接触器吸合状态正常，无电磁噪声。 ④ 目视检查传感器、PLC 可编程控制器、DC 600 V 在线绝缘监测装置状态，各指示灯状态正确。 ⑤ 目视检查触摸显示屏各参数。触摸显示屏显示正确、清晰；主画面上车厢号、车内温度、当前时间显示正确；Ⅰ 路电压、Ⅱ 路电压范围：540～660 V；110 V 母线电压范围：92～125 V；本车电压不低于 92 V；屏显单车漏电值不大于 50 mA，漏电值跳动量不大于 20 mA	空气开关 代理节点、网关 接触器

工序	检查部位	作业内容及质量标准	作业示范
电气综合控制柜静、动态检查作业	电气综合控制柜（动态检查）	（2）旋转组合控制柜面板"照明选择"转换开关，分别置"半灯""全灯"位，检查接触器闭合状态，并确认无电磁噪声	 照明选择开关
		（3）旋转 SA1 转换开关分别置"试验Ⅰ路"和"试验Ⅱ路"，进行Ⅰ路和Ⅱ路供电试验。 ① 检查柜门各指示灯状态正确。 ② 检查接触器闭合状态，并确认无电磁噪声。 ③ 检查触摸显示屏各参数（充电总电流小于70 A，充电电流小于 30 A）；逆变器电压范围：AC 380×（1±5%V）	 置"试验Ⅰ路"时各指示灯状态
		（4）旋转 SA1 转换开关置"自动"位，进行自动供电试验，奇数车厢号，选择Ⅰ路供电；偶数车厢号，选择Ⅱ路供电，确认各车供电选择情况	
		（5）分别点击触摸显示屏"全列监控""本车网络""车下电源"，检查本车联网功能。 ① 首尾车信息完整。 ② 本车网络信息均在线，显示正常。 ③ 车下电源与控制柜通信正常，触摸显示屏显示为正常信息代码"00"	
客车照明设施技术检查作业	照明配电柜	（1）试验转换开关、DC 110 V 母线熔断器指示报警装置。 　照明配电柜转换开关控制作用良好、正确；DC 110 V 母线熔断器指示报警装置不报警。 （2）试验 DC 110 V 系统绝缘监测装置。 ① 照明配电柜 DC 110 V 电源接通后，DC 110 V 系统绝缘监测装置电源灯亮。 ② 按下模拟漏电试验按钮的同时，DC 100 V 正线报警、负线报警指示灯亮，报警蜂鸣声响起。 ③ 松开试验按钮，DC 110 V 正线报警、负线报警指示灯灭，报警蜂鸣声停止	
	照明灯具	（1）静态检查：各型灯具齐全、完整，形式统一，安装牢固；灯罩无松动、破损、变形；灯锁作用良好，无缺损、松脱。 （2）动态检查：灯具无漏光，灯色一致，无明显闪烁、灭灯，无异味、异响	

工序	检查部位	作业内容及质量标准	作业示范
TCDS装置静、动态技术检查	TCDS装置静态检查	（1）检查TCDS装置外观。主机外观整洁，壳体无变形；配件齐全，安装牢固无松动，各接插件插接紧固。 （2）车内GPRS（通用分组无线服务）天线吸附牢固，连接线无破损，天线周围无屏蔽。 （3）检查、清洁机箱及附件。内外部清洁，无积尘；接插件、空气开关、接线排等零部件齐全、安装牢固、性能良好，空气开关校验不过期；各连接配线无破损、老化，连接正确，线号清晰，排列整齐，接线牢固；配线出线口防护胶套齐全	
	TCDS装置动态检查	（1）检查电源保险丝容量、电源电压符合要求。 ① DC 110 V保险容量为2 A。 ② 用万用表直流电压200 V挡测量接线端子排外接线33号端子与34号端子间直流电压为77～137.5 V	
		（2）检查各板卡指示灯状态。主机供电正常，主电源板卡、辅助电源板卡指示灯常亮；管压力监测板卡电源常亮，板卡工作显示约1 s周期闪亮；轴温板卡电源常亮、接收、发送指示灯接收数据时闪亮；GPS和GPRS一体化板卡电源常亮，GPS接收数据时周期性闪亮，收不到数据时熄灭，GPRS非周期性闪亮；串口隔离板卡车电通信时闪烁，无通信时熄灭；CPU（中央处理器）板卡电源常亮；WLAN（无线局域网）板卡电源常亮，无线不定期闪亮或连续闪亮。 （3）向监控值班员核对主机使用的SIM卡（用户识别卡）在有效期内，确认编组信息（车次、车组）准确。值班员登录TCDS客车安全监控系统页面，确认监控车正常上线，编组信息（车号、车次、车组）准确，SIM卡在有效期内	
电子防滑器技术检查作业	电子防滑器主机	（1）主机安装牢固，配件齐全，面板清洁。 （2）TFX1（1G、1K、1B）显示屏代码为"88"；SAB（20O、20C、20R）显示屏代码为"99"。 （3）接线排端子压接良好、紧固，接线正确，线规范整齐	
	速度传感器	（1）传感器安装紧固，引线须用卡子固定，防止产生强烈甩动或振动摩擦。 （2）接线良好，端子紧固，线号清晰。 （3）用调整垫片调整传感器与感应齿轮顶部间隙，垫片强度良好，无变形。TFX1型（铁科院产品）为（1.0±0.2）mm；MGS2型（KNORR产品）为（0.9±0.5）mm；SWKP AS 20C型（SAB WABCO产品）为（1.5±0.5）mm，HTFH-ST（和利时浩通产品）为（2.0±0.5）mm	

工序	检查部位	作业内容及质量标准	作业示范
电子防滑器技术检查作业	电磁排风阀	（1）外观检查除尘状态，检查各风路、各橡胶密封圈。 （2）外表面清洁，无破损、锈蚀，内部无杂质、积垢，清洁干净，各风路畅通，无堵塞。 （3）安装螺栓齐全，牢固。与风管路连接良好，接口无泄漏。 （4）导线无老化，端子焊接良好，罩壳无破损，安装到位	
	通电试验	在充风状态下自动或手动上电： ① TFX 型防滑器：风压大于（200±10）kPa时，电源能自动接通，显示器显示"88"，主机进入正常工作状态。 ② SWKP AS20 型防滑器：风压大于（180±10）kPa 时，电源能自动接通，显示器显示"99"，主机进入正常工作状态。	
轴温报警装置技术检查作业	轴温传感器	① 手拧传感器安装紧固，紫铜垫与轴箱、传感器密贴；目测传感器引线无老化、破损，根部橡胶护套良好；传感器引线平顺朝外、不扭曲，与车体无抗磨。 ② 目测传感器接线盒安装螺丝齐全、无锈蚀。 ③ 目测轴位标记与轴位一致，标记清晰。 ④ 手摸线管安装卡，安装紧固	
	外温传感器	（1）手拧传感器安装紧固，紫铜垫与轴箱、传感器密贴；目测传感器引线无老化、破损，根部橡胶护套良好；传感器引线平顺朝外、不扭曲，与车体无抗磨。 （2）目测传感器接线盒安装螺丝齐全、无锈蚀。 （3）手摸线管安装卡，安装紧固	
	轴报器（车上）	（1）接线排线号清晰，接线无脱出且固定良好。 （2）轴报器安装位置正确，定检标记不过期。 （3）轴报器接插线插头不松动，插头引线布线平整，固定扎带绑扎牢固。 （4）轴报器外壳面板各标识清晰，面膜无破损，粘贴牢固，屏幕无缺损、划伤	
	轴报记录仪（车上）	（1）轴报记录仪外壳面板各标识清晰，面膜无破损，粘贴牢固，屏幕无缺损、划伤。 （2）轴报记录仪固定卡子安装位置正确，固定螺丝、平垫、弹簧垫齐全，弹簧垫压平。 （3）轴报记录仪接插线插头不松动，插头引线布线平整，固定扎带绑扎牢固	

续表

工序	检查部位	作业内容及质量标准	作业示范
空调装置技术检查作业	作业防护	检修前，在空调控制柜上悬挂"断电"警示牌，电源转换开关（SA1）处于"断开"位置，各设备空气开关处于"关断"位置	
	空调机组及排水管	检查空调机组各盖板、护板齐全，无翘起、破损，发现不良或无法判断时，需登顶进行确认（带有接触网线路，应按照段接触网线路作业管理内容执行）。检查空调排水管，排水管固定牢靠，各焊接点无开焊，管卡无松动。排水管排水顺畅。连接软管无破损。排水管无严重腐蚀，长度符合要求	
	空调出、回风口	① 检查空调机组各出风口，出风口顺畅，百叶窗（密网式透气孔及板）齐全，无松动。带风量调节，风量调节作用可靠。 ② 检查空调机组各回风口，回风口顺畅，回风过滤网无堵塞、脱落、变形，清洁度符合要求，回风口无渗水现象。否则须打开回风窗，检查蒸发器过滤网，分解检查空调航空插头状态。回风口滤网框无破损，各锁具、插销作用良好。 ③ 空调风道无变形、脱落、翘起。各部密封严密	
	空调装置通电试验	① 静态检查后，对空调控制柜进行检查完毕后，对车辆进行供电。 ② 检查各电器设备运行情况。 ③ 检查各风机运转无异音、异常振动。 ④ 客室内各出风口风量均匀，有制冷（热）效果。 ⑤ 从显示屏（电流表、电压表）检查各风机、压缩机、空气预热器工作电流及电压，符合规定范围	
		在回风口处，使用小于"A4"纸张进行回风性能测试，纸张能够平稳地吸附在百叶窗上，不良时应查找原因并处理	
塞拉门技术检查作业	塞拉门各部件	（1）检查内外门板无严重变形；门扇胶条无撕裂、破损；玻璃安装牢固，塞拉门立罩板已防火改造。 （2）翻转脚蹬脚踏板端轴及踏板作用良好，转动灵活，无裂损、弯曲变形；固定支架、转轴箱、下拉杆、支撑架等部位无严重锈蚀和裂损。 （3）配线管无锈蚀，管接头与锁紧螺母配合良好；接线盒安装牢固，无锈蚀，螺丝齐全，密封良好	

续表

工序	检查部位	作业内容及质量标准	作业示范
塞拉门技术检查作业	塞拉门操作装置	（1）对内、外操作装置功能，紧急解锁装置功能，隔离锁功能进行检查测试；检查测试门锁装置安装牢固，位置正确，作用良好。 （2）上下滑道清洁，无杂物，安装牢固，无变形、撬曲、裂损，驱动机构长、短圆导柱，上下滑道，无杆气缸上推杆轴承与携门架滑槽等润滑良好（Ⅱ号通用锂基润滑脂润滑）	
	通电试验	（1）车门关闭到位，隔离锁没有锁闭时，操作"内（外）操作"开关，门打开，门开启过程中动作平稳。关门时发出声响报警，状态指示灯指示正常。再次操作"内（外）操作"开关，车门关闭，并发出声响报警，状态指示灯指示正常	
		（2）车门锁闭，隔离锁没有锁闭时，操作"紧急解锁"开关，发出声响报警，同时门解锁，可手动开启车门。当门关闭到位后，检查隔离锁，隔离锁须能顺利闭锁和解锁。闭锁时，能够屏蔽控制回路电源。 ① 气动开启时，门的净开度为 710～740 mm。电控方式下开门时，门的单程运行时间为 2～5 s。 ② 各门开关动作前应具有声响提示。门锁锁闭、打开过程中，确认一、二级锁闭动作正常。门关到位后，观察门锁的锁叉须在第二锁闭点被锁住。 ③ 气动开门时，脚踏板自动放平（指示灯亮）；关门时，脚踏板自动向上翻转至挡块处。无气时，脚踏板自动翻起	 声响报警装置　　隔离锁
		（3）防挤压功能测试 ① 门关闭过程中，人为施加一定阻力，防挤压功能应发生作用；门应自动返回，延时 2～5 s 后，门应重新关闭。 ② 98% 开关功能试验。在门扇关闭至离前门框密封胶条约 15 mm 时应屏蔽防挤压功能	
		（4）5 km/h 速度试验。在防滑器输出速度信号处，人为给一个大于 5 km/h 速度开关信号，门控系统须自动关门及锁闭，并不能通过电控开关打开门	

5. 故障修复

① 对于"车统-181"报库故障，须查明原因、彻底处理。

② 对于库内检查发现的所有故障，须全面处理。

③ 工长须对重点故障处理结果进行把关。

④ 将检查发现的所有问题和故障及时记录在"车统-15"上。

⑤ 编组中无法处理的故障，根据需要及时提报吊下修或甩车计划。

6. 车列卸载断电

① 作业完毕，关闭各负载开关。

② 锁闭各辆车配电柜和配电室门。

7. 撤除作业标识及防护信号

作业完毕后，按规定撤除作业标识（工种小牌），撤除脱轨器，用手持机确认脱轨器下轨状态，并用对讲机向值班室反馈脱轨器下轨情况。

8. 回所并填写台账

列队归所，通知值班室作业完毕。由工班长汇总检修情况，填写"车统-181"，并递交至值班员。

（三）运用客车出库质量标准

库列检通过施行日常检修和专项检修，须保证上线客车达到"运用客车出库质量标准"（见表 4-4），客车出库质量标准中的裂纹、裂损、折损均指在正常检查方式下，肉眼可视裂纹、裂损、折损。

表 4-4　运用客车出库质量标准

部位	质量标准
轮对	（1）轮轴各部不得有裂纹，轮毂无松动现象，各部尺寸符合规定限度。 （2）制动盘盘毂、盘座、半盘连接部无裂纹，散热筋（片）无贯穿裂纹，制动盘摩擦面无明显偏磨，制动盘磨耗及摩擦面热裂纹不超限，制动盘、螺栓、销套无松动，螺栓开口销无折损、无丢失
转向架	（3）构架、摇枕、弹簧托梁及各安装座（含车体上与转向架配件相连的安装座）无裂纹、变形，摇枕吊及吊轴、横向控制杆、抗侧滚扭杆、牵引拉杆（横向拉杆）、牵引销、上下心盘、轴箱导柱、定位转臂及夹紧箍、各安全吊无裂纹，摇枕弹簧及轴箱弹簧无裂损。 （4）导柱弹性定位套无脱落、窜出；轴箱定位节点、牵引拉杆橡胶节点、横向挡等橡胶件无破损和脱胶；橡胶堆定位器不开胶，无裂纹，缺口方向符合规定；抗侧滚扭杆关节轴承及橡胶保护套无脱出、无裂损。 （5）摇枕挡、旁承、横向止挡间隙不超限；转向架各部安装螺栓无松动，防松铁丝捆绑良好；心盘垫板无破损、窜出，摇枕挡磨耗板无脱落。 （6）空气弹簧高度测量块无缺失，橡胶囊与金属板的粘接面无脱离，橡胶囊及橡胶堆表面裂纹不超限，胶囊帘线不外露。 （7）高度调整阀及调整杆安装牢固，无裂损、变形，调整杆护套完好；差压阀安装牢固、无裂损；防过充安全钢丝绳、圆销、开口销无折损；AM96 型转向架空气弹簧排风装置排风良好，钢索、操纵杠杆、弹簧、开口销等无折损。 （8）各油压减振器配件无缺失、安装牢固，无漏油、无折损

196

续表

部位	质量标准
基础制动装置	（9）盘形制动单元的杠杆和悬吊装置无裂纹，各杠杆转动灵活；各圆销、开口销无丢失、折损或磨耗到限，各圆销与套配合间隙不过限，销套不窜出。闸片厚度不超限，缓解时闸片离开制动盘或闸片无压力。 （10）踏面制动（含踏面清扫器）制动梁及制动梁吊、闸瓦托吊、各拉杆及杠杆无裂纹；杆件与托不抗劲，各托架安装牢固、无裂纹；缓解弹簧安装牢固、无裂损；闸瓦及闸瓦托托磨耗不过限；各圆销、开口销无丢失、折损，各圆销与套配合间隙不过限，销套不窜出、裂损；闸瓦托防翻装置、闸瓦托吊销防脱挡齐全良好。 （11）制动缸活塞行程符合规定，自动间隙调整器、ST1-600型闸调器作用良好，缓解时闸瓦不紧靠车轮，闸瓦不偏磨；各垂下品距轨面符合规定。 （12）手制动机作用良好，链条处于松弛状态；各磨耗部（含转向架、钩缓等各部）磨耗板齐全，润滑良好
空气制动装置及总风装置	（13）列车制动机试验符合规定。制动、缓解作用良好，制动管系泄漏不超限，单元制动缸、制动缓解显示器及防滑排风阀无泄漏，总风管系贯通良好，泄漏不超限。 （14）管系各管卡无松动、丢失；各阀、塞门、风缸配件无缺失、安装牢固、位置正确、作用良好；软管无鼓泡，安装无松动，连接状态良好，防尘堵悬挂牢固，防尘堵链垂下后不超过垂下品距轨面的限度规定；折角塞门手把开口销无折损、丢失；制动缓解指示器清洁，显示正确，无裂损；风表不过期；紧急制动阀铅封齐全。 （15）单元制动缸及座无裂损，定位销轴定位良好，防尘套无破损，金属软管无松动、抗磨、破损。 （16）集成电空制动机箱、气路控制箱箱体及安装座无破损、松动，箱门关闭良好。 （17）客列尾例行检查试验良好，主机安装牢固，管路无泄漏，胶管无龟裂、老化，专用DC 48 V电源插座无松动、破损，工作正常
车钩缓冲装置	（18）15号车钩缓冲装置车钩、尾框、托板、摆块及吊、冲击座、从板及座无裂纹，缓冲器无裂损；托板螺栓、钩尾销横穿螺栓无松动，防松铁线安装良好；钩舌销无折断，螺母安装良好，开口销无折损；缓冲器无上翘；钩提杆落槽，不冲击下锁销连杆；下锁销及钩提杆按规定捆绑；车列首尾车钩三态作用良好，车钩高度符合规定；相连车钩差不过限。 （19）密接式车钩缓冲装置安装座、缓冲器壳体、钩体无裂纹和永久变形；各部螺栓无松动、丢失；两车钩连接间隙及缓冲器的内半筒相对外壳后端面的伸出量不超限；解钩手柄定位良好、无变形
车体及车顶设备	（20）车辆定检不过期；车端登车扶梯及防攀盒安装牢固，盒门锁闭良好；车体倾斜不超限；车底架各梁无裂纹，墙、顶板无破损。 （21）风挡弹簧、阻尼装置安装牢固、无折损；折棚式风挡拉杆组成松紧适度、连接牢固，篷布无裂损，车内折棚挂绳（簧）齐全，渡板无翘起；铁风挡折棚无弯曲、裂损和开焊；橡胶风挡胶囊裂损不超过100 mm。 （22）脚蹬安装牢固，无腐蚀、破损；手把杆无破损、丢失、松动；各裙板锁闭紧固。 （23）车底架各悬吊装置（含电器设备箱体悬吊）配件齐全、安装牢固、无裂纹，防松螺母无松动；车下各箱体（含电器设备箱体）外观无破损，箱门锁闭良好；油箱、水箱、污物箱无泄漏。 （24）各注水管、排水管及导管、排便桶安装牢固，无缺失；排水管朝向正确，避开轴箱、台车、轮对及基础制动装置；各类排水管、制动管、缓解阀拉杆等部件与车体间孔路封堵可靠，防寒材不外露。 （25）车顶不漏雨；车顶设备安装牢固，车顶天线、车顶活盖、通风器、废排风帽、消音器帽等无缺失，固定螺栓无脱落、松动现象

续表

部位	质量标准
车内设备	（26）按规定配备灭火器、消防锤；灭火器检修不过期，压力符合规定，铅封完好。墙板、地板、顶板完整无孔洞，通过台、厕所、洗面间、小走廊地板及墙板各压条齐全，间隙孔洞封堵良好。 （27）各折页门、拉门、翻板及簧、锁、门止及碰头配件齐全，作用良好；塞拉门作用良好，各锁开关正常，翻转脚蹬安装牢固、作用正常；自动内端门手动、电动控制位转换功能良好，作用灵活，防挤压功能良好。 （28）活动车窗配件齐全，升降、锁闭作用良好；门窗玻璃安装牢固、无破损；外嵌拉铆结构车窗窗框无破损、松动。 （29）座席、卧铺及吊带、扶手、扶梯、茶桌、行李架、衣帽钩安装无松动；座席及卧铺面布无破损；车内身高标志牌、座号牌、铺号牌、残疾人专用座席标牌齐全、清晰，位置符合规定；车内地板及地板布无影响行走的塌陷、鼓泡现象。 （30）给水管系及阀不漏水、作用良好；洗面盆、洗手盆、便器安装牢固、裂损不影响使用；水位表（液位仪）显示准确，检修不过期。 （31）采暖装置配件齐全，作用良好。温度表、水位表指示准确；管系各阀、塞门、接箍、弯头无漏水、冻结。燃煤温水锅炉、茶炉及餐车炉灶作用良好，烟筒及防火隔热装置完整。 （32）集便装置作用良好，便器冲水均匀、无外喷
车下电气装置	（33）测试列车干线绝缘符合规定；车端电气连接器各插头、插座外观无变形、破损，标记清晰、正确；连接线护套无损伤，密封垫无破损；各连接器连接牢固；首尾安装尾部标志灯的车辆 DC 48 V 侧灯插座导通良好。 （34）各分线盒、配线槽、配线管安装牢固；各传感器（包括制动供风系统压力传感器、车体及转向架加速度传感器、防滑器速度传感器、轴温传感器、蓄电池温度检测传感器）、排风阀安装牢固，配线无破损，各引线套管连接良好、无抗磨；轴端接地装置、车体接地线安装牢固，螺栓无松动、丢失。 （35）轴端发电机各部配件齐全，作用良好；大小皮带轮安装无松动、裂纹，螺栓无折损，悬吊装置配件齐全，无裂纹，吊销与销孔间隙符合规定、润滑状态良好；皮带安装松紧适度，不磨底槽；整流元件表面无烧痕，导线无脱焊。 （36）蓄电池无松动、漏液，电解液面符合规定；接续线牢固，无硫化，导电良好；电解液密度及电压符合规定，熔断器容量符合规定，定检标记清晰；排水、排气通畅；单块电池电压符合规定，DC 110 V 蓄电池组放电电压不低于 92 V
车上电气装置	（37）电气综合控制柜、电源柜、空调控制柜、照明配电柜（盘）、厨房电器控制柜等电器控制柜门锁状态良好、关闭严密；触摸屏及指示灯正常，各开关、按钮操作灵活、接触良好；各传感器、热继电器、PLC、触摸屏、在线绝缘检测装置的设定值符合规定、作用可靠；各电气开关、接触器、继电器等电气元件安装牢固、作用良好；接线端子无松动、脱焊、烧损，测温胶贴齐全、无变色；各配线无外露、绝缘良好；各熔断器容量符合规定。 （38）充电机、逆变器输出电压、频率正常；充电机、逆变器与电气综合控制柜通信正常，触摸屏上显示正常信息代码；电气综合控制柜的车下电源箱指示灯显示为绿色。 （39）通电后控制柜电源转换及空调控制电气动作及指示正常，各项功能符合要求；各功能单元工作电流正常；DC 600 V 单车漏电电流不超过 100 mA，AC 380 V 单车漏电电流不超过 150 mA；首尾车 DC 600 V 干线在线绝缘监测装置 CF 卡完好，触摸屏无故障或错误显示，任一路干线对地电压不得低于 130 V。 （40）空调装置各部配件齐全、作用良好、安装牢固；蒸发器网、回风网清洁；机组空气预热器安装牢固，无烧损；根据外温通电试验检查相应功能，系统功能作用须良好，各电机运转正常、无异声。 （41）电加热器安装牢固、作用良好，防护罩与墙板间无异物，与加热板（管）不密贴；温水箱、伴热装置工作正常；电开水器出水阀无松动、漏水，加热及保护功能正常。

续表

部位	质量标准
车上电气装置	（42）照明灯具配件齐全，形式统一，照明正常。旅客信息显示系统车厢显示屏显示正确；48 V应急电源整流、充电、应急输出功能正常。顺位号调节器作用良好。厕显开关配件齐全，安装牢固，作用良好。隔离变压器、电铃、排气扇、电动水泵、插座、播音呼唤公共系统等装置作用良好。 （43）电气化厨房电蒸饭箱排水阀和排气阀开闭正常（自动排气阀开启压力不大于0.05MPa），管件连接处无渗漏；通电后，设备工作正常。电炸锅、排油烟机通电后，控制面板按键控制作用良好，设备工作正常。电磁灶控制旋钮挡位控制灵活，工作正常，进、出风口畅通，通风管道清洁，空气通过冷却盘无阻碍，风扇、冷却盘安装牢固。保鲜加热柜箱门开关灵活，通电工作正常。电冰箱配件齐全、无泄漏，箱体及门无破损、密封良好，换热器及滤网清洁；配套逆变装置电源输出可靠，通电后冰箱工作正常。 （44）影视系统电视画面清晰、频道正常、安装可靠；影视控制器功能正常，表面清洁。播音系统电源开关处于工作位，音量开关工作正常。 （45）电子防滑器主机与电气综合控制柜的PLC、行车安全监测装置的车厢级主机通信正确、可靠；电气综合控制柜触摸屏上防滑器的信息显示应为正常信息代码；与塞拉门联锁信号（小于5 km/h）作用良好。 （46）轴温报警器、记录仪轴位显示准确，轴温及外温显示功能正常，声光报警可靠；同侧静态轴温温差小于5 ℃；报警器车厢顺位号、记录仪时钟、记录时间间隔设置正确；记录仪通信功能正常；报警器与电气综合控制柜中的PLC通信正常，在电气综合控制柜触摸屏上无"故障"信息显示。 （47）烟火报警器主机声光报警功能良好，电源开关处于工作位，与电气综合控制柜中的PLC通信正常，在电气综合控制柜触摸屏上无"故障"信息显示。 （48）行车安全监测装置：车厢级电气设备监控网络网关、代理节点各指示灯显示正常；电气综合控制柜触摸屏显示本车电气设备信息正常，车厢顺位号与实际编组相符；列车级电气设备监控网络主控站触摸屏显示正常，无离线车辆及故障信息。列车级主机显示的列车编组数、车厢顺位号应与实际编组相符，防滑器、制动、转向架的"报警/故障"报告内容不得出现黄色标志

三、客车辅（A1）修

客车辅（A1）修系对轮对和制动装置进行专项检修。对轮对尺寸进行检测，核对TPDS轮对冲击当量，按限度规定对车轮踏面进行修形；对104分配阀等配件实施换件修；对非密封式制动缸、自动间隙调整器、远心集尘器、锥形塞门等配件进行分解检修；对制动机、电子防滑器等进行单车试验。

（一）客车辅（A1）修质量标准

经辅（A1）修后车辆符合"客车辅（A1）修质量标准"（见表4-5）。

表4-5　客车辅（A1）修质量标准

项目	部位	质量要求
轮对轴箱装置	轮对	（1）检查踏面、轮辋、轴身等各部状态，测量轮径，轮缘垂直磨耗高度，轮缘厚度，踏面擦伤、剥离、局部凹陷尺寸及圆周磨耗深度等，各部尺寸不符合限度表中辅（A1）修限度要求时进行轮对踏面修形。 （2）查阅辅（A1）修前1个月TPDS探测数据，冲击当量不符合限度表中辅（A1）修限度要求时进行轮对修形

项目	部位	质量要求
轮对轴箱装置	轴箱	（3）轴箱清除外部尘垢，各部无裂纹、甩油、螺栓无松动。有甩油或状态异常者开盖检查，前轴承保持架、内圈及其他零件的可见部分不得有裂损、松动和异状，无缺油、混砂、混水、油脂变质和金属粉末。开盖时橡胶密封圈全数更换。组装后密封良好，螺栓无松动。 （4）对轴端接地装置进行检修：接地体、车体接地线及保护电阻线连接牢固，有断线时更换，电阻线任意一端断股3根及以上整根更新。轴箱盖目测无裂纹。螺栓无锈蚀、松动，配件齐全
制动装置	分配阀	（5）104分配阀更换为合格品，F8分配阀进行状态检修，安装牢固，标记清晰、不过期。 （6）对分配阀中间体进行外观检查，有裂纹者更换；对各空气室及气路进行吹尘，中间体内的滤尘器须分解检查、清扫
制动装置	压力表	（7）检查压力表状态，检定标记须在有效期内。压力表等级须为1.5级，量程为0~1 000 kPa。压力表检修须符合国家质量技术监督局规定的检修规程，经校对合格的压力表须贴检定标签并加铅封
制动装置	空气管系	（8）制动软管、总风软管无鼓泡，安装角度正确、无松动。 （9）锥形折角塞门和截断塞门须分解检查，清扫给油，各部状态及作用须良好；球形折角塞门和截断塞门作用良好者可不分解，不良者更换为合格品。分解清扫远心集尘器、过滤器及其滤网，阀体、止尘伞状态须良好，胶垫、螺栓及螺母更换新品。对气路控制箱进行除尘，分解清扫过滤器及其滤网。 （10）检查管卡、吊架无松动。检查各塞门、单向阀、制动缓解指示器、金属软管等作用不良者更换。检查高度调整阀、空重车阀、差压阀安装牢固，配件无缺损。电空制动装置进行外观检查，各部配件须齐全。 （11）各风缸排除积水，排水塞门须作用良好。 （12）以600 kPa风压吹扫除尘，组装后对空气管路系统进行泄漏检查，各部无泄漏
制动装置	基础制动装置	（13）检查基础制动装置及各安全托（吊）无松动、裂损、开焊，各圆销、开口销磨耗及销套配合间隙符合要求，销套不窜出。 （14）手制动机清除尘垢，分解蜗轮盒，并油润保养
制动装置	制动缸	（15）非密封式制动缸须分解检查，清洗给油；活塞压板、皮碗无裂纹、破损、变形、变质，弹簧无折损。 （16）密封式制动缸作用良好者可不分解，防尘套须作用良好，不良者更换。 （17）单元制动缸配件齐全，安装牢固
制动装置	自动间隙调整器和ST1-600型闸调器	（18）自动间隙调整器应分解检查、检修，确保作用良好，并清扫给油，调整螺丝须留有1/2以上的调整量。 （19）ST1-600型闸调器应清除外露部分尘垢，并进行外观检查；螺杆、护管、闸调器体、控制杆等无弯曲、变形，连接部位配件齐全，紧固件无松动，圆销、开口销磨耗不过限，螺杆工作长度不得少于100 mm
制动装置	KLW附属装置	（20）风管无泄漏、安装牢固，堵帽齐全，胶管无龟裂、老化。球芯截断塞门作用良好。 （21）车顶天线配件齐全，安装牢固，密封性能良好，天线法兰座焊接牢固可靠，根部焊接处无裂纹、防水性良好，天线电压驻波比不大于1.5。馈线无破损、线卡无松动，馈线转接插座安装牢固。DC 48 V电源插座无松动、破损，作用良好。

续表

项目	部位	质量要求
制动装置	电子防滑器	（22）测量速度传感器与齿轮顶径向间隙须符合规定：TFX1 型（铁科院产品）为（1.0±0.2）mm；MGS2 型（KNORR 产品）为（0.9±0.5）mm；SWKP AS 20C 型（SAB WABCO 产品）为（1.5±0.5）mm，HTFH-ST（和利时浩通产品）为（2.0±0.5）mm。 （23）检查压力开关、排风阀、速度传感器等各部配件齐全、安装牢固，各处接线紧固。车下线管、接线盒须完整，断裂或严重腐蚀时更换新品。主机内部及接线排处清洁，接插件插接牢固。
	试验要求	（24）按《客车制动机单车试验方法》进行制动机试验。 （25）按《电子防滑器静态试验方法》进行防滑器试验。 （26）制动机试验时，校对制动压力表、总风压力表与单车试验器压力表压力差小于±10 kPa。 （27）制动机试验时，单元制动缸制动、缓解作用良好，活塞杆复位无卡滞现象。制动时闸片、闸瓦分别压紧制动盘、车轮；缓解时，闸片对制动盘、闸瓦对车轮无压力。间隙调整器作用良好
油润保养	各磨耗部	（28）对各磨耗部进行油润保养
涂打标记	在规定位置打检修标记	（29）非密封式制动缸活塞杆须按附图涂打标记。$A=30$ mm，$B=175$ mm。 （30）检修完毕后，在二、三位端墙定检标记 A1 栏内涂打检修标记，标记示意图如下：

修程	时间	检修单位
A1	2013.03.19	长
A2		
A3		
A4		
A5		

75 mm	212 mm	75 mm

注：A1～A5、年、月、日、单位为 40 号大宋体字，字周边留 30 mm，行间距为 50 mm；外框线宽 3 mm，内框线 2 mm

（二）辅（A1）修作业

作业工具：微控单车试验器、管钳、扳手、螺丝刀、扭力扳手、木槌、钢丝刷、漏模、毛刷、钢丝钳、第四种检查器、塞尺、卷尺、检点锤、手电筒、三角钥匙、油桶、轮径尺、油漆笔等。

作业注意事项：① 确认防溜；② 作业前到安全员处签字确认后上脱轨器。作业前到值班室签字、插设防护号志；③ 按规定穿戴劳保用品；④ 通过道口注意"一站、二看、三确认、四通过"；⑤ 雨雪天气时当心滑倒，登高作业时防止坠落，地沟作业时当心碰头，现场作业时，不侵邻限。

作业工序：作业准备→设置防护信号→检修作业（空气管系、除锈吹尘、压力风表、分配阀及远心集尘器、基础制动装置、手制动机、轴箱、轮对测量及外部清洁）→单车试验→电子防滑器试验→落成及质量检查（油润、标记涂打）→撤除防护信号→完工作业。

1. 作业准备

（1）做好风源排水除尘工作。

（2）微控单车试验器每日开工前必须进行自检，确保试验器状态良好，如图4-19所示。

（3）检查工具、材料。

（4）调阅辅修前1个月TPDS数据，非空簧客车报警当量≥18且17及以上报警超过3次，空气弹簧客车≥17时换轮或镟轮。

（5）作业之前必须正确佩戴劳保用品，严防人身伤害。

（6）查询本车一个辅（A1）修期内临修换阀情况，对2次及以上临修换阀的车辆（非104阀故障引起的TCDS制动报警临修换阀除外）在吹尘作业时进行重点吹尘。

2. 设置防护信号

到达作业列车股道时，指定专人负责确认脱轨器状态，并插设防护号志，如图4-20所示。

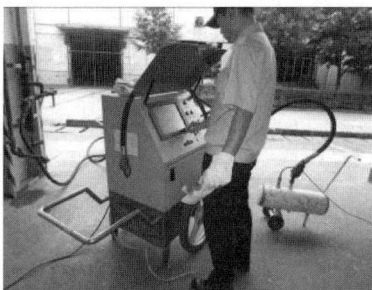

图4-19 微控单车试验器自检

图4-20 设置防护信号

3. 检修作业

（1）空气管系检修

① 检查制动软管、总风软管

对未安装客列尾装置客车的总风软管、制动软管进行检查，确保制动软管、总风软管无鼓泡，安装角度正确、无松动，如图4-21所示。对制动软管、总风软管胶圈进行更换。

制动软管更换

对安装客列尾装置的客车按下列要求执行：

a. 卸下制动软管、总风软管送制动室检修；卸下制动软管、总风软管做好防护。

b. 更换经检修合格的新制动软管或总风软管（见图4-22），软管密封胶圈过期的须进行更换。更换软管前须根据车钩型号选用不同长度的软管。

c. 安装制动软管、总风软管，确认制动软管、总风软管两端防护件拆除。

图 4-21　总风软管、制动软管检查

图 4-22　制动软管更换

d. 在总风软管连接器处加装防开卡。

e. 安装完毕后充风试验，在软管连接部位进行涂抹肥皂水试验。

② 检查折角塞门和截断塞门

截断塞门、折角塞门作用灵活，安装无松动，角度正确（见图 4-23）。作用不良者更换为检修合格品。

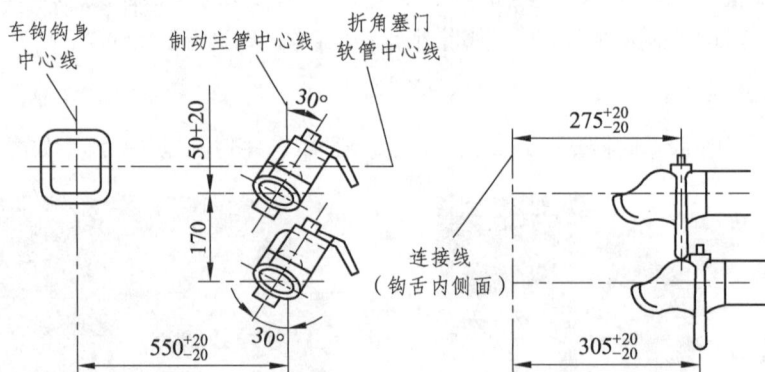

图 4-23　折角塞门安装角度

③ 管系各管卡、吊架无松动、丢失，管子腐蚀超过管子壁厚 1/2，超过时须更换。高度调整阀、空重车阀、差压阀安装牢固，配件无缺损。紧急制动阀阀体、手把不得有裂损、弯曲（见图 4-24）。缓解指示器安装牢固、作用良好，面罩清洁显示清晰、正确（见图 4-25）。

图 4-24　紧急制动阀手柄

图 4-25　缓解指示器

（2）除锈吹尘

① 清理各风管路、副风缸、工作风缸、制动缸、气路控制箱外部尘垢。

② 连接单车试验器（见图4-26），关闭截断塞门及另一端折角塞门，用木槌敲打主管、支管、副风缸、工作风缸及连通管。待风压充至600 kPa时，微控单车选择"快充位"，连续3次以上开、闭另一端折角塞门。开通截断塞门，将车辆另一端的折角塞门关闭。依次连续3次以上开、闭副风缸、工作风缸等排水塞门，每次吹尘不少于2 s，中间间隔不少于2 s，关闭各排水塞门。

③ 一个辅（A1）修期内发生2次及以上临修换阀（非104阀故障引起的TCDS报警除外）的要连续吹尘5次以上。每次吹尘不少于2 s，中间间隔不少于2 s。

（3）压力风表检修

检查压力表状态，检定标记须在有效期内（见图4-27）。压力表等级须为1.6级，量程为0～1 000 kPa。压力表检修须符合国家质量技术监督局规定的检修规程，经校对合格的压力表须贴检定标签并加铅封，否则进行更换。需更换压力表时，表座与墙板须牢固，表面须入槽，安装螺丝不得穿出墙面；更换后须与微控单车试验器进行风压校对。

图4-26　单车试验器除尘

图4-27　压力风表

（4）远心集尘器检修

除尘：用钢丝刷清扫组合式集尘器体和集尘盒表面污垢，检查螺栓孔附近无裂纹；止尘伞及立柱无变形、折断等；打开截断塞门2～3次用600 kPa压力空气进行吹尘，一个辅（A1）修期内发生2次及以上临修换阀（非104阀故障引起的TCDS报警除外）的连续吹尘5次以上。每次吹尘不少于2 s，中间间隔不少于2 s。

安装：① 组装集尘盒前应先检查组合式集尘器体内无卡滞的集尘伞（见图4-28）；② 检查胶垫无缺损、不过期；③ 组装集尘盒时，安装一个密封胶垫（光面朝向集尘盒）到集尘盒胶垫槽内；④ 集尘盒六角螺栓更换为M10×45的8.8级达克罗非全螺纹六角螺栓，组装前在螺纹处涂抹抗咬合剂，并依次安装尺寸为ϕ10的达克罗平垫圈和达克罗标准型弹簧垫圈及M10的8级达克罗螺母，螺栓从上自下穿入；⑤ 采用扭力扳手均匀紧固，力矩为35～45 N·m，不得单侧一次紧固到位。组装过程中确保密封胶垫安装正位，无挤压变形现象，组装后涂抹肥皂水进行泄漏试验，确保无泄漏，并用白色油漆笔涂打防松标记；⑥ 检查验收紧固件是否紧固时，不得使用锤敲击检查，而应使用力矩扳手校验。

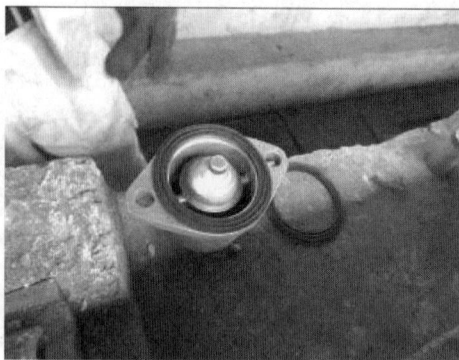

图 4-28　远心集尘器内部

（5）分配阀检修

拆卸 104 分配阀：① 取出的滤尘器（网），放于干净处。② 选择"快充位"用 600 kPa 压力空气进行吹尘，连续开闭截断塞门 2~3 次，每次吹尘不少于 2 s，中间间隔不少于 2 s；一个辅（A1）修期内发生 2 次及以上临修换阀（非 104 阀故障引起的 TCDS 报警除外）的要开闭截断塞门 5 次以上，每次吹尘不少于 2 s，中间间隔不少于 2 s。③ 卸下阀的安装面上应装防尘罩。④ 滤尘器（网）或杯须无锈蚀、堵塞、破损。

安装分配阀（见图 4-29）：① 橡胶垫更换新品，新品须无破裂、老化、不过期（保存期不超 6 个月），安装须正位，如更换改进后的铸铁中间体，主阀垫必须更换为改进的主阀垫；② 紧急阀体铁质滤网更新为改进的铜质滤网；③ 紧固安装螺栓，安装阀体，最后紧固螺母，要求螺栓无松动，胶垫密封线不挤出安装面外；④ 安装制动阀主阀、紧急阀时，安装螺栓需使用扭矩扳手并调节至（70±10）N·m，对角紧固，注意安装密封垫无窜出、密封良好，用白色油漆笔涂打防松标记；⑤ 作用部、均衡部排气弯管更新为改进的螺旋式排风部。

图 4-29　分配阀安装

制动缸检修

（6）制动缸检修

制动缸检修前须关闭截断塞门，排除副风缸、工作风缸、制动缸压力空气。密封式制动缸作用良好者可不分解，防尘套须作用良好，不良者应更换。非密封式制动缸须分解检查，清洗给油。制动缸前盖无裂纹；制动缸内壁无划痕，漏风沟良好；制动缸无泄漏，无裂纹。进行单车试验时，在制动缸后盖或制动缸管系安装试验。活塞行程、标记符合规定，并在活塞杆用标准漏模喷白漆涂打行程标记。单元制动缸作用良好，金属软管不抗磨，闸片厚度不小于 15 mm。

（7）闸调器检修

J型闸调器：拆卸闸调器，对调整器体外部尘垢清扫；风筒鞴鞴压板、掣轮、掣子等配件裂损者更换；皮碗更换为新品。调整器体安装好后，在制动缸活塞行程（190±10）mm时调整螺丝须留有1/2扣以上调整量。

闸调器检修

ST1-600型闸调器：清除外露部分尘垢。螺杆、护管、闸调器体、控制杆等无弯曲、变形。连接部位配件齐全，紧固件无松动，圆销开口销磨耗不过限，螺杆工作长度不得小于100 mm。

（8）基础制动装置

① 单元制动缸及夹钳（见图4-30）：清除单元制动缸杂物，对制动夹钳装置进行除垢；单元制动缸销轴压板螺栓紧固，销轴不窜出，防脱挡齐全；各制动销套配合间隙不超过3 mm，衬套无松动窜出，螺栓紧固，开口销状态良好；基础制动装置各部须配件齐全，状态良好，各杠杆、吊杆、夹钳良好、无裂纹；检查闸片与制动盘两侧间隙之和不超过3～5 mm。闸片最薄处厚度不小于5 mm，闸片须成对更换；作用不良的基础制动装置配件需更换。

② 制动盘（见图4-31）：制动盘盘毂无松动、裂纹；制动盘整体厚度不小于96 mm；半盘连接部位和盘毂不得有裂纹，散热片不得有贯穿裂纹；制动盘与盘毂连接螺栓紧固，螺栓、开口销无折损、丢失；盘面热裂纹长度距内、外边缘≥10 mm时，裂纹长度须小于95 mm，否则应小于65 mm。

图4-30　单元制动缸及夹钳

图4-31　制动盘

③ 踏面制动基础制动装置：制动拉杆不磨轮座和车轴，拉杆不抗转向架；制动梁不弯曲、变形、磨耗，缓解弹簧（或安全托）无裂损、丢失，螺栓不松动；缓解弹簧磨耗板不得丢失或窜出；各拉杆吊座、拉杆吊、固定杠杆、制动拉杆、移动杠杆及支座良好，各开口销角度符合规定，为60°～70°；各圆销、衬套磨耗及销套间隙不大于3 mm；圆开口销磨耗小于原直径1/4；扁开口销磨耗剩余厚度不小于1.5 mm。

（9）手制动机

外部检查（见图4-32）：清除手制动机拉杆、支点、托架、螺杆、齿轮箱、链及轮等零部件上的尘垢。手制动机拉杆支点转动须灵活，紧固件齐全良好、无松动。分解蜗轮盒检查；手制动机拉链条无裂损，钢丝绳无破损、折断；手制动机标记须清楚正确。

手制动机检修

动态检查：车辆在缓解状态下，向制动方向拧紧手制动机摇把制动（见图4-33），确认各基础制动装置状态（闸瓦制动车型全车闸瓦、盘形制动车型一位制动盘须处于制动状态）；缓解手制动机，闸片须离开制动盘（或闸片无压力），闸瓦制动客车闸瓦须离开轮踏面（闸瓦无压力）；反向拧紧手制动机摇把，确认是否发生反向拧紧制动的情况；钢丝绳有 90 ~ 120 mm 的松弛量。

图 4-32　手制动机外部

图 4-33　手制动机摇把

（10）轴箱

外部除尘检查：① 轴箱清除外部尘垢，各部无裂纹、甩油现象，螺栓无松动；使用塞尺测量检查轴箱前盖与轴箱体间隙符合标准（0.2 ~ 1.5 mm）。② 有甩油或状态异常的，要对本车前五趟车轴温数据、TPDS 数据、TADS 数据进行对比分析，发现异常的要换轮或开盖检查确认。开

轴箱检修

盖检查，前轴承保持架、内圈及其他零件的可见部分不得有裂损、松动和异状，无缺油、混砂、混水、油脂变质和金属粉末。③ 开盖时橡胶密封圈全数更换。组装后密封良好，螺栓无松动，安装轴箱盖时须使用力矩扳手，采用（210 ± 10）N·m 进行对角均匀紧固。

轴端接地装置：① 接地体、车体接地线及保护电阻线连接牢固，有断线时更换，电阻线任意一端断股 3 根及以上整根更新。② 轴箱盖目测无裂纹。螺栓无锈蚀、松动，配件齐全。③ 轴端接地装置密封垫安装无错位。

（11）轮对检修

① 轴身打痕、碰伤、磨伤及弹伤深度≤2 mm 时，将锐角消除继续使用；大于 2 mm 时，换轮。

② 轮辋厚度须测量三处，厚度≤26 mm 时，换轮。

③ 轮缘产生碾堆时须消除，轮缘厚度≤23 mm 时，换轮或镟轮；轮缘缺损时换轮或镟轮，轻微掉皮可用砂轮打磨，但不得影响顶部线形，打磨平坦，凹痕深度不超过 1 mm，如图 4-34 所示。

图 4-34　轮对测量

④ 轮缘不得形成锋芒，垂直磨耗时换轮或镟轮。

⑤ 踏面圆周磨耗深度须测量三处，深度 > 3 mm 时，换轮或镟轮。

⑥ 踏面擦伤时换轮或镟轮；局部凹入深度 > 0.5 mm 时，换轮或镟轮。

⑦ 踏面剥离长度，一处 > 15 mm，两处 > 10 mm（不允许有空响区域）时，换轮或镟轮。判断要求如下：

a. 沿圆周方向测量；

b. 长条状剥离，其最宽处不足 20 mm 者不计。

⑧ 踏面缺损：在相对车轮轮缘外侧至缺损部距离 ≥ 1 505 mm 处测量（指缺损后的轮辋宽加轮对内侧距离，再加相对车轮轮缘厚度之总和）时有缺损，换轮或镟轮。

⑨ 轮对外侧碾宽 > 3 mm 时，换轮或镟轮。

⑩ 同一轮对相对直径差 > 2 mm，同一转向架任意车轮直径差 > 20 mm，同一车辆任意车轮直径差 > 40 mm 时，换轮或镟轮。

4. 单车试验

按照《制动机单车试验（微控）作业指导书》进行制动机试验。制动机试验时，校对制动压力表、总风压力表与单车试验器压力表压力差小于 ± 10 kPa。单元制动缸制动、缓解作用良好，无泄漏。活塞杆复位无卡滞现象。制动时闸片压紧制动盘（闸瓦压紧车轮踏面）；缓解时，闸片对制动盘无压力（闸瓦对车轮踏面无压力）。对组装后的空气管路系统进行泄漏检查，各部无泄漏；检查各塞门、单向阀、制动缓解指示器、金属软管等作用不良者更换。

5. 电子防滑器试验

（1）主机、压力开关及接线检修

使用毛刷对主机、压力开关接线（见图 4-35）进行清扫，检查接线及接线排无烧损、破损，接线插接良好。

（2）速度传感器及附属装置检修

速度传感器（见图 4-36）安装牢固，安装螺丝无松动、丢失。速度传感器与齿轮顶径向间隙需符合标准，必要时加垫处理，各厂家间隙值：铁科院为（1.0 ± 0.2）mm；KNORR 为（0.9 ± 0.5）mm；SAB 为（1.5 ± 0.5）mm。

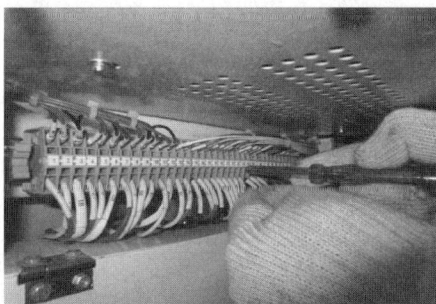

图 4-35　主机、压力开关及接线检修

图 4-36　速度传感器检修

速度传感器线管及管卡安装牢固，无破损、抗磨；速度传感器接线分线盒，分线盒安装牢固，无断裂、严重腐蚀，取下速度传感器接线分线盒盖，使用毛刷清扫，检查接线及接线排无烧损、破损，接线插接良好。

（3）排风阀及附属装置检修

排风阀（见图4-37）安装牢固，安装螺丝无松动、丢失；排风阀接线和接插件无烧损、变色现象；排风阀线管及管卡安装牢固，无破损、抗磨；防滑器接线分线盒，分线盒安装牢固，无断裂、严重腐蚀，清扫防滑器接线分线盒盖，检查接线及接线排无烧损、破损，接线插接良好。

（4）泄漏检查

用肥皂水检查排风阀、压力开关是否有泄漏（见图4-38）。列车管充风后，检查压力开关各处须无泄漏；车辆实施紧急制动后，检查排风阀各处须无泄漏。

图4-37　排风阀及附属装置检修

图4-38　泄漏检查

（5）通电试验

车辆充风压力值达到电子防滑器压力开关动作值时，防滑器能自动通断电；防滑器通电后防滑系统正常显示代码为：铁科院系列（触发压力值200 kPa）防滑器"88"、KNORR系列（触发压力值187 kPa）防滑器"9999"、SAB系列（触发压力值180 kPa）防滑器"99"。之后进行防滑器自检，铁科院系列防滑器长按"诊断"按钮，KNORR防滑器长按"S2"按钮，SAB防滑器长按"TEST"进行自我诊断试验；诊断试验时各电磁排风阀充排风动作顺序、时间正常；试验完后无故障代码显示。

6. 落成及质量检查

（1）油润

对基础制动、手制动机各磨耗部给油；手制动机蜗轮盒给油润滑。

（2）标记涂打

轴箱端盖标记涂打（见图4-39），包括轴箱位数、检修段代号、端盖深度"L21"。缓解阀、截断塞门手把喷涂白色油漆。

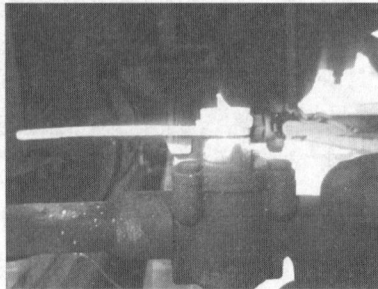

图4-39　标记涂打

检修完毕，在车体二、三位端墙定检标记 A1 栏内，喷涂淡黄色检修标记，检修单位栏涂打客整所简称，字号为 40 号，字体为宋体。

（3）工班长进行全面质量检查；验收人员确认各项目检修是否按规定进行施修及是否符合质量标准，对全部项目进行检修、试验过程的质量检查、验收，对发现的问题及时以故障记录单的形式通知车间，车间应及时进行处理。

7. 撤除防护信号

作业完毕，按规定传递撤号志信号，并在确认信号贯通后，由专人负责按规定撤除安全防护装置并通知值班室，值班室按规定登记撤除安全防护装置的班组、人员姓名、股道和时间。

8. 完工作业

整理好工具材料，清理干净作业场地，集合列队，全员转至下一列车或回工班填写记录单。

能力自评

能力自评见表 4-6。

表 4-6　能力自评

自 评 内 容	学 习 效 果		
	☺	☻	☹
简述客整所的作业范围			
客整所技术检查作业防护方法			
客整所车列干线绝缘检测方法			
简述客整所车下技术检查作业程序			
简述客车辅（A1）修作业程序			
简述运用客车出库质量标准			

任务三　旅客列车检修所

学习目标

1. 知识目标

（1）熟知旅客列车检修所作业范围及作业要求。

（2）掌握旅客列车检修所作业程序。

2. 能力目标

（1）培养自主学习的习惯和能力。

（2）培养动手能力、空间理解能力、沟通能力和团队协作能力。

（3）培养逻辑思维和处理信息的能力。

3. 素质目标

（1）培养学习者的科学文化和专业素质。

（2）树立学习者良好的职业道德和劳动安全思维。

（3）根植维护铁路运行安全红线意识，培养服务大众出行的责任感和大国工匠精神。

教学建议

（1）建议在实训室和多媒体教室实施理实一体化教学。

（2）建议教学时长2学时。

教学资源

客列检通过车作业	客列检始发作业	客列检站折作业	客列检终到车作业

学习内容

旅客列车检修所（简称"客列检"）是确保旅客列车安全运行的重要部门，承担始发、通过、终到旅客列车技术作业，及对车站折返、通过旅客列车进行重点技术检查，排除危及行车安全故障等工作。

一、客列检作业范围

（一）通过旅客列车技术检查作业范围

（1）在列车尾部与车辆乘务员进行车辆技术状态交接。

（2）车钩、软管、风挡及各电气连接线的连接状态。

（3）车轮有无缺损、踏面剥离、擦伤及局部凹入超限情况。

（4）摇枕悬吊装置、基础制动装置、车下各箱体等配件有无折损、脱落、变形。

（5）车辆有无车体倾斜超限、弹簧压死、走行部零部件与车体顶抗磨碰。

（6）钢弹簧有无折损，空气弹簧有无破损、泄漏。

（7）处理 TVDS、THDS 和车辆乘务员预报的故障。

（8）按规定进行制动机简略试验及车辆摘挂。

（二）车站折返旅客列车技术检查作业范围

（1）负责处理 TVDS、THDS 和车辆乘务员预报的故障。

（2）按库列检折返检修作业范围进行技术检查，并按规定进行制动机试验，承担库列检折返检修责任。旅客列车停靠高站台时，可不对转向架和悬吊件等被站台遮挡部位进行检查，但须采用 TVDS 动态检查进行补充作业；对确因车辆结构限制（如双层客车）无法实施跨轨作业的，也须采用 TVDS 动态检查进行补充作业。

（三）通过旅客列车不摘车修范围

（1）标记速度 120 km/h 及以下客车、装有 209HS 转向架的客车轴箱弹簧折损时更换，支承圈折损在确认无其他相关故障时，可一次运行到终点站更换。其他客车轴箱弹簧折损可一次运行到终点站更换。

（2）处理基础制动故障。

（3）处理空气制动故障。

（4）更换钩舌，调整钩差。

（5）更换处理牵引拉杆故障（25T 型客车除外）。

（6）处理配件丢失、脱落或损坏故障。

二、客列检责任划分

（1）属于客列检不摘车修范围的故障，未做处理或摘车处理为客列检责任。

（2）经客列检处理的故障，属于不摘车修范围的，应保证安全运行到终到站。

（3）属于检查范围的保证安全运行到下一个客列检作业站。

故障车辆是否摘车由客列检确认并负责，车辆乘务员应服从决定。

三、客列检作业要求

（1）列车进站时，客列检检车员要提前准备，采用蹲式接车，对车轮踏面是否损伤做出判断，及时发现焦煳、呛鼻等异味车辆，观察车底走行部及悬吊件是否发生配件脱落、车下各箱盖是否开启等情况。

（2）列车出发时，客列检检车员要蹲式送车，观察折角塞门是否关闭，防护号志是否撤除等情况。

（3）列车停靠低站台时，一般采用两侧平行检查方式进行技术检查作业；停靠高站台时，采用非站台侧单侧跨轨检查方式进行技术检查作业。

（4）客列检作业按以下原则设置防护号志：

① 进行机车摘挂作业时，只在机次非站台侧设置红色信号旗（灯）；

② 技术检查作业时，执行安全防护信号对插对撤制度，红色信号旗（灯）应对角设置，机次一位客车插设在前端非站台侧，尾部最后一位客车插设在后端站台侧；

③ 列车换向时，以列车出发方向为准，设置红色信号旗（灯）。

四、客列检作业程序

作业工具：检点锤、手电筒、卷尺（班工长）、对讲机、防护号志（昼间红旗，夜间红灯）、校对风表、工具包（卡丝钳、活动扳手、螺丝刀）、第四种检查器（班工长）、便携式点温计（班工长）、开口销等。

安全注意事项：① 按规定穿戴劳保用品，带好作业工具。② 每项作业前按规定插设防护信号，作业完毕后及时撤除。③ 进入作业现场时严禁携带手机。④ 现场作业时，不得侵入邻线限界，重点注意邻线机车车辆状态，当机车车辆移动时，作业人员必须使用对讲机进行相互提醒，及时采取避让措施，确保作业安全。⑤ 转线作业时不得钻车，穿越股道时必须执行"一站、二看、三确认、四通过"，严禁抢越股道，不得从待发的列车前通过，列车进站时要保持与列车的安全距离。⑥ 摘解电力连接线前必须确认机车已降弓。

（一）客列检通过车作业程序

作业工序：作业准备→接车→设置防护信号→机车摘解→车辆甩挂→技术检查→机车连挂→列车制动机简略试验→送车→完工。

1. 作业准备

（1）穿戴好劳动防护用品，工装整齐，帽子、臂章佩戴齐全，携带检修工具及通信工具列队出发。

（2）工班长按照当日的生产计划和任务，核对列车作业计划进行布置和安排。对各作业小组的作业内容和当日作业的重点注意事项进行安排布置（见图4-40）。重点对晚点列车、临客、预报故障等的作业注意事项进行强调，作业人员做好记录。

（3）作业人员按照生产计划和任务，进入作业股道准备作业（见图4-41）。

图 4-40　班前点名与传达作业任务　　　　图 4-41　列队出发

2. 接车

（1）按照任务核对车次、股道，提前 3 min 到达来车方向站台侧端头，保持安全距离面对来车方向准备接车作业。

（2）列车进站时，检车员面对来车方向站立，当机车越过自身时与列车成 45°角下蹲，进行"三觉"检查（眼看车辆下部各悬吊件、车端连接情况，耳听列车运行有无异响，鼻闻有无焦煳、呛鼻等异味），如图 4-42 所示。发现有异状时，须准确记录位置。待列车停稳后及时到达故障部位进行认真判断并妥善处理。

（3）当列车最后一辆进站后，随即起立进行作业。

3. 设置防护信号

机次位检车员和尾部检车员联控后，同时将防护号志（白天红旗，夜间红灯）设置在机次第一辆客车非站台侧和尾部站台侧，如图 4-43 所示。

图 4-42　接车

图 4-43　插设防护信号

4. 机车摘接（有换挂机车作业时）

（1）直供电机车

① 作业人员检查确认机车受电弓降落、断电，领取机车供电钥匙后，同机车司机办理断电手续，在供、断电记录本上相互签认，如图 4-44 所示。

图 4-44　机车断电手续办理

② 检车员确认列车处于制动状态，到列车运行方向左侧摘解机车侧电力连接线（见图 4-45），将电力连接线反扣入客车电力连接线空座上（通过列车将电力连接线放置在车体外侧，便于机车连挂后连接），关闭车辆制动软管折角塞门，完毕后到达列车运行方向右侧。

③ 作业人员在列车运行方向右侧摘解机车侧电力连接线，将电力连接线反扣入客车电力连接线空座上。关闭机车制动管、总风管折角塞门进行排风，确认风管内无风后，摘解机车与车辆间制动软管、总风软管（见图 4-46）。

图 4-45　电气连接线摘解

图 4-46　风管摘解

④ 作业人员摘解风管后，将供电钥匙交予车辆乘务员并双方签字，打开机车端车钩防跳装置（钩提杆止挡、下锁销防跳）。机车升弓后，提起钩提杆，使车钩至开锁位。

⑤ 作业人员撤除防护信号，向机车司机显示离开信号，机车解钩离开（属于终到列车、变更运行方向列车，机车离开后，将客车端制动软管、总风软管吊起）。

（2）非直供电机车

① 检车员确认列车处于制动状态，到列车运行方向左侧关闭车辆制动软管折角塞门，到达列车运行方向右侧，在列车运行方向右侧关闭机车制动管、总风管折角塞门进行排风，确认风管内无风后，摘解机车与车辆间制动软管、总风软管。

② 作业人员摘解风管后，打开机车端车钩防跳装置（钩提杆止挡、下锁销防跳），提起钩提杆，使车钩至开锁位。

③ 作业人员撤除防护信号，向机车司机显示离开信号。机车解钩离开（属于终到列车、变更运行方向列车，机车离开后，将客车端制动软管、总风软管吊起）。

5. 车辆甩挂（有车辆甩挂作业时）

作业人员按照以下分工原则对甩挂车辆进行作业。旅客列车在摘挂车辆时，车辆的摘挂、软管摘接及折角塞门的开闭，由调车作业人员负责；密封风挡及电气连接线的摘接由车辆乘务员负责；"三捆绑"、总风软管的连接、摘解由客列检人员负责。装有密接式车钩的客车车辆摘挂时，过渡车钩的安装和拆卸由客列检人员负责。

旅客列车车辆加挂后，检车员对照调度命令的股道、车次、车号信息，将加挂车调度命令转交车辆乘务员，检查加挂车的车钩、软管连接情况。工长盯控到位，负责对加挂车进行确认，对照调度命令及车号信息进行核实，复查加挂车的车钩、软管连接情况等。确认车钩钩差不超限（不得超过 75 mm），软管连接良好，"三捆绑"作业到位。

甩挂作业完毕后，须对甩挂作业后的尾部一辆制动缓解状态进行确认。

6. 技术检查

（1）技术状态交接

尾部检车员与车辆乘务员办理列车技术状态交接（见图 4-47）。对车辆交接故障立即使用对讲机向工长或值班室汇报。

（2）技检作业

由工（组）长组织对车辆乘务员汇报的、接车过程中发现的和 5T 预报及 TVDS 推送的车辆故障进行检查确认，对故障进行处理（见图 4-48）。

图 4-47　车辆技术状态交接　　　　图 4-48　车辆技术检查

7. 机车连挂（有换挂机车作业时）

机车连挂前，对机次一辆客车车钩、软管（总风软管及制动软管）状态检查。机车连挂作业时，双班双司机值乘时，机车与机次一辆客车的连挂，由司机负责；单班单司机值乘时，机车与机次一辆客车的连挂，由列检人员负责。机车连挂后，设置防护信号，检查机车与机次一辆客车钩差情况，连接机车与机次一辆客车的制动软管、总风软管连接及电力连接线。

8. 列车制动机简略试验

对站停时间 10 min 及以上的通过列车，试风作业时须使用试风试验检测仪；对站停时间不足 10 min 的通过列车，通知司机进行制动机简略试验时，不使用试风试验检测仪。列车主管风压达到 600 kPa 后，减压 100 kPa 并保压 1 min，确认尾部车辆泄漏量不超过 20 kPa，制动、缓解时尾部车辆状态正确。如列车发生制动管系泄漏故障，需在列车尾部安装试风试验检测仪，对列车风压进行记录。

9. 送 车

列车出站时，作业人员面对列车，当机车越过自身时对车轮踏面是否损伤做出判断，及时发现焦煳、呛鼻等异味车辆，观察车底走行部及悬吊件是否发生配件脱落，车下各箱盖是否开启，检查车底下部有无异常情况，防护号志是否撤除，如图 4-49 所示。

图 4-49　送车

10. 完 工

撤除防护信号后，清点防护信号、校对风表及工具材料，对收回情况进行检查。作业完毕后，使用对讲机报值班员，归所等待派班或转线作业。

（二）客列检始发车作业程序

作业工序：作业准备→设置防护信号→车辆甩挂→机车连挂→列车制动机简略试验→送车→完工。

1. 作业准备

（1）穿戴好劳动防护用品，工装整齐，帽子、臂章佩戴齐全，携带检修工具及通信工具列队出发。

（2）工班长按照当日的生产计划和任务，核对列车作业计划进行布置和安排。对各作业小组的作业内容和当日作业的重点注意事项进行安排布置。重点对晚点列车、临客、预报故障等的作业注意事项进行强调，作业人员做好记录。

（3）作业人员按照生产计划和任务，进入作业股道准备作业。

2. 设置防护信号

机次位检车员和尾部检车员联控后，同时将防护号志（白天红旗，夜间红灯）设置在机次第一辆客车非站台侧和尾部站台侧。

3. 车辆甩挂

作业小组接到甩挂股道、车次、车号信息后，应认真核对调度命令，确保甩挂车信息无误。旅客列车在摘挂车辆时，车辆的摘挂、软管摘接及折角塞门的开闭，由调车作业人员负责；密封风挡及电气连接线的摘接由车辆乘务员负责；"三捆绑"、总风软管的连接、摘解由客列检人员负责。装有密接式车钩的客车车辆摘挂时，过渡车钩的安装和拆卸由客列检人员负责。

旅客列车车辆加挂后，检车员对照调度命令的股道、车次、车号信息，将加挂车调度命令转交车辆乘务员，检查加挂车的车钩、软管连接情况。工长盯控到位，负责对加挂车进行确认，对照调度命令及车号信息进行核实，复查加挂车的车钩、软管连接情况等。

4. 列车制动机简略试验

对站停时间 10 min 及以上的通过列车，试风作业时须使用试风试验检测仪；对站停时间不足 10 min 的通过列车，通知司机进行制动机简略试验时，不使用试风试验检测仪。列车主管风压达到 600 kPa 后，减压 100 kPa 并保压 1 min，确认尾部车辆泄漏量不超过 20 kPa，制动、缓解时尾部车辆状态正确。如列车发生制动管系泄漏故障，需在列车尾部安装试风试验检测仪，对列车风压进行记录。

5. 送　车

列车出站时，作业人员面对列车，当机车越过自身时对车轮踏面是否损伤做出判断，及时发现焦煳、呛鼻等异味车辆，观察车底走行部及悬吊件是否发生配件脱落，车下各箱盖是否开启，检查车底下部有无异常情况，检查防护号志是否撤除。

6. 完　工

撤除防护信号后，清点防护信号、校对风表及工具材料，对收回情况进行检查。作业完毕后，使用对讲机报值班员，归所等待派班或转线作业。

（三）客列检站折车作业程序

作业工序：作业准备→接车→设置防护信号→列车制动机全部试验→机车摘解→车辆甩挂→技术检查→完工。

1. 作业准备

（1）穿戴好劳动防护用品，工装整齐，帽子、臂章佩戴齐全，携带检修工具及通信工具列队出发。

（2）工班长按照当日的生产计划和任务，核对列车作业计划进行布置和安排。对各作业小组的作业内容和当日作业的重点注意事项进行安排布置。重点对晚点列车、临客、预报故障等的作业注意事项进行强调，作业人员做好记录。

（3）作业人员按照生产计划和任务，进入作业股道准备作业。

2. 接 车

（1）按照任务核对车次、股道，提前 3 min 到达来车方向站台侧端头，保持安全距离面对来车方向准备接车作业。

（2）列车进站时，检车员面对来车方向站立，当机车越过自身时与列车成 45°角下蹲，进行"三觉"检查（眼看车辆下部各悬吊件、车端连接情况，耳听列车运行有无异响，鼻闻有无焦煳、呛鼻等异味）。发现有异状时，须准确记录位置。待列车停稳后及时到达故障部位进行认真判断并妥善处理。

（3）当列车最后一辆进站后，随即起立进行作业。

3. 设置防护信号

机次位检车员和尾部检车员联控后，同时将防护号志（白天红旗，夜间红灯）设置在机次第一辆客车非站台侧和尾部站台侧。

4. 列车制动机全部试验

在列车尾部车辆制动管上安装列车试风试验检测仪，列车充风达到定压 600 kPa 后，核对尾部风表风压值，校对风表显示与列车尾部最后一辆风表误差不超过 20 kPa。

（1）制动缓解感度试验：列车减压 50 kPa 后，每辆车制动机起制动作用，保压 1 min 不得发生自然缓解；之后对列车进行充风，全列车在 1 min 内必须缓解完毕。制动缓解指示器显示正确。

（2）制动安定试验：列车减压 170 kPa，全列车不得发生紧急制动作用，各车辆制动缸活塞行程符合规定限度；保压 1 min，确认尾部车辆泄漏量不超过 20 kPa。

（3）持续一定时间的保压试验：列车减压 100 kPa 保压 5 min 后，制动管风压每分钟泄漏量小于 20 kPa，各车辆不得发生自燃缓解。

（4）列车总风管泄漏试验：列车总风管压力 600 kPa 时全列 1 min 泄漏量不大于 20 kPa。

5. 机车摘解

（1）直供电机车

① 作业人员检查确认机车受电弓降落、断电，领取机车供电钥匙后，同机车司机办理断电手续，在供、断电记录本上相互签认。

② 检车员确认列车处于制动状态，到列车运行方向左侧摘解机车侧电力连接线，将电力连接线反扣入客车电力连接线空座上（通过列车将电力连接线放置在车体外侧，便于机车连挂后连接），关闭车辆制动软管折角塞门，完毕后到达列车运行方向右侧。

③ 作业人员在列车运行方向右侧摘解机车侧电力连接线，将电力连接线反扣入客车电力连接线空座上。关闭机车制动管、总风管折角塞门进行排风，确认风管内无风后，摘解机车与车辆间制动软管、总风软管。

④ 作业人员摘解风管后，将供电钥匙交予车辆乘务员并双方签字，打开机车端车钩防跳装置（钩提杆止挡、下锁销防跳）。机车升弓后，提起钩提杆，使车钩至开锁位。

⑤ 作业人员撤除防护信号，向机车司机显示离开信号，机车解钩离开（属于终到列车、变更运行方向列车，机车离开后，将客车端制动、总风软管吊起）。

（2）非直供电机车

① 检车员确认列车处于制动状态，到列车运行方向左侧关闭车辆制动软管折角塞门，到达列车运行方向右侧，在列车运行方向右侧关闭机车制动管、总风管折角塞门进行排风，确认风管内无风后，摘解机车与车辆间制动软管、总风软管。

② 作业人员摘解风管后，打开机车端车钩防跳装置（钩提杆止挡、下锁销防跳），提起钩提杆，使车钩至开锁位。

③ 作业人员撤除防护信号，向机车司机显示离开信号。机车解钩离开（属于终到列车、变更运行方向列车，机车离开后，将客车端制动、总风软管吊起）。

6. 车辆甩挂（有车辆甩挂作业时）

作业人员按照以下分工原则对甩挂车辆进行作业。旅客列车在摘挂车辆时，车辆的摘挂、软管摘接及折角塞门的开闭，由调车作业人员负责；密封风挡及电气连接线的摘接由车辆乘务员负责；"三捆绑"、总风软管的连接、摘解由客列检人员负责。装有密接式车钩的客车车辆摘挂时，过渡车钩的安装和拆卸由客列检人员负责。

旅客列车车辆加挂后，检车员对照调度命令的股道、车次、车号信息，将加挂车调度命令转交车辆乘务员，检查加挂车的车钩、软管连接情况。工长盯控到位，负责对加挂车进行确认，对照调度命令及车号信息进行核实，复查加挂车的车钩、软管连接情况等。确认车钩钩差不超限（不得超过 75 mm），软管连接良好，"三捆绑"作业到位。

甩挂作业完毕后，须对甩挂作业后的尾部一辆制动缓解状态进行确认。

7. 站折技术检查

对于客列检站折客运列车，按表 4-7 要求进行技术检查作业。

表 4-7　站折技术检查

检车部位	检查部件	质量标准	示　例
车端连接处（含车列端）	车钩三态及软管（车列端车钩）	① 车钩三态作用良好。 ② 闭锁位不大于 135 mm，开锁位不大于 250 mm，车钩中心高度为 830～890 mm。 ③ 钩腕、钩舌尾部、钩腔内部、上下钩耳内侧面、钩舌内侧面、钩舌销、螺母及开口销等配件齐全，可见部件无裂纹、无变形。 ④ 检查软管连接器及密封胶圈	
	普通车钩及三捆绑	① 钩提杆与下锁销连杆间隙不小于15 mm，与座槽间隙不大于 3 mm。 ② 钩提杆座及螺栓、提杆吊、吊环、圆销、开口销及垫、下锁销连杆吊架无缺失、无破损，安装牢固。 ③ 钩差不超 75 mm。 ④ "三捆绑"无缺失、安装牢固。 ⑤ 钩尾扁销横穿螺栓及防松铁丝、防松铁片无缺失，安装牢固；摆块位置正确	

续表

检车部位	检查部件	质量标准	示　例
车端连接处（含车列端）	密接式车钩	① 解钩手柄定位良好。圆销无丢失，插放到位。 ② 车钩各可视位置无裂纹。 ③ 缓冲器内筒拉出不超 35 mm。 ④ 各部螺栓无丢失	
	手制动机及软管连接	① 软管无鼓泡、无泄漏。 ② 折角塞门开启位置正确，无窜风。 ③ 防尘堵链悬挂到位、挂接焊接牢固。 ④ 手制动机链安装牢固，处于缓解状态（不含车站防溜措施）	
	电气连接线及座	① 车端电气连接线及各插头、插座无变形、无破损。 ② 各连接器连接牢固，防跳卡齐全	
	风挡	① 风挡弹簧、阻尼装置安装牢固、无折损。 ② 铁风挡折棚无弯曲、裂损和开焊。 ③ 橡胶风挡胶囊裂损不超过 100 mm。 ④ 橡胶风挡防雨板、横挡、立胶囊安装牢固。 ⑤ 折棚风挡拉杆组成连接牢固，篷布无裂损	
车体	车门处	① 车门防雨檐及车顶挡水檐无开焊、变形、缺损、腐蚀、脱落。 ② 顺号插无折损。 ③ 脚蹬安装牢固，无腐蚀破损；翻板轴座及螺栓、翻板轴安装牢固；翻转脚梯安装螺栓无松动。 ④ 手把杆无破损、丢失、变形、松动	
	车下悬吊	① 车底各箱体悬吊装置（含电器设备箱体悬吊）配件齐全、安装牢固，无裂纹、无变形，箱体无破损；箱门锁闭良好；油箱、污物箱无泄漏。 ② 各注水管、排水管及导管、排便筒安装牢固	

续表

<table>
<tr><th>检车部位</th><th>检查部件</th><th>质量标准</th><th>示　例</th></tr>
<tr><td>车体</td><td>侧墙</td><td>① 车窗无变形、无脱出。
② 车体倾斜 50 mm。
③ 各裙板锁闭紧固</td><td></td></tr>
<tr><td rowspan="2">轮对及转向架</td><td>轮对</td><td>① 轮缘（内侧）缺损长度≤30 mm、宽度≤10 mm。
② 踏面擦伤及局部凹入深度≤1.5 mm。
③ 踏面剥离：一处≤30 mm，两处≤20 mm。
④ 制动盘盘毂、盘座、半盘连接部无裂纹，散热筋（片）无贯穿裂纹。
⑤ 制动盘、螺栓、销套无松动，螺栓开口销无折损、丢失。
⑥ 制动盘摩擦面热裂纹不超限<table><tr><th>裂纹位置</th><th>裂纹长度</th></tr><tr><td>距内、外边缘≥10 mm</td><td><95 mm</td></tr><tr><td>距内、外边缘<10 mm</td><td><65 mm</td></tr></table></td><td>
</td></tr>
<tr><td>转向架</td><td>① 构架、摇枕、弹簧托梁及各安装座（含车体上与转向架配件相连的安装座）无裂纹、变形。
② 摇枕吊及吊轴、横向控制杆、牵引拉杆、牵引销、上下心盘、轴箱导柱、各安全吊（托）无裂纹，摇枕弹簧及轴箱弹簧无裂损。
③ 导柱弹性定位套无脱落。
④ 横向挡等橡胶件无破损。
⑤ 摇枕挡、旁承、横向止挡间隙不超限。
⑥ 转向架各部安装螺栓无松动，防松铁丝捆绑良好；心盘垫板无破损、窜出，摇枕挡磨耗板无脱落。
⑦ 空气弹簧橡胶囊与金属板的粘接面无脱离，橡胶囊及橡胶堆表面裂纹不超限，胶囊帘线不外露。
⑧ 高度调整阀及调整杆安装牢固，无裂损、变形，调整杆护套完好；差压阀安装牢固、无裂损。
⑨ 各油压减振器配件无缺失，安装牢固，无漏油、无折损</td><td>
</td></tr>
</table>

续表

检车部位	检查部件	质量标准	示　例
制动装置	空气制动装置	① 管系各管卡无松动、丢失。 ② 各阀、塞门、风缸配件无缺失，安装牢固，位置正确，作用良好。 ③ 制动缓解指示器显示正确，无破损。 ④ 单元制动缸及座无裂损，定位销轴定位良好，金属软管无松动、无破损	
	盘形制动基础制动装置	① 盘形制动单元的杠杆和悬吊装置无裂纹，各杠杆转动灵活。 ② 各圆销、开口销无丢失、无折损	
	踏面制动基础制动装置	① 制动拉杆不磨轮座和车轴，拉杆不抗转向架。 ② 制动梁不弯曲、变形、磨耗，缓解弹簧（或安全托）无裂损、丢失，螺栓不松动。 ③ 缓解弹簧磨耗板不得丢失或窜出。各拉杆吊座、拉杆吊、固定杠杆、制动拉杆、移动杠杆及支座良好，各开口销角度符合规定为 60°～70°。 ④ 圆开口销磨耗小于原直径 1/4；扁开口销磨耗剩余厚度不小于 1.5 mm	

8. 完　工

撤除防护信号后，清点防护信号、校对风表及工具材料，对收回情况进行检查。作业完毕后，使用对讲机报值班员，归所等待派班或转线作业。

（四）客列检终到车作业程序

作业工序：作业准备→接车→设置防护信号→机车摘解→完工。

1. 作业准备

（1）穿戴好劳动防护用品，工装整齐，帽子、臂章佩戴齐全，携带检修工具及通信工具列队出发。

（2）工班长按照当日的生产计划和任务，核对列车作业计划进行布置和安排。对各作业小组的作业内容和当日作业的重点注意事项进行安排布置。重点对晚点列车、临客、预报故障等的作业注意事项进行强调，作业人员做好记录。

（3）作业人员按照生产计划和任务，进入作业股道准备作业。

2. 接　车

（1）按照任务核对车次、股道，提前 3 min 到达来车方向站台侧端头，保持安全距离面对来车方向准备接车作业。

（2）列车进站时，检车员面对来车方向站立，当机车越过自身时与列车成 45°角下蹲，进行"三觉"检查（眼看车辆下部各悬吊件、车端连接情况，耳听列车运行有无异响，鼻闻有无焦煳、呛鼻等异味）。发现有异状时，须准确记录位置。待列车停稳后及时到达故障部位进行认真判断并妥善处理。

（3）当列车最后一辆进站后，随即起立进行作业。

3. 设置防护信号

机次位检车员和尾部检车员联控后，同时将防护号志（白天红旗，夜间红灯）设置在机次第一辆客车非站台侧和尾部站台侧。

4. 机车摘解

（1）直供电机车

① 作业人员检查确认机车受电弓降落、断电，领取机车供电钥匙后，同机车司机办理断电手续，在供、断电记录本上相互签认。

② 检车员确认列车处于制动状态，到列车运行方向左侧摘解机车侧电力连接线，将电力连接线反扣入客车电力连接线空座上（通过列车将电力连接线放置在车体外侧，便于机车连挂后连接），关闭车辆制动软管折角塞门，完毕后到达列车运行方向右侧。

③ 作业人员在列车运行方向右侧摘解机车侧电力连接线，将电力连接线反扣入客车电力连接线空座上。关闭机车制动管、总风管折角塞门进行排风，确认风管内无风后，摘解机车与车辆间制动软管、总风软管。

④ 作业人员摘解风管后，将供电钥匙交予车辆乘务员并双方签字，打开机车端车钩防跳装置（钩提杆止挡、下锁销防跳）。机车升弓后，提起钩提杆，使车钩至开锁位。

⑤ 作业人员撤除防护信号，向机车司机显示离开信号，机车解钩离开（属于终到列车、变更运行方向列车，机车离开后，将客车端制动软管、总风软管吊起）。

（2）非直供电机车

① 检车员确认列车处于制动状态，到列车运行方向左侧关闭车辆制动软管折角塞门，到达列车运行方向右侧，在列车运行方向右侧关闭机车制动管、总风管折角塞门进行排风，确认风管内无风后，摘解机车与车辆间制动软管、总风软管。

② 作业人员摘解风管后，打开机车端车钩防跳装置（钩提杆止挡、下锁销防跳），提起钩提杆，使车钩至开锁位。

③ 作业人员撤除防护信号，向机车司机显示离开信号。机车解钩离开（属于终到列车、变更运行方向列车，机车离开后，将客车端制动、总风软管吊起）。

5. 完 工

撤除防护信号后，清点防护信号、校对风表及工具材料，对收回情况进行检查。作业完毕后，使用对讲机报值班员，归所等待派班或转线作业。

能力自评

能力自评见表 4-8。

表 4-8　能力自评

自 评 内 容	学 习 效 果		
	☺	☻	☹
客列检的职责是什么			
客列检的作业范围包含哪些			
简述客列检通过车作业程序			

任务四　车辆乘务

◎ 学习目标

1. 知识目标

（1）熟知车辆乘务作业要求。

（2）掌握车辆乘务一次往返作业范围。

2. 能力目标

（1）培养自主学习的习惯和能力。

（2）培养动手能力、空间理解能力、沟通能力和团队协作能力。

（3）培养逻辑思维和处理信息的能力。

3. 素质目标

（1）培养学习者的科学文化和专业素质。

（2）树立学习者良好的职业道德和劳动安全思维。

（3）根植维护铁路运行安全红线意识，培养服务大众出行的责任感和大国工匠精神。

✕ 教学建议

（1）建议在实训室和多媒体教室实施理实一体化教学。

（2）建议教学时长 2 学时。

教学资源

客车车辆乘务　　　　　客车始发乘务作业　　　　　客车到达乘务作业

学习内容

车辆乘务组是确保旅客列车运行安全的最后防线，是对外展示车辆部门形象的窗口，负责列车运行状态的动态监控、设备故障的应急处置和职责范围内的技术作业。各单位应按照强化值乘的原则，积极推行库乘分离，逐步取消车辆乘务人员的包修范围。

旅客列车车辆乘务工作原则上实行包乘制。车辆包乘组由车辆乘务长、车辆乘务员和发电车乘务员组成，统称为车辆乘务人员，配备标准按相关规定执行。

车辆乘务人员工作中要统一着装且保持整洁，言行举止要文明礼貌，当班车辆乘务人员应在左上臂规范佩戴臂章（样式如图 4-50 所示），自觉遵守劳动纪律、作业纪律以及路风规定。跨局旅客列车在外局要接受当地铁路局的领导，服从命令、听从指挥。

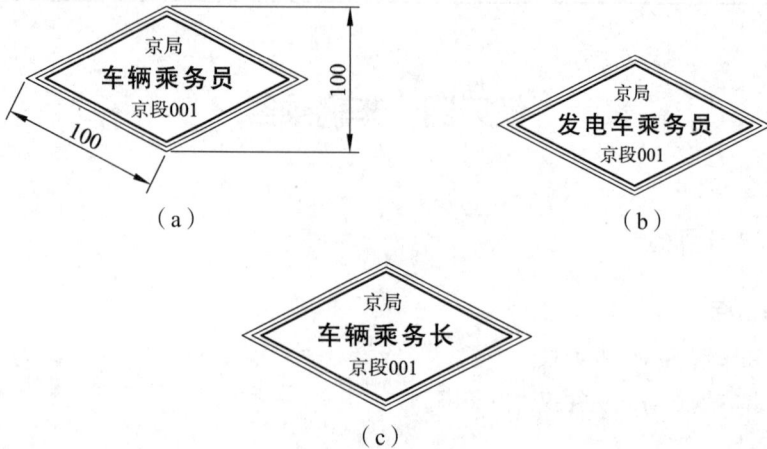

图 4-50　车辆乘务人员臂章

旅客列车应设置车辆备品室，用于放置行车备品、应急配件及工具、随车材料、技术资料、台账等。行车备品包括列车无线调度通信设备及响墩、火炬、短路铜线、信号旗（灯）等防护用品，使用 G 网通信时须配备 GSM-R 手持终端。

一、车辆包乘组作业要求

（一）出乘前

车辆包乘组在出乘前应到值班室报到，接受酒精测试，听取命令指示，在列车出库前按照技术作业过程对列车干线绝缘、DC 110 V 母线电压、车下各箱门锁闭情况、发电车油量、水位、机油油位及柴油发电机组运行状态进行检查，对车下油箱管系各阀状态进行确认，对火灾报警器报警功能进行试验，核对并签认"车统-181"记录故障的处理情况。

（二）值乘中

在列车始发前，按照本规程"车辆摘挂"有关规定作业；负责尾部标志灯的设置，建立客列尾连接。按规定参加列车制动机试验。

运行中，车辆乘务员每 3 h 左右对全列车厢进行一次巡视，巡视重点是列车运行状态、电气系统工作状态及"两炉一灶"，空调列车始发后的第一次巡视、接班后的第一次巡视及终到前最后一次巡视，车辆乘务员须打开控制柜，对电源柜主接线排处、主接触器进出线接线处、主空气开关进出线接线处温升状态等进行检查。

巡视间隔期间，车辆乘务员应在固定地点值乘，值乘位置原则上为首尾车乘务室（不得长时间固定占用），编挂工程师车的须在工程师室值乘。

在无客列检作业站车辆乘务员须下车瞭望，观察车辆有无冒烟、倾斜等异状，对途中巡视时发现的重点故障进行确认、处理；有客列检作业站时还需与客列检办理列车车辆技术状态交接。

机车换挂、列车换向时按照本规程"车辆摘挂"有关规定作业，解除、建立客列尾连接。列车换向时负责列车尾部标志灯的摘挂。

列车发生紧急制动停车后，车辆乘务员须联系机车乘务员（运转车长），了解停车原因，必要时下车对车轮踏面、车钩连接等技术状态进行检查，符合安全运行条件后，通知机车乘务员（运转车长）开车，开车后加强运行状态监控。

客列尾装置发生故障时，确认为机车 LBJ（列车防护报警设备）故障的应就近更换机车，确认为 KLW（列尾装置）主机故障需要更换的，应在站停时进行。KLW 故障运行期间，车辆乘务员根据机车乘务员通知按有关规定核对风压。

发电车乘务员应在监控室值乘，非巡视需要离开监控室时，不得超过 10 min。每间隔 30 ~ 60 min，进入发电车机房、冷却间进行一次巡视检查，每间隔 1 h 填写一次《发电车运用记录》。

发电车乘务员途中换班原则上应在站停时办理交接，接班乘务员负责对站台侧发电车的电力连接器的连接状态及温升，对柴油机排烟有无异常情况进行重点检查，非高站台车站还须对下油箱剩余油量进行确认。

值乘中遇有紧急情况需要汇报时，车辆乘务长凭臂章发铁路电报。非经主管部门准许，任何人不得撤换、中止车辆乘务员的工作。

（三）终到后

列车终到后，车辆乘务员应解除客列尾连接，按照本规程"车辆摘挂"有关规定作业，摘除列车尾部标志灯。发电车供电旅客列车终到停车 10 min 后，还须进行卸载、断电、停机。

无客列检作业的站折列车，车辆包乘组利用本务机车进行列车制动机全部试验。同时，按照因列车牵引、超员超载、异物击打等可能造成故障的部位必须重点检查的原则，按客列检对通过列车技术检查范围进行作业，对途中出现异常的车辆进行重点检查，处理 TVDS、THDS 预报的故障（含热轴故障）。

对入库折返的旅客列车车辆包乘组随车入库到库列检值班室进行签到，接受酒精测试，办理"车统-181"故障交接；车底出库前，车辆包乘组到值班室报到，接受酒精测试，听取传达有关事项。按本属出库作业范围对列车进行技术检查，并核对"车统-181"故障处理情况，随车出库。

本属终到后，车辆乘务组随车入库并向值班员汇报列车运行状态，接受酒精测试，交接《旅客列车技术状态交接簿》（车统-181），重点故障须将途中发现及处置情况向库列检工长当面交接。

二、车辆乘务一次往返作业范围

下面以某铁路局集团公司的 25G 型旅客列车（DC 600 V）车辆乘务一次往返作业为例，介绍乘务组作业范围。

（一）本属出库作业

1. 出乘报到

在列车出库前 3 h，车辆包乘组全体人员要统一着装，佩戴臂章，由车辆乘务长带队到乘务值班室报到，使用"乘务员出退乘系统"签到出乘。

2. 酒精测试

乘务员出乘时均应进行酒精测试。如酒精测试仪故障，值班员应面对面确认乘务人员是否饮酒，并签名确认检查结果。当发现乘务员饮酒时，应立即停止该乘务员出乘，并通知车间主任或主管主任调整其他乘务员出乘。

3. 任务接收

听取值班员传达命令、电报、指示及有关事项，向值班员了解列车编组变动情况，检查《旅客列车技术状态交接簿》（车统-181）中填写的故障和库列检填记的重点故障，并摘记于"车统-106"内。领用轴报 IC 卡和巡检仪，根据值班员通知领用 DC 600 V 干线绝缘检测装置 CF 卡。

4. 出库作业

完成出乘报到后，车辆包乘组全体人员应对旅客列车进行出库作业。出库作业须在库列检作业完毕后进行，作业时应设置防护号志，并对经检查的项目承担安全责任。

库内重点检查项目：列车绝缘测试、DC 110 V 母线电压、车辆两端电力连接线状态、各电气箱门、车钩及"三捆绑""车统-181"记录、首（尾）车防护状态、KLW 装置、车上设备设施。

随乘工具、材料检查：工具、材料备品齐全，并要求摆放整齐、状态良好，各仪器仪表检定不过期，满足列车安全运行、设备设施维修及应急处置需求；折角塞门定检不超过 6 个月，软管胶圈定检不超过 6 个月，软管定检不超过 12 个月，检修标记齐全。

随车技术资料、台账检查：技术资料应整洁，无缺页、脱页，字迹清晰，应统一放置在文件盒内，摆放整齐；规章、制度应为有效版本；作业图表应符合本车底运行交路要求；电气原理图、操作规程应与车辆、设备型号、规格相符；核对编组及定检情况。

作业完毕后，车辆乘务人员返回库列检值班室签认"车统-181"，经值班员复核盖章后，领取"车统-181"，随车体出库。

（二）始发作业

1. 机车连挂（始发时车辆包乘组双班作业）

（1）车列出库到站后，无客列检的车站由车辆乘务员负责，机次和尾部车辆乘务员联控后，同时将防护号志设置在机次第一辆客车非站台侧和尾部站台侧。在连挂机车时撤除机次号志，机车连挂后，重新插设机次防护号志，直到始发作业全部结束后，在尾部和机次同时撤除。有客列检的车站，车辆乘务员不再设置防护号志。

（2）连挂机车作业。

在有客列检作业的始发站，车辆乘务员负责以下作业：

列车机车与第一辆客车的连挂，由机车乘务员负责，单班单司机值乘的由客列检检车员负责。车辆乘务员与机车司机、客列检检车员办理供电交接手续。机车连挂过程中，机次车辆乘务员要盯控客列检检车员连接软管、电力连接线过程，并复查机车与机次一位车辆的软管、电力连接线连接、"三捆绑"状况，机车充风后，要确认客列检检车员首先打开机车侧软管折角塞门，然后打开车辆软管折角塞门。

在无客列检作业的始发站，车辆乘务员负责以下作业：

车钩的连挂由机车司机负责，车辆乘务员在连挂机车时撤除机次号志，机车连挂后，重新插设机次防护号志，确认机车与车辆钩差不过限。单班单司机值乘的列车，车钩连挂由车辆乘务员负责，车辆乘务员要提前到达机车连挂方向车辆端部，在连挂车辆端部车钩位置，手推检查车钩复原状态，车钩摆动灵活复原良好，拉动钩舌检查车钩锁闭情况良好。

车辆乘务员接到机车司机交付的供电钥匙后，必须确认机车降弓且办理交接手续，方可进行电气连接线连接，连接过程中分别将车辆首车车端空座的插头拔下，与机车 DC 600 V 电力线座对应连接，确认电气连接线对应连接正确到位，车端连接线空座盖、拉杆关闭到位，确认电气连接线固定良好，卡簧卡扣到位。

车辆乘务员负责软管（总风管及制动管）连接，连接前，首先检查制动软管、总风软管无龟裂、老化和鼓泡，软管胶圈无破损、卷边，打开机车列车管折角塞门进行排水（对排出积水的机车须在"车统-106"做好机车型号、车号、配属单位等信息的记录），随后关闭折角塞门进行软管连接（机车司机充风后，车辆乘务员应首先打开机车侧软管折角塞门，然后缓慢打开车辆软管折角塞门，并安装开口销）。

车辆乘务员负责"钩提杆、车钩防跳、折角塞门"的捆绑工作（简称"三捆绑"）以及列车尾部软管防尘堵的安装及吊起（以下简称软管吊起）。

2. 列车供电

须在列车始发前 1 h 完成机车连挂；始发前 50 min 供电，对车厢进行预冷、预热。机车供电后，须在机次第一辆客车确认列车供电正常，之后由车辆乘务员逐辆对各车供电。

3. 设置列车尾部标志

由列车尾部车辆乘务员负责按照标识方向设置列车尾部标志灯，尾灯插头与边插插座连接牢固，发光正常。

4. 建立客列尾连接

列车到达始发站后，乘务员打开无线列调对讲机，将无线列调对讲机设置为守候频率；机车换挂后与机车司机核对时钟，互签《客列尾 ID 信息联络卡》。乘务员始发前至列车尾部检查尾部车辆的压力表、紧急制动阀上的封印，确认 KLW 主机馈线及风管连接状态良好，球芯截断塞门打开，打开 KLW 主机电源开关。机次车辆乘务员和司机办理交接，依据《客列尾 ID 信息联络卡》建立 CIR（列车综合无线通信设备系统）设备与客车列尾装置主机的通信连接关系。

5. 列车制动机试验

始发前列车制动机试验有客列检时由客列检负责，无客列检时由车辆乘务员负责。由客列检负责进行制动机试验时，尾部车辆乘务员要积极参与，确认列车最后一辆制动、缓解良好，上车确认尾部风压显示正确，泄漏不超标，并在车辆乘务员"车统-106"中记录。由车辆乘务员负责进行制动机试验时，尾部车辆乘务员在列车管风压充至定压后，用无线列调对讲机呼叫司机按列车制动简略试验的减压标准减压 100 kPa，核对列车管风表压力正确，泄漏不超标并填记在"车统-106"上，然后下车到非站台侧对尾部一辆客车的制动、缓解状态进行确认。试验完毕后将试验结果填记在"车统-106"上。

6. 巡视检查

全部作业完毕后，机次车辆乘务员沿站台侧或车上由机次向尾部巡视，重点对列车供电状态及旅客乘降对车辆的影响进行检查。发现列车超员（行李车、邮政车超重）严重时，须下站台检查车辆有无弹簧压死、钩差过限、车体倾斜过限或走行部零部件与车体发生磨碰、顶抗等危及行车安全的情况，有上述情况时，应立即通知列车长，由列车长会同车站及时采取疏散旅客、调整货物等措施，消除上述现象后方准开车。

（三）途中巡视

车辆乘务员应在列车始发（或折返）开车 1 h 内进行一次全列巡视检查，此后每 3 h 对全列巡视检查一次，以相邻两次巡检开始时的间隔时间作为评判依据。具体巡视计划见乘务作业图表。单程运行时间在 3 h 以内的列车，每次始发（或折返）开车 1 h 内必须全列巡检一次。因处理车辆故障或客列尾发生故障需核对风压等特殊情况下不能按规定进行巡视作业时，由车辆乘务员即时报告值班室，并在《乘务日志》内登记，作为不纳入考核的依据。

1. 巡视重点

列车始发后的第一次巡视、接班后的第一次巡视及终到前最后一次巡视，车辆乘务员须打开控制柜，对电源柜主接线排处、主接触器进出线接线处、主空气开关进出线接线处温升状态等进行检查，发现温升异常的要妥善处理并做好记录。乘务员在终到折返站前最后一次巡视和本属终到前最后一次巡视时，须通过综合控制柜、DC 600 V 干线绝缘监测装置触摸显示屏查阅本次乘务交路时间内的故障历史记录。对发现当趟列车交路内的历史故障应采取重点盯控观察、测试、工况复位、应急处置及回乘入库填报"车统-181"等方式对历史故障内容进行处置。

进行巡视时，要身感车辆异振，耳听车辆异响，鼻闻车内异味，眼观车内异状，并在两端通过台和小走廊处要短暂停留，确认车辆是否存在异振、异音、异味。

轴温报警器巡视检查及抄记，通过主机逐辆查询编组车辆各轴位轴温数据，并在《客车轴温报警装置记录表》中记录联网状态和异常轴温情况。

2. 客车车门检查和管理

车辆乘务员要严格按照乘务作业要求，加强途中巡视检查，发现车门故障时及时消除，确保车门作用良好。

列车站停作业时，车辆乘务员原则上应通过正常开启供旅客乘降的车门上下车，确因作业需要须打开非旅客乘降的车门时，按照谁打开谁负责的原则，负责做好监护，防止旅客乘降，作业完毕及时将车门锁闭良好。车辆乘务员必须开启机次载客车辆前端门或尾部载客车辆后端门时，应同时将客室通往开启车门的走廊端门使用钥匙锁闭，防止旅客自行开启端门通行；须开启列车其他非站台侧车门下车作业且不能有效监控车门时，应开启与正常供旅客乘降车门相对的车门，并通知相对车门值岗列车员监护或锁闭到位后方可离开；遇非正常停车须临时打开车门下车应急处置时，应及时通知列车员到场监护车门。在接到通知站停车门无法关闭或运行中车门开启时，车辆乘务员须立即赶到现场，会同"三乘"人员共同检查确认车门技术状态并取证，及时使用无线调度通信设备向列车调度员及车辆调度汇报车门技术状况；确认车门发生故障时，车辆乘务员须消除故障；故障严重无法彻底处理造成车门不能正常锁闭时，应采取应急防护措施，通知客运乘务人员做好监护并不再使用该车门。

途中发生超站停未开车或有人拉阀停车时，车辆乘务员要立即到场查明原因，车辆乘务员使用紧急制动阀停车或接到客运乘务员使用紧急制动阀报告后，车辆乘务员立即将使用紧急制动阀情况转报司机，并在乘务日志中记载使用原因，如有车辆损坏时，将损坏情况预报前方客列检重点检查。检查车辆技术状态良好后通知司机，列车经简略试验后按规定开车。

巡视间隔期间，车辆乘务员应在固定地点值乘，值乘位置原则上为首尾车乘务员室（不得长时间固定占用）。首尾未挂行李车或邮政车且不具备制冷、采暖条件时，可在邻车乘务室值乘；临时加挂车辆时，仍按原编组位置值乘。

巡视过程中应注意单车漏电量是否超标，逆变电源供电是否存在故障。

拓展知识

旅客列车运行途中车辆故障应急处理

（一）案例一：运行途中发现轴温升高

1. 轴温升高的原因

轴承零件破损、组装不良、润滑失效以及车轮踏面等外部故障都会引起轴温升高。

2. 轴箱温度的变化情况及相应对策

（1）在一般情况下，滚动轴承轴箱顶部温度比外温高 15～30 ℃。如该轴箱温度高于外温 40 ℃ 以上时，属于不正常现象。如轴箱温度长时间较高，但不发生变化或轴温升高又下降，可以判断为运转热（多数为厂、段修后第一次运行），可不作处理。如该轴箱温度在递增时，要密切注意，轴报器进行特别监视，温升超过规定时，停车时及早开盖检查。

（2）利用轴报器监视观察温度变化情况，当轴温上升至 100 ℃ 左右时，应与运转车长联系，并加强对该轴位的观察。当温度上升至 150 ℃ 左右时，应做好停车准备。发现有异味、异声、冒烟、冒火时，应要求司机在前方站停车，进行处理，当车体严重摆动并有严重异味时，应立即紧急停车处理。

3. 检查、判断、处理方法

（1）发现个别轴位温度升高时（轴报仪显示），车辆乘务员要密切注视，跟踪监控。列车停车时，要及时下车检查，对轴箱进行"一摸、二看、三对比"，用手摸轴箱顶部，将摸到的温度和其他轴箱比较，必要时用点温计测量轴箱顶部温度，确认该轴箱温度是否超过外温 40 ℃。

（2）开盖检查、处理方法：

① 如开盖检查发现轴端压板螺栓松动，应及时紧固防松。

② 如开盖检查发现缺少油脂，应及时加添轴承脂。

③ 如开盖检查发现轴承油脂变质，用手检查油脂内混有金属粉末，说明该轴承零件已严重磨损，应特别注意跟踪检查。

④ 如开盖检查发现该轴箱混砂、混水，应检查前盖密封圈是否失效，有密封圈备品时，及时更换，关盖前适量补充新油脂。

⑤ 途中开盖检查发现滚动轴承零件破损、卡死，直接影响行车安全时，应采取果断措施，和当地段、分局或路局联系作解车处理，并按当地局、段调度命令办理。

⑥ 轴承故障和处理情况，必须按规定作成详细记录，到达终点交列检或库检处理。

（二）案例二：全列旅客列车风表压力达不到规定

（1）如全列车风表压力在 500 kPa 左右，又不上升，一般为货车机车牵挂客车时，压力没有调整，要求司机调整风压，再观察风表压力。

（2）如机车已用缓解位充风，风表压力仍达不到规定时，应检查车辆主、支管系有无泄漏、制动软管连接处及各风缸排风塞门是否在大量排风，发现泄漏及时处理。

（3）如分配阀有非正常排风时，应更换分配阀。

（三）案例三：双管供风时，因故障需改成单管供风时，各塞门的位置

（1）关闭总风管通往空气弹簧（总风缸）管路上的塞门。

（2）开启副风缸通往空气弹簧（总风缸）管路上的塞门，保证空气弹簧用风。

（3）因分配阀故障需关闭截断塞门停止空气制动机作用时：

① 关闭副风缸通往空气弹簧（总风缸）管路上的塞门。

② 开启列车管通往空气弹簧（总风缸）管路上的塞门，保证空气弹簧正常用风。

能力自评

能力自评见表4-9。

表4-9　能力自评

自 评 内 容	学 习 效 果		
	☺	😐	☹
旅客列车行车备品有哪些			
什么是三捆绑			
"三乘"人员指的是哪些人员			

实操一　客车单车下部技术检查作业

学习目标

1. 知识目标

（1）掌握客车单车技术检查顺序。

（2）学会对客车车辆下部进行技术检查。

（3）能准确叙述出车辆故障名称及部位。

2. 能力目标

（1）培养自主学习的习惯和能力。

（2）培养动手能力、空间理解能力、沟通能力和团队协作能力。

（3）培养逻辑思维和信息处理的能力。

3. 素质目标

（1）培养学习者的科学文化和专业素质。

（2）树立学习者良好的职业道德和劳动安全思维。

（3）根植维护铁路运行安全红线意识，培养服务大众出行的责任感和大国工匠精神。

教学建议

（1）建议在实训室和多媒体教室实施理实一体化教学。

（2）建议教学时长 4 学时，其中实践操作 3 学时。

教学资源

客车单车技术检查作业

学习内容

客车单车技术检查是铁路客车检车员必须具备的基本功，要求检车员必须熟练掌握客车单车技术检查的步骤、方法和作业顺序以及有关车辆运用限度，以保证铁路运输安全。

一、作业方法

根据车辆结构及作业场地的不同，在对客车下部进行技术检查作业时，可分为带地沟作业和不带地沟作业，其作业路线示意图如图 4-41 和图 4-42 所示。总体上来讲，其作业工序为：插红旗→按操作过程进行客车技术检查作业→发现故障口述→作业完了撤红旗。

（一）带地沟作业

带地沟作业线路示意图如图 4-51 所示。

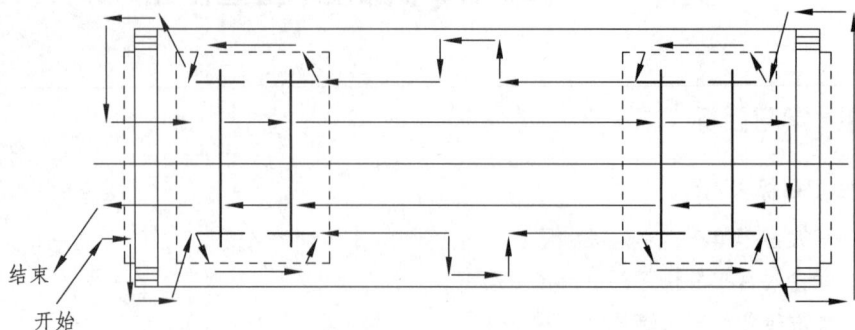

图 4-51　带地沟客车单车技术检查作业线路示意图

（二）不带地沟作业

不带地沟作业线路示意图如图 4-52 所示。

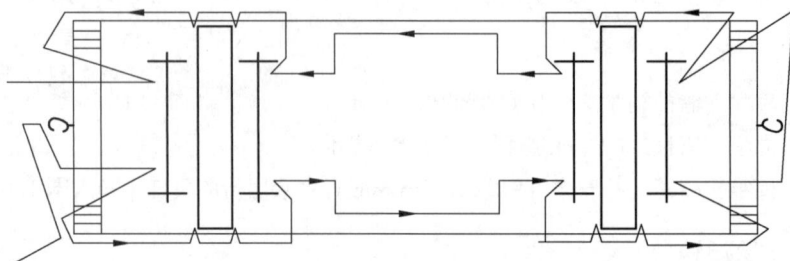

图 4-52　不带地沟客车单车技术检查作业线路示意图

二、作业步骤及质量标准

在作业时，须保证红旗插牢且展开，作业中衣帽穿戴整齐，戴好手套，作业过程中身体不能滑倒，身体任何部位不能划伤出血。作业质量标准及作业步骤见表 4-10。

表 4-10　普通客车技术检查内容及质量标准

序号	检查内容	质量标准
1	风挡	风挡、弹簧不折，螺母、圆销、开口销不丢失

序号	检查内容	质量标准
2	转头定检倾斜望	厂、段修不过期，车体倾斜不大于 50 mm
3	车钩提杆试三态	摇动钩提杆不碰下连杆，钩提杆座不松动，杆与座凹槽间隙不大于 3 mm。钩舌销与钩舌销孔间隙不大于 7 mm
4	折角塞门、制动软管、车钩托梁螺栓、螺母、支撑座	软管不变质、起泡，水压试验不过期，配件无裂损，连接无泄漏，卡子螺栓有松余量，折角塞门作用灵活、正位无松动

序号	检查内容	质量标准
5	钩颈摆块风杆簧	螺栓不松动，磨耗板不破损、不丢失，风挡杆不弯曲，弹簧不折断，摆块及吊、钩颈无裂纹，卡子无松动
6	进车主管及各梁	管系无泄漏，管卡齐全无松动，风挡杆插销开口销不折断、不丢失，钩托不松动、无裂纹，各梁无裂纹，地板无腐蚀
7	钩身从板钩尾框	钩身、缓冲器、从板及座无裂纹，钩体下部、尾框各部磨耗不大于 6 mm，托板无松动、无裂纹

续表

序号	检查内容	质量标准
8	心盘三横制动梁	心盘销不丢失，螺栓不松动，心盘、摇枕、枕簧托梁、构架、制动梁无裂纹，制动梁不弯曲
9	杠杆拉杆开口销	各圆销磨耗不大于 3 mm，各垂下品距轨面不少于 50 mm，各杠杆、拉杆不抗衡，不磨轴身、轮毂
10	轴身轮背缓解簧	轮轴无裂纹，轴身磨耗深度不大于 1 mm，轮缘内侧缺损长不大于 30 mm，宽不大于 10 mm；轮对内距为（1 353±3）mm，三处差不超过 3 mm，缓解弹簧无裂纹、无松动
11	跨轨蹲姿看闸件	瓦托吊平直部分和瓦托各部磨耗不大于 4 mm，制动梁端轴磨耗不大于 3 mm，组装间隙不大于 4 mm，各扁开口销磨耗剩余厚度不小于 1.5 mm，瓦托距轨面不小于 25 mm，闸瓦厚度不小于 10 mm，同一制动梁闸瓦厚度互差不大于 20 mm，闸瓦不紧靠车轮
12	踏面轮辋轴箱簧	轮缘垂直磨耗高度不大于 15 mm，轮缘厚度不小于 23 mm，踏面圆周磨耗深度不大于 8 mm，轮缘顶部无碾堆；踏面擦伤局部凹入深度不大于 1.5 mm。踏面剥离长度：一处不大于 30 mm，两处每处不大于 20 mm，连续剥离长度不大于 350 mm。踏面缺损：相对轮缘外侧至缺损部的距离不少于 1 508 mm，长度不大于 150 mm。轮辋厚度不少于 25 mm。轴箱后部不甩油，各螺栓不松动，圆簧无折损、无裂纹，定位套、支持环、缓冲器无窜动、无破损、不丢失，支柱插销开口销不丢失
13	车端出来看脚蹬	脚蹬不腐蚀、不变形，车门扶手不松动，排便筒各配件作用良好

续表

序号	检查内容	质量标准
14	移步蹲下看轮辋	轴箱无裂纹，螺栓无松动，轮辋无裂纹
15	起身轴箱轮面望	圆簧、定位套良好，轮辋、踏面、轮缘良好
16	圆簧轮面及闸件	同 12、13 两项
17	转身挡吊安全托	螺栓不松动，安全托、摇枕吊、吊座无裂纹，枕簧、摇枕挡良好，无破损、无裂纹

序号	检查内容	质量标准
18	吊轴托板摇动簧	吊轴无裂纹，吊轴螺栓无松动，枕簧无裂纹、无折断，组装螺栓良好，簧上下要入槽，承台托板良好、无裂纹
19	减振器到摇枕挡	减振器配件齐全，不漏油，不松动，牵引拉杆螺母不松动，止铁、胶垫良好
20	构架轴检不漏检	构架无裂纹
21	旁承心盘看两边	心盘、旁承螺栓不松动，心盘无裂纹

序号	检查内容	质量标准
22	蹲看另侧摇枕挡	同17、18、19三项
23	同左顺序到轮面	同12、13、14、15四项
24	探身主管及各梁	主管无腐蚀、无泄漏，管卡齐全，各梁、地板无裂纹、无腐蚀
25	再进台车里到外	同8、9、10三项
26	拉杆托架看仔细	托架无裂纹，螺栓不松动，杠杆不抗衡
27	管系横梁向前看	同24项
28	支管塞门集尘器	管系无泄漏，螺栓无松动，塞门、集尘器正位，把手无折损、不丢失

序号	检查内容	质量标准
29	调整器阀及风缸	调整器不卡死，安装螺栓无松动，阀螺栓无松动，阀不泄漏，紧急阀防尘胶垫不丢失，压力风缸无泄漏，吊带不松动，排风塞门良好
30	辅修标记制动缸	制动缸不泄漏，螺栓不松动
31	行程托架各种销	手闸拉杆、托架无裂纹，开口销良好
32	拉杆向前地板梁	中拉杆、手闸拉杆配件齐全，螺母不松动，地板梁良好

续表

序号	检查内容	质量标准
33	看到台车同前样	同8、9、10、12~25项
34	手闸配件不能忘	螺栓不松动，圆开口销良好，闸链应在松弛状态
35	连缓车端看半边	同6、7项
36	钻出车端风杆簧	同5项
37	钩头舌销吊链堵	钩舌销、开口销齐全，软管、吊链及堵齐全，无裂纹
38	看清标记和风挡	同1项，标记清楚
39	扶手脚蹬半边完	同11项

能力自评

能力自评见表4-11。

表4-11　能力自评

自评内容	学习效果		
	☺	😐	☹
举例描述车辆故障名称及部位			
简述客车单车技术检查作业过程			

实操二　客车单车试验

学习目标

1. 知识目标

（1）掌握客车单车试验内容。

（2）掌握客车单车试验方法。

（3）能根据单车试验结果判定车辆空气制动装置状态，并能对故障进行处理。

2. 能力目标

（1）培养自主学习的习惯和能力。

（2）培养动手能力、空间理解能力、沟通能力和团队协作能力。

（3）培养逻辑思维和信息处理的能力。

3. 素质目标

（1）培养学习者的科学文化和专业素质。

（2）树立学习者良好的职业道德和劳动安全思维。

（3）根植维护铁路运行安全红线意识，培养服务大众出行的责任感和大国工匠精神。

教学建议

（1）建议在实训室和多媒体教室实施理实一体化教学。

（2）建议教学时长 4 学时，其中实践操作 3 学时。

教学资源

客车单车试验

学习内容

一、基本要求

（1）单车试验器须使用量程为 1 000 kPa、精度等级为 0.5 级的压力变送器。单车试验器与被试车辆制动软管连接器用的胶管内径为 ϕ25 mm，长度为 1.5～2 m。

（2）单车试验器采集系统每半年校验一次，压力变送器每 1 年检定一次。

（3）单车试验时车辆上的其他风动装置不影响制动机的正常作用。

（4）车辆装有空重车阀时，仅进行空车位试验。

（5）一辆车装有两套及以上制动机时，每套制动机均须进行单车试验。

（6）客车单车试验器每天开工前须进行一次机能检查。

① 将单车试验器软管连接器与（15.5±0.15）L 的容积风缸和风源连接，将调压阀压力调整为 600 kPa。

② 电空 DC 110 V 输出试验：转动电压调节旋钮，将 DC 110 V 输出调至（80+2）V，分别打开电空制动电磁阀、缓解电磁阀、保压电磁阀、紧急电磁阀开关，相应通路输出电压为（80+2）V。

③ 置一位,待容积风缸充至 600 kPa 稳定后置三位,保压 1 min,系统泄漏量不大于 3 kPa。

④ 单车试验器各位置的充、排风时间检查：

a. 慢充位检测：将容积风缸压力排净后，置二位，容积风缸压力从 50 kPa 充至 150 kPa 的时间为 17.2～18.2 s。

b. 感度位检测：将容积风缸充至 600 kPa，置四位，容积风缸压力从 600 kPa 降至 500 kPa 的时间为 8.5～9.7 s。

c. 安定位检测：将容积风缸充至 600 kPa，置五位，容积风缸压力从 600 kPa 降至 400 kPa 的时间为 5～6.2 s。

d. 104 电空安定位检测：将容积风缸充至 600 kPa,置 104 电空位,容积风缸压力从 600 kPa 降至 400 kPa 的时间为 14.9～16.6 s。

e. 紧急位检测：将容积风缸充至 600 kPa,置六位,容积风缸压力从 600 kPa 降至 300 kPa 的时间为 2.4～2.8 s。

二、安全提示

（1）作业前检车员确认工装配置情况，注意作业防护信号设置和作业中劳动人身安全。

（2）检车员注意试验器连接风管排水、排尘时的劳动人身安全，防止因为意外操作造成人员和配件损害。

（3）作业过程中，作业人员严禁将手伸到闸片与制动盘之间，严禁不排风取管。

（4）必须在充风状态下测量空气弹簧高度，严禁带风处理故障。

（5）不得使用坚硬物体敲打触摸屏，严禁高温接触触摸屏，使用后擦拭触摸屏，保持状态良好。传感器严禁敲打、强烈碰撞，防止移动式电缆盘进水，使用外接电源插拔插件时防止触电。

三、试验准备

（1）在单车试验前，须确认单车试验器机能试验性能良好，并将单车试验器的试验压力调至 600 kPa（以下简称定压）。

（2）车辆与单车试验器连接前，须排除风源和单车试验器内的积水、灰尘。

（3）在制动缸后盖或制动缸管路上及副风缸上分别安装压力变送器（见图 4-53）。

图 4-53　压力变送器安装位置

（4）F8 分配阀转换盖板置于一次缓解位（盖上箭头向上）。

（5）加装电空制动装置的客车电器接线无异常或短路。电空制动装置用电空连接线各芯对地绝缘不小于 2 MΩ。

（6）单车试验器直流电压调至 DC 80（+2）V。

（7）准备材质为尼龙 6、直径为 ϕ19.5～20 mm 的实心尼龙球及安装于软管连接器上的实心尼龙球网状回收器。

（8）安装 ST1-600 型闸调器的车辆需准备长度为 340 mm、宽度为 60 mm、厚度为 15 mm、弧度为 R460 mm 的钢垫板 1 块。

（9）装有高度阀、差压阀的客车需准备量程 1 000 kPa、1.6 级的压力表。

四、试验步骤

（一）设置防护号志

情境一：列车队中作业。到达作业列车股道时，指定专人负责在来车方向的左侧钢轨上设置脱轨器进行防护（见图 4-54），脱轨器防护距离应大于 20 m，脱轨器具有良好的脱轨作用，必须插设安全销，并用对讲机通知值班室号志插设时间，值班员做好记录。

情境二：单个车辆作业。在被检查车辆的来车方向左侧上插设防护号志（白天红旗、夜间红灯）。

图 4-54　插设脱轨器

插设好防护号志后，对列车或车辆打上止轮器，防止溜动。

（二）过球试验

（1）开放被试车辆两端折角塞门，将单车试验器与被试车辆一端的制动软管连接器相连。

车辆另一端制动软管连接器加装网状接收器（见图 4-55），然后关闭该端折角塞门。将单车试验器置一位（以下简称置一位）充风，待制动管压力充至定压后，关闭制动支管截断塞门。

（2）将单车试验器置六位，排尽主管压缩空气，开放接收器端折角塞门，打开与单车试验器相连一端的软管连接器，将试验球（见图 4-56）放入连接器，再将连接器与单车试验器相连。

图 4-55　网状接收器加装

图 4-56　试验用小球

（3）将单车试验器置一位充风，观察试验球是否通过制动主管进入网状接收器。

（4）试验球完整无缺损进入网状接收器，试验合格。

（5）试验球出现缺损但全部进入网状接收器，须更新试验球后重新试验。

（6）试验球没有进入网状接收器或有缺损部分遗留在管路中时，先关闭单车试验器端折角塞门（另一端折角塞门仍为打开状态），再打开制动支管截断塞门，利用制动管预充的风压将滞留在管系的试验球或缺损部分吹出，更新试验球后重新试验。

（7）试验球或缺损部分由支管风压仍未吹出时，则采取其他措施取出滞留在管系的试验球或缺损部分，分析确定原因并纠正后再进行试验。

（8）试验完毕后置三位，取下网状接收器和试验球。

（三）紧急制动阀试验

将单车试验器置一位，将副风缸充至压力稳定后（104 分配阀不小于 580 kPa，F8 分配阀不小于 560 kPa，下同），将紧急制动阀手把移至全开位（见图 4-57），分配阀应发生紧急制动作用。合格后将紧急制动阀手把推至关闭位，并用带有厂、段代号的封印穿以棉线将紧急制动阀手把加以铅封（见图 4-58）。

图 4-57　紧急制动阀手把全开位

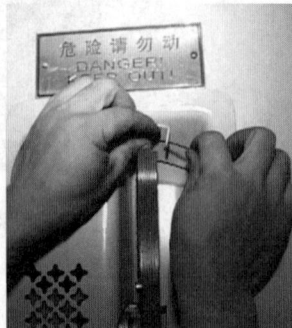

图 4-58　紧急制动阀手把施加铅封

（四）制动管泄漏试验

（1）开放被试车辆制动管两端折角塞门，不与单车试验器相连的另一端制动软管连接器加装防尘堵，关闭制动支管截断塞门；装有列尾装置的车辆，打开快速接头体前部截断塞门并在其出口端加堵，再做泄漏试验（见图 4-59）。

（2）将单车试验器置一位，将制动管压力充至定压并稳定后，单车试验器置三位保压 1 min，各管路接头处、活结处涂抹检漏剂，制动管泄漏不大于 10 kPa。

图 4-59　泄漏检查

（五）全车泄漏试验

开放制动支管截断塞门，单车试验器置一位，将副风缸充至压力稳定，置三位保压 1 min，制动管系统泄漏不大于 10 kPa。

（六）制动和缓解感度试验

1. 制动感度试验

将单车试验器置一位，将副风缸充至压力稳定后置四位，当制动管减压 40 kPa 时立即置三位，须达到下列要求：

（1）制动机须在制动管减压 40 kPa 之前发生制动作用。从发生局减作用开始，局部减压量不大于 40 kPa。

（2）局部减压作用终止、制动管压力稳定后保压 1 min，不得自然缓解。

2. 缓解感度试验

单车试验器置二位充风，制动机在 45 s 内缓解完毕。制动缓解指示器制动、缓解指示正确，显示清晰。

（七）制动安定试验

单车试验器置一位，将副风缸充至压力稳定后置五位。

（1）制动管减压 170 kPa 前制动机不得发生紧急制动作用。

（2）单车试验器置三位，制动缸压力稳定后，保压 1 min，制动管、制动缸及制动缸管泄漏量不大于 10 kPa。

（3）制动缸活塞行程符合规定。

（八）缓解阀试验

制动安定试验完毕后，在车上拉缓解阀，制动缸须缓解，缓解阀复位。

（九）装用 F8 型制动机车辆的阶段缓解试验

单车试验器置六位，待制动管压缩空气排空后，将 F8 分配阀转换盖板置于阶段缓解位（盖上箭头向下）

（1）单车试验器置一位，将副风缸压力充至压力稳定后置五位，制动管减压 170 kPa 后立即置三位。

（2）单车试验器置一位，当制动缸压力开始下降时快速置三位，记为阶段缓解一次。重复上述动作，直到制动缸压力缓解完毕，阶段缓解次数不小于 5 次。

（3）试验完毕后，单车试验器置六位，待制动管压缩空气排空后，将 F8 分配阀转换盖板置于一次缓解位（盖上箭头向上，如图 4-60 所示）。

图 4-60　F8 分配阀转换盖板位置

（十）紧急制动试验

单车试验器置一位，将副风缸充至压力稳定后置六位。

（1）104 型制动机在制动管减压 100 kPa 前、F8 型制动机减压 80～120 kPa 内须发生紧急制动作用。

（2）无空重车阀情况下，制动缸最高压力为 410～430 kPa（F8 阀也可调至 470～490 kPa）。有空重车阀情况下，空车制动缸压力须符合设计值范围。

（3）制动机发生紧急制动作用后 10～15 s，方可置一位充风缓解。

（十一）气路控制箱试验

1. 制动主管（制动管）供风试验

将风源接在制动软管上（在本车为制动关门车状态下试验），将气路控制箱（见图 4-61）的球阀 1、2、3、4 置关闭位，打开球阀 5、6。此时打开风源总阀，制动主管能正常向生活风缸和空气弹簧风缸充风。当两风缸压力稳定时，空气弹簧、塞拉门、集便器均须正常工作。试验完毕关闭球阀 5、6。

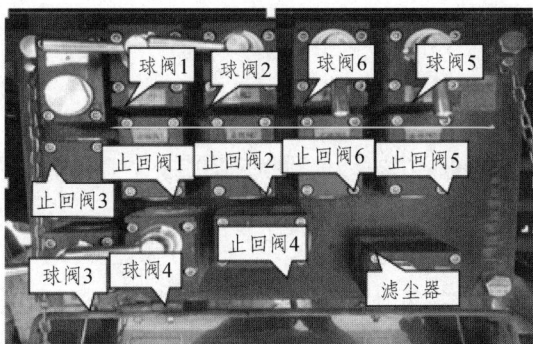

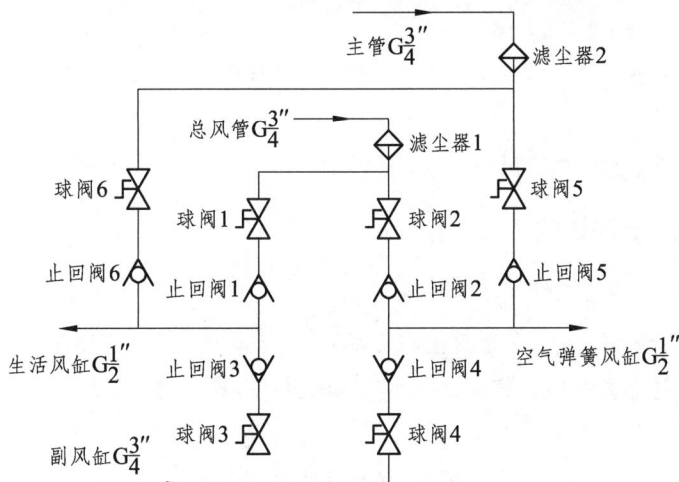

图 4-61　气路控制箱及其工作原理图

2. 副风缸供风试验

在制动机处于正常状态，副风缸充至压力稳定时，确认气路控制箱的球阀 1、2、5、6 置关闭位，打开球阀 3、4。此时，副风缸须能正常向生活风缸和空气弹簧风缸充风。当两风缸压力稳定时，空气弹簧、塞拉门、集便器均须正常工作。试验完毕关闭球阀 3、4。

3. 总风管供风试验

将试验风源接到车辆的总风管上，确认气路控制箱的球阀 3、4、5、6 置关闭位，打开球阀 1、2。此时打开总风源，总风管须能正常向生活风缸和空气弹簧风缸充风。当两风缸压力稳定时，空气弹簧、塞拉门、集便器均须正常工作。

（十二）电磁阀性能试验

1. 试验准备

连接单车试验器与被试车辆的电空连接线，取下与相邻车辆连接的电空连接线。单车试验器置一位，将副风缸压力充至压力稳定后置三位。

2. 电磁阀动作试验

（1）常用制动电磁阀试验

打开常用制动电磁阀，常用制动电磁阀排风口排风，制动管减压，制动机实施制动作用。

制动管减压 170 kPa 时关常用制动电磁阀，常用制动电磁阀须停止排风，制动管压力须停止下降。

（2）缓解电磁阀试验

打开缓解电磁阀，制动管压力须回升，制动缸须排风，制动机须实施缓解作用。关闭缓解电磁阀，制动管压力须停止上升。

（3）保压电磁阀试验（104 阀）

打开缓解电磁阀，制动缸排风时关闭缓解电磁阀的同时打开保压电磁阀，制动缸须立即停止排风，3~5 s 后，关闭保压电磁阀，制动缸须能继续排风。

（4）紧急电磁阀试验（F8 阀）

将单车试验器置一位，待副风缸压力充至压力稳定后置三位，打开紧急电磁阀，制动管压力须快速下降。

（5）电磁阀试验合格后方可做其他电空试验。

（十三）电空制动试验

1. 制动和缓解感度试验

（1）单车试验器置一位，将副风缸和缓解风缸（104 阀）压力充至压力稳定。

（2）单车试验器置四位，将制动管减压 40 kPa 后置三位。常用制动电磁阀发生排风作用。

（3）单车试验器置二位充风，制动缸缓解完毕时间小于 30 s。

2. 制动安定试验

（1）单车试验器置一位，将副风缸和缓解风缸（104 阀）充至压力稳定后，置五位（F8 阀）或 104 电空位（104 阀），制动管减压 170 kPa，置三位保压。

（2）制动管减压 170 kPa 前制动机不得发生紧急制动作用。

（3）常用制动电磁阀须发生排风作用。置三位保压后，常用制动电磁阀停止排风。

3. 紧急制动试验

（1）单车试验器置一位，将副风缸和缓解风缸（104 阀）充至压力稳定后置六位。

（2）制动管减压 100 kPa 前（104 阀）或 80~120 kPa 内（F8 阀），制动机发生紧急制动作用。

（3）常用和紧急制动电磁阀同时动作。

（4）无空重车阀情况下，制动缸最高压力为 410~430 kPa（F8 阀也可调至 470~490 kPa）。有空重车阀情况下，空车制动缸压力须符合制造单位设计值范围。

4. 阶段缓解试验（104 阀）

（1）单车试验器置一位，将副风缸和缓解风缸充至压力稳定，置 104 电空位，制动管减压 170 kPa 时置三位。

（2）单车试验器置一位，当制动缸压力开始下降时快速置三位保压。重复上述动作，每次均发生缓解作用，阶段缓解次数不少于 5 次。

（十四）防滑器试验

1. 压力继电器及防滑阀泄漏试验

（1）压力继电器泄漏试验：单车试验器手把置一位，制动管压力充至定压后，检查压力继电器及接管各连接处不得泄漏。

（2）防滑阀泄漏试验：制动管充风至定压后，施行紧急制动。检查防滑阀排风口及各连接处不得泄漏。

2. 防滑器系统诊断试验

（1）试验前，须清除防滑器故障代码。

（2）单车试验器置一位，制动管充风至定压后施行紧急制动，通过防滑器主机上的按键进行防滑系统的自诊断。

（3）在诊断过程中须听到准确的防滑阀充、排风的声音，并确认快速缓解、制动作用正常。

（4）诊断试验完毕后，防滑器应无故障代码出现。

（十五）总风系统泄漏试验

将单车试验器与总风管软管连接器连接，另一端总风管软管连接器上加装防尘堵，开放总风管两端折角塞门，各阀置双管供风位。

单车试验器置一位，将总风管压力充至 600 kPa 稳定后，置三位保压 1 min，泄漏不大于10 kPa（静态）。

（十六）高度阀、差压阀试验

空气弹簧充风至工作高度时，进行试验。

（1）高度阀（见图 4-62）试验：松开调整杆的锁紧螺母，调高或调低调整杆高度，高度阀须有进风或排风作用。

（2）差压阀（见图 4-63）试验：将一侧的空气弹簧压力由空气弹簧风表上塞门缓慢排风，使之两侧的空气弹簧压力差超过 200 kPa，然后关闭塞门停止排风，待空气弹簧压力稳定后，两侧空气弹簧压力差在（150±20）kPa 内[CW-200K 型转向架在（120±10）kPa 内]，合格后排另一侧空气弹簧风压，检查方法及要求同上。

图 4-62　高度阀　　　　　　　　图 4-63　差压阀

（十七）闸调器试验

（1）减少间隙试验：置一位充风，将试验垫板放入任一闸瓦与车轮间，待副风缸充至压力稳定后置五位，制动管减压 170 kPa，制动缸活塞行程须缩短。然后置一位缓解，反复制动缓解不超过 4 次，制动缸活塞行程与原行程之差不大于 10 mm。

（2）增大间隙试验：置一位充风，缓解后撤出试验垫板，按上述方法操纵单车试验器。第一次制动时，制动缸活塞行程须相应伸长，经 2 次制动、缓解，制动缸活塞行程与原行程之差不大于 5 mm。

（十八）试风结束

在单车试验器上输入保存记录，退出试验，拆除制动缸管路上及副风缸上的压力变送器；卸下软管堵，摘下制动软管，关闭外接风源，排单车余风，摘单车；检查车辆各部状态，收拾工具、量具、材料，撤除防护信号；试验合格后，由质检员、验收员插卡验收，并打印试验结果，填写试验记录并签章，向质检员交验。

拓展知识

客运列车制动机试验

一、试验要求

列车试验器须记录各项性能试验结果，记录列车首、尾风压曲线及减压速度，数据保存时间不少于 3 个月。列车试验器的执行器与列车制动管间的连接，使用内径 ϕ32 mm 的胶管，长度 15～20 m。与列车总风管间的连接，使用内径 ϕ25 mm 的胶管，长度 15～20 m。

二、试验方法及技术要求

（一）全部试验

1. 试验准备

执行器连接列车制动管和总风管前，必须对试验系统管路进行排水、排尘；连接列车制动管和总风管，连接尾部测试设备。在列车制动管尾部达到定压 600 kPa 后，检查列车尾部车辆压力表与尾部测试设备压力差不大于 20 kPa。

2. 客列尾试验

（1）客列尾试验装置分别与首部、尾部客列尾主机建立连接。

（2）首部、尾部客列尾主机查询压力正常。

（3）客列尾辅助排风试验：

列车制动管达到定压后，减压 100 kPa 后保压，减压至 555～565 kPa，首部、尾部客列尾主机风压欠压自动提示；1 s 内，分别触发首部、尾部客列尾主机排风。排风须能够分别引起首部、尾部车辆发生紧急制动作用。

3. 泄漏试验

列车制动管达到定压后，保压 1 min 列车制动管泄漏不大于 20 kPa。

4. 制动缓解感度试验

列车制动管达到定压后，制动管减压 50 kPa（试验设备减压速度控制在 10～20 kPa/s），全列必须发生制动作用，保压 1 min 不得自然缓解。充风缓解，全列在 1 min 内缓解完毕。

5. 制动安定试验

列车制动管达到定压后，制动管减压 170 kPa（试验设备减压速度控制在 25～35 kPa/s），确认全列车制动机不得发生紧急制动作用。检查制动缸活塞行程须符合规定。在制动保压状态下，保压 1 min 列车制动管泄漏不大于 20 kPa。

（二）总风系统泄漏试验

列车总风管压力达到 550～620 kPa 时，确认列车总风管系贯通良好，全列（静态）保压 1 min，总风管泄漏不大于 20 kPa。

（三）简略试验

列车制动管达到定压后，机车制动阀减压 100 kPa。确认最后一辆车制动后，进行缓解并确认制动机缓解作用良好。

（四）持续一定时间的保压试验

列车制动管达到定压后，减压 100 kPa，制动保压状态下，持续 5 min 内任一车辆不得自然缓解，且每分钟内的泄漏量不大于 20 kPa。

能力自评

能力自评见表 4-12。

表 4-12　能力自评

自 评 内 容	学 习 效 果		
	☺	☺	☹
客车单车试验包含哪些子试验			
客车单车试验合格的判定标准			
客车单车试验所用风压为多少			

实操三　客列检机车连挂作业

项目五　铁路生产安全与交通事故调查处理

📖 项目导读

安全是天，安全是铁路永恒的主题。铁路运输安全是运输生产系统运行秩序正常、旅客生命财产平安无险、货物和运输设备完好无损的综合表现，也是在运输生产全过程中为达到上述目的而进行的全部生产活动协调运作的结果。

洛阳机务段宝丰检修车间钳工李向前，把安全标准融入血液，从毛头小子到国铁集团首席技师，从青丝到白发，创造了检修内燃机车 5 200 余台零故障，维修、复检内燃机车 1 万余台零质量问题的纪录，用他对工作的认真执着书写着流光溢彩的人生。2005 年 3 月 11 日，他路过整备场，听到正在出库的东风 4 型 6306 号机车运行声音异常，便立刻呼喊司机停车。经解体检查，工作人员发现机车走行部第 2 齿轮箱小齿轮防缓螺帽松动，即将脱落。李向前立即组织抢修，避免了一起行车事故的发生。参加工作 20 多年来，他练就了一套"锤敲、眼看、手摸、鼻闻、耳听"的检修绝活，出库零故障率达 100%。国铁集团首席技师、"百千万人才"工程专业带头人、全路技术能手、全国技术能手、"最美奋斗者"等一项项荣誉，记录了他对安全生产的高标准追求。

地处库布齐沙漠边缘的包头站响沙湾站，环境恶劣，放眼望去满是黄沙和沙砾。9 年间，响沙湾人秉承"聚沙成塔、持之以恒"的精神，和风沙较劲，植绿草、种果树、栽葡藤、建菜园，不仅建起一座"大漠之声"绿色家园，而且集聚起与天斗、与环境斗的敢于担当、勇于奋斗的"响沙湾精神"。靠着这种精神，响沙湾人在确保安全中攻坚克难，实现了安全生产3 200 多天，车站连续 3 年被评为全路安全管理标准化中间站。

车辆部门应遵守国家有关法律法规，以保障铁路运输安全、车辆设备质量安全、劳动安全等生产安全为目标，坚持"安全第一、预防为主、综合治理"的方针，全面推行安全风险管理，提高安全生产管理水平。

任务一　铁路车辆部门生产安全要求

🎯 学习目标

1. 知识目标

（1）熟知铁路车辆部门生产安全要求。

（2）掌握铁路车辆部门生产安全作业准则。

2. 能力目标

（1）培养自主学习的习惯和能力。

（2）培养动手能力、空间理解能力、沟通能力和团队协作能力。

（3）培养逻辑思维和信息处理的能力。

3. 素质目标

（1）培养学习者的科学文化和专业素质。

（2）树立学习者良好的职业道德和劳动安全思维。

（3）根植维护铁路运行安全红线意识，培养服务大众出行的责任感和大国工匠精神。

教学建议

（1）建议在实训室和多媒体教室实施理实一体化教学。

（2）建议教学时长 2 学时。

教学资源

铁路车辆部门生产作业安全

学习内容

车辆段应定期对车辆有关从业人员进行劳动安全教育，组织学习安全规章和有关操作规程；严格执行车辆有关主要工种岗位准入制度，从业人员在任职、提职、改职前，必须经过教育培训，考试合格后持证上岗。外单位进入生产作业现场进行检修、维修作业时，需与车辆段签订安全协议后才允许作业。

一、通用安全规定

凡涉及铁路车辆运用工作的各级管理人员及作业人员均应遵守有关作业

敬畏生命

安全规定，同时还应执行以下安全要求：

（1）上班前严禁饮酒，并接受酒精含量测试，未经酒精检测或酒精检测不合格者严禁上岗；班前要充分休息，保证工作时精力充沛，思想集中。

（2）工作前必须按规定穿戴好防护用品，检查确认所用或交接的工具、设备的技术状态良好。检车员、工长、列检值班员等作业人员须统一着装、佩戴臂章（室内作业人员可佩戴胸牌）。

（3）在车站或车场内作业和行走时，要随时注意左右邻线来往的机车车辆，防止被车上坠落物品、篷布绳索等击伤。在线路上作业时，禁止戴妨碍视觉、听觉的色镜、帽子；作业人员在进出作业现场过程中和作业时严禁使用公众网移动电话、听音乐播放器或从事与工作无关的活动；有冰冻时应采取必要措施，防止摔伤。

（4）通过线路时应走天桥、地道，无天桥、地道时应走平交道，注意瞭望来往机车、车辆，严格执行"一站、二看、三确认、四通过"制度。严禁抢道、抓车、跳车、钻车。

（5）顺线路行走时，不走轨道中心和枕木头，不得坐在枕木头、轨道心、钢轨上、车端部、站台边缘或在车底下坐、卧、闲谈、休息、避雨、乘凉。

（6）横越无安全防护停留车辆的线路时，应先确认无调车作业及车辆无移动的可能；从停留车辆的端部横过线路时，要留有安全距离：徒手通过时不少于 3 m；搬运材料、工具时不少于 5 m，并迅速通过，不得在轨道中停留；如由车钩上方通过时，手抓牢，脚踩稳，严禁脚踩上锁销、钩颈和折角塞门手把。

二、列检作业安全规定

（1）熟悉本站内线路、设备、建筑物及列车运行、调车作业、车辆取送等情况。列检作业要严格执行"整队出发，列队归所"制度，严禁单独行动。平行作业时，前后不超过一个转向架，并保持相互联系。

（2）列检作业在开始和结束前，要严格执行插、撤安全防护信号的传递办法，严禁在无安全防护的情况下进行车辆检查和故障处理，严禁在列车运行中处理车辆故障，严禁在未设安全防护的列车（车列）中摘接长风管或车辆制动软管。

（3）接发列车要目迎目送，并注意车辆运行、货物装载、篷布绳索状态，防止意外伤人。接车时要提前到达接车地点，蹲在两线中间安全位置接车。狭窄线路邻线上、下行同时到发列车时，要在两线外侧安全位置接发列车。

（4）检查罐车及装有易燃易爆品的铁路货车时，严禁明火接近、敲打罐体或进入车内、罐内。

（5）处理制动故障时，要先关闭截断塞门，排净副风缸余风后方可进行，作业结束后开通截断塞门；调整制动缸活塞行程时，严禁用手指探摸圆销孔；拆卸制动缸盖螺栓时，头部要闪开；更换折角塞门时，要关闭邻车及本车两端的折角塞门，摘解制动软管，缓慢开放折角塞门，排出本车制动主管余风后方可进行；更换闸瓦时，严禁将手伸入闸瓦与车轮踏面间。

（6）两人及以上从事同一车辆故障修理作业时，必须指定专人指挥，统一行动，相互配合。在站内抬运笨重工具、材料或在车底下传递工具、配件时，要呼唤应答、步调一致，并注意邻线列车动态；搬运材料、配件应在两线间行走，不得紧靠线路。两人及以上扛抬物品时，应同肩同步，同起同落，做好呼唤应答。更换大型配件时，工长要亲自组织指挥和负责安全工作。

（7）遇有动车、直达、特快旅客列车通过时，严禁对相邻线路的列车进行现场技术作业。有列车通过、调车作业时，邻线作业人员要注意避让。线间距小于规定标准的线路，邻线上、下行同时到发列车时，要在两线外侧接发列车。

（8）在修理铁路货车上部时，应确认装载货物状态及车门的关闭状态，确保安全后，再进行作业。

（9）使用各种镐类、千斤顶起重时，重心要找准，底座安放平稳牢固，镐体垂直，金属与金属接触部要加防滑垫，其行程不得超过全长的3/4（或安全线）。使用两台及以上千斤顶同时顶起一个重物时，要有专人指挥，平衡起落，防止倾倒。在起重过程中，被顶起的重物尚未垫妥架稳前，操纵人员不得离开岗位，身体任何部位不得侵入被顶起的重物下方。

（10）对列检使用的轨边设施进行检修作业时，必须设专人防护，不得单人作业。

（11）在列检作业现场，如遇施工、堆放路料等影响列检作业和人身安全时，应停止该线路的列检作业。

（12）高空作业时，应佩戴安全带或采取有效防护措施；安全带应定期检验。工具材料不得丢掷。露天工作场所遇有六级及以上大风时，禁止高空作业（登高 2 m 及以上者均为高空作业）。

三、电气化铁路区段列检作业安全规定

电气化铁路区段的列检作业，检车员须同时执行以下规定：

（1）严禁直接、间接地与接触网导线接触，严禁攀到车顶、罐顶、机械冷藏车冷冻机工作台上、装载的货物上面及棚车、敞车的人力制动机踏板台上。

（2）携带的任何物件与接触网设备的带电部分应保持 2 m 以上的距离。

（3）列检设施的安装及工具、材料、配件的堆放，必须与电气化有关设备隔开 0.5 m 以上的距离。

（4）接触网导线折断下垂搭在车辆上或其他物品与接触网接触时严禁进行处理，应保持 10 m 以上的距离，同时对现场进行防护，并及时通知车站进行相应处理。

（5）严禁在电气化线路的有关设施设备处所倚靠或坐卧。

四、站修作业安全规定

（1）架落车作业前，应组织对架车负重量及基地状态进行技术检查，并做好防滑、防溜工作；装载液体的罐车、装载不均衡货物的重车、非指定可架重车的地面、有大风雨时、镐顶与窄车体的侧梁搭载量不足 100 mm 时、少于三名作业人员时以及车顶、车内、车下有人时（不包括架车人员），严禁进行架落车作业。

（2）分解、组装转向架时，应使用专用机具或天车吊运大型配件，并由两人以上操作；要加强联系，专人指挥，吊具牢靠，防止误动，严禁在吊起配件下方进行任何作业。

（3）分解、组装车钩缓冲装置时，应使用专用工具，配件严禁直接落地，要安装好防护装置，禁止敲打、振动。

（4）拆装、检修制动装置配件时，必须先截断风源，排净余风，方能作业；作业结束后要恢复开通位置；吹扫各种储风缸、制动管，其风压不得超过规定；开放折角塞门吹尘时，应紧握制动软管连接器。

（5）使用单车试验器试验前，要大声呼唤或鸣笛确认车下无人后方可进行；车体未落妥前禁止施行单车试验，因故暂时离开，要关闭截断塞门。

（6）在车体上部或登高作业时，作业人员必须站稳并注意观察周围情况，应佩戴安全带或采取有效防护措施，防止失身跌下；进行车体作业需撑起车门时，应使用规定的专用工具或吊钩撑牢；在车顶作业时，禁止骑在车帮上或悬空俯身作业。

（7）木工机械作业中，周围木料应码放整齐，保持操作通行的空间；刀具安装时必须卡牢与紧固，试运转正常后，方可进行工作；操作中遇有异常状况时，应立即停止作业并检查处理。

（8）对车体进行电气焊作业，应按规定拆除四周易燃物并即时浇水防燃，同时确保周围 10 m 以内不得有易燃、易爆物品，氧气瓶必须距明火 10 m 以上，距乙炔发生器 5 m 以上，并且避免在阳光下暴晒。在焊割物未冷却并无人看守时，应在焊割物上标示"热"字，焊割余料有尖角余边时应及时处理。已切割完毕或待焊的把手、脚蹬和配件等不得浮摆形成假象，以防其他工作者攀登、踏脚时发生意外。

（9）轮对检修作业时，不得脚踩钢轨，要随时注意前后轮对的动态，设好防溜装置，严禁骑跨钢轨推送轮对。

（10）各型罐车在施修前必须经洗罐站进行洗罐，装载过易燃、易爆物品的罐车，须进行二次测爆和二次明火试验，非经洗刷过的罐车，不许进入检修线，也不得进入车内进行修理作业，严禁入罐掏油，以防中毒窒息。

五、库列检作业安全规定

（1）在站内线路上检查、修理、整备车辆时，应在列车（车列）两端来车方向的左侧钢轨上，设置带有脱轨器的固定或移动信号进行防护，前后两端防护距离应不少于 20 m。旅客列车在到发线上进行技术检查时，用停车信号防护，可不设脱轨器。列检作业线路应平整，不得铺设凹形水泥轨枕，不得铺用大块石渣。

（2）列检所应按最大作业量备足防护装置（红旗、红灯、脱轨器）并指定专人保管交接，经常保持良好状态。

（3）列检人员要熟悉本站内线路、设备、建筑物以及列车运行、调车作业、车辆取送等情况。到达、始发列车检修，要按作业过程进行。严格执行"整队出发，列队归所"制度，严禁单独行动。

（4）列检作业在开始和结束前，要严格执行插、撤防护信号联锁传递办法，严禁在无防护信号的情况下进行检修作业，严禁在列车运行中处理故障。

（5）接车时要提前到达接车地点，蹲在两线中间安全地点接车。狭窄路线，邻线上、下行同时到发列车时，要在两线外侧接发列车。

（6）接发列车要目迎目送，并注意车辆运行、货物装载、篷布绳索状态，防止意外伤人。

（7）装载危险、易燃、易爆物品的重货车，未经洗刷、消毒的毒品车，未经洗罐的罐车，严禁明火接近、敲打罐体或进入车内、罐内。

（8）列车试风，应按规定防护距离安插防护信号。严禁在未设防护装置的列车（车列）中接摘地道长风管或车辆软管。

（9）在线路上作业时，禁止戴妨碍视觉、听觉的色镜、帽子。有冰冻时可在脚上绑扎草绳或草鞋，以防滑倒摔伤。

（10）更换大型配件时，工组长要亲自组织指挥和负责安全工作。

（11）处理制动故障时，要先关闭截断塞门，排尽副风缸余风后方可进行。作业结束后恢复开通位置。调整活塞行程时，严禁用手指探摸圆销孔。清洗制动缸前要先装设安全套，插上安全销。卸除制动缸盖螺母时，头部要闪开。更换折角塞门时，要关闭本车与另一端及邻车的折角塞门。更换闸瓦时，严禁将手伸入闸瓦与车轮踏面间。

（12）检修客车发电机时，严禁将手伸入轮槽和皮带之间。

（13）非列检人员在列车队中实行轴检、扣车或其他检查作业时，应事先与有关人员联系，采取有效安全防护措施方可进行。

（14）对线路旁的红外线探测装置及固定脱轨器进行检修、清扫时，要设专人防护来往车辆；遇有列车通过时，必须停止作业。

六、乘务作业安全规定

（1）乘务员出乘前要充分休息，不得饮酒，要做好工具、材料、配件、防护用品等准备工作。发车前仔细检查车辆技术状态。值乘中精力要高度集中。

（2）乘务员应做到列车开动前上车，停稳后下车。途中检查车辆时，应掌握停留时间和上车地点。中途处理故障必须事先与车长联系，设置防护信号。

（3）列车未停稳前不得打开车门。下车时要注意地面落脚处有无障碍或坑洼。要注意邻线车辆动态。

（4）列车在运行中禁止打开车门处理车体外故障。需要开门、开窗瞭望时，仅允许探出头部，不许探身。

（5）在客车折返站和机冷列车装卸线、备用线上检修作业时，要与所在站（列检所）有关人员联系，征得同意后设置好防护信号，再进行作业。

（6）检修车辆水暖设备时，应先关闭塞门，排净余气、余水后再工作，不能面对排气口作业。

（7）电气化铁路区段的列检和乘务作业，除遵照上述各条外，还必须做到：

① 严禁直接、间接地与接触网导线接触和攀到车顶、罐顶、机冷车冷冻机工作台上和装卸的货物上面以及在棚车、高边敞车的手制动踏板台上进行检修作业。

② 列检和乘务人员携带的任何物件与接触网设备的带电部分应保持 2 m 以上的距离。

③ 列车设备的安装，工具、材料、配件的堆放，必须与电气化有关设备隔开 0.5 m 以上的距离。

④ 接触网导线折断下坠搭在车辆上或其他物体与接触网接触时，列检和乘务人员不要进行处理，应保持 10 m 以上的距离，同时对现场进行防护，并及时通知有关人员检查处理。

⑤ 接触网下的红外线探测装置和电气信号设备必须保持良好的绝缘状态，对区间、站外红外线探测装置进行检查维修时，要设专人防护，遇有列车通过时，必须停止作业。有关地线的埋设要与接触网导线按有关规定隔开一定距离。

⑥ 严禁任何人在电气设备处所倚靠或坐卧。

（8）空调客车和机冷列车乘务人员除遵守上述运用作业安全规定外还须经专业训练，熟悉所负责部位的结构、性能及操作方法，经考试鉴定合格者，方能担当工作。

（9）列车包乘组各工种应有明确分工，非本工种人员严禁操作。遇有特殊情况需代行职务时，需经领导指定能胜任的人员担当。

（10）进入冷藏车工作时要把车门打开。关闭车门时，要呼唤、瞭望，确认车内无人。

（11）机械操作人员应做到：

① 启动前必须检查确认机械各部位的安全装置作用良好，燃油、润滑油、冷却水储量及各阀门位置正常，应用专用盘机、工具盘机检查机组是否良好。

② 启动时要先脱离回转装置，征得电机人员同意后，才能开动机组。

③ 机房内应保持整洁，禁止吸烟，机组高温部位不得存放、烘烤易燃物品，防止发生火灾。机组运转时，禁止接触各转动部位和擦拭机组。

④ 停机时，禁止使用其他物件强迫飞轮停止转动。充气和加油时，操作人员不许离开现场。

（12）电气操作人员应做到：

① 电气专用工具、仪表、电线在使用前应仔细检查，确认其绝缘作用良好。列车发电前，应对全列干线进行绝缘电阻测量，符合本列车技术要求。

② 发电车送电制度：列车送电时应由空调冷冻人员负责联系建立"通电牌"交接制度，确认供电安全后方能送电。

③ 在插接、断开电气连接器时，必须切断电源，在发电车配电盘上挂"不许合闸"的红牌，完工后须由挂牌者亲自撤除。

④ 处理电气故障时，一般不许带电作业，必须带电作业时，应由技术熟练者担当，穿戴防护用品，并设专人监护。作业时身体任何部位不得接地。运行中不得打开配电盘带电处理故障。

⑤ 需要连接地面电源时，应将发电车与列车的电力连接线断开，与供电单位加强联系并接好可靠的地线。

⑥ 配电间内应铺设绝缘橡胶垫，配有干粉灭火机。

能力自评

能力自评见表 5-1。

表 5-1　能力自评

自 评 内 容	学 习 效 果		
	☺	☺	☹
列举出铁路安全生产"十不准"			
处理制动类故障时第一步应该做什么			

任务二　铁路交通事故处理

学习目标

1. 知识目标

（1）熟知铁路交通事故等级划分原则。

（2）了解铁路交通事故调查程序。

2. 能力目标

（1）培养自主学习的习惯和能力。

（2）培养动手能力、空间理解能力、沟通能力和团队协作能力。

（3）培养逻辑思维和信息处理的能力。

3. 素质目标

（1）培养学习者的科学文化和专业素质。

（2）树立学习者良好的职业道德和劳动安全思维。

（3）根植维护铁路运行安全红线意识，培养服务大众出行的责任感和大国工匠精神。

教学建议

（1）建议在实训室和多媒体教室实施理实一体化教学。

（2）建议教学时长2学时。

教学资源

铁路生产事故案例分析

学习内容

铁路机车车辆在运行过程中发生冲突、脱轨、火灾、爆炸等影响铁路正常行车的事故，包括影响铁路正常行车的相关作业过程中发生的事故，或者铁路机车车辆在运行过程中与行人、机动车、非机动车、牲畜及其他障碍物相撞的事故，均为铁路交通事故。

铁路局集团公司管辖区段内发生与铁路交通事故时，车辆部和车辆段应按《铁路交通事故调查处理规则》及时参加事故调查，并迅速组织人员协助事故救援工作，尽快恢复铁路正常行车秩序，及时跟进调查分析情况，向国铁集团货车主管部门汇报。

一、事故等级

根据事故造成的人员伤亡、直接经济损失、列车脱轨辆数、中断铁路行车时间等情形，事故等级分为特别重大事故、重大事故、较大事故和一般事故（因事故死亡、重伤人数7日内发生变化，导致事故等级变化的，相应改变事故等级）。

（一）特别重大事故

有下列情形之一的，为特别重大事故：

（1）造成30人以上死亡。

（2）造成100人以上重伤（包括急性工业中毒，下同）。

（3）造成1亿元以上直接经济损失。

（4）繁忙干线客运列车脱轨18辆以上并中断铁路行车48 h以上。

（5）繁忙干线货运列车脱轨60辆以上并中断铁路行车48 h以上。

（二）重大事故

有下列情形之一的，为重大事故：

（1）造成10人以上30人以下死亡。

（2）造成50人以上100人以下重伤。

（3）造成5 000万元以上1亿元以下直接经济损失。

（4）客运列车脱轨18辆以上的。

（5）货运列车脱轨60辆以上的。

（6）客运列车脱轨2辆以上18辆以下，并中断繁忙干线铁路行车24 h以上或者中断其他线路铁路行车48 h以上。

（7）货运列车脱轨6辆以上60辆以下，并中断繁忙干线铁路行车24 h以上或者中断其他线路铁路行车48 h以上。

（三）较大事故

有下列情形之一的，为较大事故：

（1）造成3人以上10人以下死亡。

（2）造成10人以上50人以下重伤。

（3）造成1 000万元以上5 000万元以下直接经济损失。

（4）客运列车脱轨2辆以上18辆以下。

（5）货运列车脱轨6辆以上60辆以下。

（6）中断繁忙干线铁路行车6 h以上。

（7）中断其他线路铁路行车10 h以上。

（四）一般事故

造成3人以下死亡，或者10人以下重伤，或者1 000万元以下直接经济损失的，为一般事故。一般事故分为一般A类事故、一般B类事故、一般C类事故、一般D类事故。

1. 一般A类事故

有下列情形之一，未构成较大以上事故的，为一般A类事故：

（1）造成2人死亡。

（2）造成5人以上10人以下重伤。

（3）造成500万元以上1 000万元以下直接经济损失。

（4）列车及调车作业中发生冲突、脱轨、火灾、爆炸、相撞，造成下列后果之一的：

① 繁忙干线双线之一线或单线行车中断3 h以上6 h以下，双线行车中断2 h以上6 h以下。

② 其他线路双线之一线或单线行车中断6 h以上10 h以下，双线行车中断3 h以上10 h以下。

③ 客运列车耽误本列4 h以上。

④ 客运列车脱轨1辆。

⑤ 客运列车中途摘车2辆以上。

⑥ 客车报废1辆或大破2辆以上。

⑦ 机车大破1台以上。

⑧ 动车组中破1辆以上。

⑨ 货运列车脱轨4辆以上6辆以下。

2. 一般B类事故

有下列情形之一，未构成一般A类以上事故的，为一般B类事故：

（1）造成 1 人死亡。

（2）造成 5 人以下重伤。

（3）造成 100 万元以上 500 万元以下直接经济损失。

（4）列车及调车作业中发生冲突、脱轨、火灾、爆炸、相撞，造成下列后果之一的：

① 繁忙干线行车中断 1 h 以上。

② 其他线路行车中断 2 h 以上。

③ 客运列车耽误本列 1 h 以上。

④ 客运列车中途摘车 1 辆。

⑤ 客车大破 1 辆。

⑥ 机车中破 1 台。

⑦ 货运列车脱轨 2 辆以上 4 辆以下。

3. 一般 C 类事故

有下列情形之一，未构成一般 B 类以上事故的，为一般 C 类事故：

（1）列车冲突。

（2）货运列车脱轨。

（3）列车火灾。

（4）列车爆炸。

（5）列车相撞。

（6）向占用区间发出列车。

（7）向占用线接入列车。

（8）未准备好进路接、发列车。

（9）未办或错办闭塞发出列车。

（10）列车冒进信号或越过警冲标。

（11）机车车辆溜入区间或站内。

（12）列车中机车车辆断轴，车轮崩裂，制动梁、下拉杆、交叉杆等部件脱落。

（13）列车运行中碰撞轻型车辆、小车、施工机械、机具、防护栅栏等设备设施或路料、坍体、落石。

（14）接触网接触线断线、倒杆或塌网。

（15）关闭折角塞门发出列车或运行中关闭折角塞门。

（16）列车运行中刮坏行车设备设施。

（17）列车运行中设备设施、装载货物（包括行包、邮件）、装载加固材料（或装置）超限（含按超限货物办理超过电报批准尺寸的）或坠落。

（18）装载超限货物的车辆按装载普通货物的车辆编入列车。

（19）电力机车、动车组带电进入停电区。

（20）错误向停电区段的接触网供电。

（21）电化区段攀爬车顶耽误列车。

（22）客运列车分离。

（23）发生冲突、脱轨的机车车辆未按规定检查鉴定编入列车。

（24）无调度命令施工，超范围施工，超范围维修作业。

（25）漏发、错发、漏传、错传调度命令导致列车超速运行。

4. 一般 D 类事故

有下列情形之一，未构成一般 C 类以上事故的，为一般 D 类事故：

（1）调车冲突。

（2）调车脱轨。

（3）挤道岔。

（4）调车相撞。

（5）错办或未及时办理信号致使列车停车。

（6）错办行车凭证发车或耽误列车。

（7）调车作业碰轧脱轨器、防护信号或未撤防护信号动车。

（8）货运列车分离。

（9）施工、检修、清扫设备耽误列车。

（10）作业人员违反劳动纪律、作业纪律耽误列车。

（11）滥用紧急制动阀耽误列车。

（12）擅自发车、开车、停车、错办通过或在区间乘降所错误通过。

（13）列车拉铁鞋开车。

（14）漏发、错发、漏传、错传调度命令耽误列车。

（15）错误操纵、使用行车设备耽误列车。

（16）使用轻型车辆、小车及施工机械耽误列车。

（17）应安装列尾装置而未安装发出列车。

（18）行包、邮件装卸作业耽误列车。

（19）电力机车、动车组错误进入无接触网线路。

（20）列车上工作人员往外抛掷物体造成人员伤害或设备损坏。

（21）行车设备故障耽误本列客运列车 1 h 以上，或耽误本列货运列车 2 h 以上；固定设备故障延时影响正常行车 2 h 以上（仅指正线）。

另外，国铁集团可对影响行车安全的其他情形，列入一般事故。

二、事故调查

（一）事故调查组织

（1）特别重大事故按《铁路交通事故应急救援和调查处理条例》规定由国务院或国务院授权的部门组织事故调查组进行调查。

拒绝塑料薄膜，守护铁路安全　　高铁安全出行要注意些什么？

（2）重大事故由国铁集团组织事故调查组进行调查。调查组组长由国铁集团负责人或指定人员担任，安全监察司、运输局、公安局等部门和国铁集团派出机构、相关安全监管办等部门（单位）派员参加。

（3）较大事故和一般事故由事故发生地安全监管办组织事故调查组进行调查。调查组组长由安全监管办负责人或指定人员担任，安全监管办安全监察部门、有关业务处室、公安机关等部门派员参加。国铁集团认为必要时，可以参与或直接组织对较大事故和一般事故进行调查。

（4）根据事故的具体情况，事故调查组还可由工会、监察机关有关人员以及有关地方人民政府、公安机关、安全生产监督管理部门等单位派人组成，并应当邀请人民检察院派人参加。事故调查组认为必要时，可以聘请有关专家参与事故调查。

（5）发生一般 B 类以上、重大以下事故（不含相撞的事故），涉及其他安全监管办辖区时，事故发生地安全监管办应当在事故发生后 12 h 内发出电报通知相关安全监管办。相关安全监管办接到电报后，应当立即派员参加事故调查组。

（6）自事故发生之日起 7 日内，因事故伤亡人数变化导致事故等级发生变化，依照《条例》规定由上级机关调查的，原事故调查组应当及时报告上级机关。

（7）调查事故应配备必要的调查设备和装备，保证调查工作顺利进行。调查设备和装备包括通信设备、摄影摄像设备、录音设备、绘图制图设备、便携计算机以及其他必要的装备。

（二）事故调查组职责

事故调查组应履行下列职责：

（1）查明事故发生的经过、原因、人员伤亡情况及直接经济损失。

（2）认定事故的性质和事故责任。

（3）提出对事故责任者的处理建议。

（4）总结事故教训，提出防范和整改措施建议。

（5）提交事故调查报告。

三、铁路行车设备故障调查处理

为及时准确调查处理铁路行车设备故障（以下简称设备故障），加强设备质量管理，防止和减少设备故障的发生，保障铁路运输安全畅通，国铁集团根据《铁路技术管理规程》《铁路交通事故调查处理规则》及有关规定，制定了《铁路行车设备故障调查处理办法》。因违反作业标准、操作规程及养护维修不当或设计制造质量缺陷、自然灾害等原因，造成铁路机车车辆（包括动车组、自轮运转特种设备）、铁路轮渡、线路、桥隧、通信、信号、供电、信息、监测监控、给水、防护设施等行车设备损坏，影响正常行车，危及行车安全，均构成设备故障。

铁路局集团公司管辖区段内发生与铁路车辆有关铁路行车设备故障时，车辆部须组织车辆段相关人员前往调查处理，必要时应派员指挥抢修工作，并及时向国铁集团主管部门报告。铁路车辆行车设备故障升级为铁路交通事故时，按《铁路交通事故调查处理规则》的规定办理。车辆部、车辆段及有关单位对发生的责任事故、责任设备故障和转入的责任事故、责任行车设备故障须组织召开分析会。

（一）铁路车辆行车设备故障类别

（1）轮轴故障：主要包括轴承（热轴）故障、车轮故障、车轴故障等。

（2）制动故障：主要包括抱闸故障、管系故障、制动配件故障等。

（3）车体故障：主要包括车体倾斜、车体外胀、车体破损、心盘错位、车门破损、车门锁闭装置不良、车门变形故障、车体及底架各梁裂损等。

（4）监测监控设备故障：主要指铁路车辆行车安全监测设备故障造成停机、非正常运行，导致漏探、误报货车故障，耽误列车的行车设备故障等。

（5）其他故障：轮轴故障、制动故障、车体故障、监测监控设备故障之外的配件裂纹、裂损、变形、错位、丢失、失效等车辆故障，或脱轨器、列车制动试验装置等状态不良影响正常行车的设备故障。

（二）行车设备故障调查处置

1. 事故、故障调查内容

车辆段调查人员到达事故或故障发生地点后，要进行全面调查，并及时逐级汇报概况，主要内容包括：

（1）发生时间、地点、车次、始发车站，列车运行正点时分、晚点时分及甩车时间，前方列检作业情况，本铁路局集团公司沿途铁路车辆运行安全监控系统探测和监测情况，以及运行、沿途甩挂情况。

（2）编组辆数、故障铁路车辆的车种、车型、车号、定检、编挂位置、货物装载、破损部件名称、部位及破损程度，热轴故障还应记录滚动轴承标志板内容、轮轴技术状态等。

（3）有关作业记录、台账资料、管理制度等。

2. 事故、故障处置要求

（1）车辆段对管辖区段内发生铁路交通事故造成铁路货车破损的，按规定编制《车辆破损技术记录》，作为事故赔偿和统计管理的依据，并按规定办理。

（2）铁路交通事故、行车设备故障调查结束后损坏的铁路货车及列车中的其他铁路货车，须由车辆部门检查处理或指导相关人员检查处理，其他部门不得擅自进行处理。

拓展知识

铁路交通事故案例

能力自评

能力自评见表 5-2。

表 5-2 能力自评

自评内容	学习效果		
	☺	😐	☹
铁路交通事故等级如何划分			
铁路交通事故一般事故等级如何划分			
铁路交通事故责任判定方法			
什么是铁路行车设备故障？分为哪几类			

参考文献

［1］　中国铁路总公司. 铁路技术管理规程[M]. 北京：中国铁道出版社，2014.

［2］　中国铁路总公司. 铁路货车运用维修规程[M]. 北京：中国铁道出版社，2018.

［3］　中国铁路总公司. 铁路车辆安全管理规则（铁总运〔2015〕304 号）[M]. 北京：中国铁道出版社，2015.

［4］　中国铁路总公司. 铁路货车站修规程[M]. 北京：中国铁道出版社，2012.

［5］　中国铁路总公司. 铁路客车运用维修规程[M]. 北京：中国铁道出版社，2018.

［6］　中国铁路总公司. 铁路交通事故调查处理规程[M]. 北京：中国铁道出版社，2007.

［7］　中国铁路总公司. 铁路行车设备故障调查处理办法[M]. 北京：中国铁道出版社，2007.

［8］　王秋鹏，毕恩兴，等. 车辆运用与管理[M]. 成都：西南交通大学出版社，2018.

［9］　吴海超. 车辆运用与管理[M]. 北京：中国铁道出版社，2014.

[10]　国家铁路局. "6·4" 兰新线 K596 次旅客列车与作业人员相撞铁路交通事故调查处理情况公告 [EB/OL]. http：//www.nra.gov.cn/xxgkml/xxgk/xxgkml/202107/t20210729_190983.shtml.

[11]　国家铁路局. "12.10" 京广线安阳站铁路交通事故调查处理情况公告[EB/OL]. http：//www.nra.gov.cn/xxgkml/xxgk/xxgkml/201907/t20190715_82769.shtml.

[12]　中欧班列今年开行超万列 战略通道作用更加凸显[EB/OL]. http：//www.landbridge.com/landbridgetransunion/2020-11-27/93541.html.